重返巅峰

力量训练者伤后功能重建与能力发展

[美] 阿伦·霍希格（Aaron Horschig） | 孔令华 |
凯文·森斯纳（Kevin Sonthana） | 著 | 闫琪 | 译

人民邮电出版社

北京

图书在版编目（CIP）数据

重返巅峰：力量训练者伤后功能重建与能力发展 /
(美)阿伦·霍希格（Aaron Horschig），(美)凯文·森
斯纳（Kevin Sonthana）著；孔令华，闫琪译. -- 北京：
人民邮电出版社，2023.11
　ISBN 978-7-115-61002-7

　Ⅰ. ①重… Ⅱ. ①阿… ②凯… ③孔… ④闫… Ⅲ.
①力量训练 Ⅳ. ①G808.14

中国国家版本馆CIP数据核字(2023)第015097号

版权声明

Simplified Chinese Translation copyright © 2023 BY POSTS & TELECOM PRESS Co., LTD

REBUILDING MILO

Original English Language edition Copyright© 2021 by Aaron Horschig and Dr. Kevin Sonthana. All Rights Reserved.

Published by arrangement with the original publisher, Victory Belt Publishing, Inc. c/o of Simon & Schuster, Inc.

免责声明

本书内容旨在为大众提供有用的信息。所有材料（包括文本、图形和图像）仅供参考，不能替代医疗诊断、建议、治
疗或来自专业人士的意见。所有读者在需要医疗或其他专业协助时，均应向专业的医疗保健机构或医生进行咨询。作
者和出版商都已尽可能确保本书技术上的准确性以及合理性，并特别声明，不会承担由于使用本出版物中的材料而遭
受的任何损伤所直接或间接产生的与个人或团体相关的一切责任、损失或风险。

内 容 提 要

　　本书是美国知名物理治疗师、畅销书作者阿伦·霍希格，结合最新研究成果和服务奥林匹克举重运动员、力量举
运动员、美国橄榄球联盟运动员、美国职业棒球大联盟运动员等世界高水平运动员的实践经验所创作的常见力量训练
损伤康复指南。书中的前 6 章，每一章都针对特定身体部位，例如腰背、髋关节、膝关节等，从相应损伤的解剖学基
础入手，带领你分析造成疼痛的可能原因，并提供了简单有效的筛查方法，帮助你评估身体的薄弱环节，从而找到问
题所在。此外，阿伦在这本书中，还分享了自己在服务精英运动员时，专门设计用以应对各种身体疼痛的解决方案，
能够帮助你修复常见力量训练损伤，提升运动表现。

　　本书适合健身、健美、力量举爱好者及健身教练、体能教练和运动康复师等阅读。

◆　著　　　[美] 阿伦·霍希格（Aaron Horschig）
　　　　　　　　凯文·森斯纳（Kevin Sonthana）
　　译　　　孔令华　闫 琪
　　责任编辑　李 璇
　　责任印制　周昇亮
◆　人民邮电出版社出版发行　　北京市丰台区成寿寺路 11 号
　　邮编 100164　电子邮件 315@ptpress.com.cn
　　网址 https://www.ptpress.com.cn
　　涿州市般润文化传播有限公司印刷
◆　开本：700×1000　1/16
　　印张：24.5　　　　　　　　2023 年 11 月第 1 版
　　字数：462 千字　　　　　　2025 年 8 月河北第 8 次印刷
　　　　著作权合同登记号　图字：01-2021-6909 号

定价：199.80 元

读者服务热线：**(010)81055296**　印装质量热线：**(010)81055316**
反盗版热线：**(010)81055315**

献给克里斯蒂娜（Christine）

目录

序

"信息很多，智慧却很少。今后的世界将被善于整合者所主宰，他们能在正确的时间整合正确的信息，进行批判性思考，并明智地做出重要决策。"

——E.O. 威尔逊（E.O. Wilson）

阿伦·霍希格（Aaron Horschig）就好像是一只独角兽。他是一个不同寻常的人，同时扮演着用户、老师和整合者的角色。如今，互联网精英在滔滔不绝地谈论问题，但在日常生活中他们却从未真正地面临过这些问题。其实，现实生活中很容易出现隔行如隔山的情况。各位读者朋友，你可以辩证地去谈论别人的工作，但却不必提出任何原创性的东西，也不必在现实生活中去解决问题，更不必在忙乱的专业环境下工作或者展示自己的任何工作。但阿伦不一样，以上种种都是他的日常工作内容。

你拿到的这本书，在内容及其所表现的范例实施方面都是非凡的。阿伦很乐意分享自己的成果，去帮助人们解决疼痛和运动方面存在的复杂问题。

也许，不同导师和意见领袖与我们互动的方式有所不同，但是"检验、再检验、分享"的确可以称得上是箴言。E.O. 威尔逊的话是我的最爱之一，威尔逊博士总是能快速地指出，科学的最终目标实际上是改善人文科学。查看网络平台推送的消息，看看出现的教育工作者，我会过滤他们推送的内容，试图理解我正在看到的内容。我看到的内容是否解释了正在发生的事情？它是否会预测未来的行为？这种想法/思维是否具有可重复性或可转换性？以上是优秀模型的普遍特征。优秀的模型可不是社交媒体上的诱惑陷阱，它们也许没那么充满诱惑，但是它们却很有用，并且它们会改善使用者的生活。

如果你看到阿伦带给这个世界的教学内容，你就会了解到他出色的整合能力。阿伦接受过物理治疗师方面的正规培训，但是他却担负着教练的责任，这是他真正的超能力。他是一位运动天才，这也是他与推动人类运动发展的思想领导者共有的特点。阿伦教学时，他一方面着眼于跑得更快和举得更重，另一方面不断地关注可持续性问题。要整合这些有时候会相互制约的因素需要在复杂且难以应付的情境中打下坚实的基础，并不断提升自己的包容能力。

阿伦似乎轻意就能发现运动问题的核心所在，但是不要被这种轻而易举的方式所欺骗。最终，无论发生了什么，你都要继续运动。

请拿好手中的这本书，检验，再检验。让我们知道你发现了什么。

凯利·斯塔雷特（Kelly Starrett）

前言

许多传奇故事的背后，都蕴含着值得学习的道理。那些将举重训练与以改善体形、提升力量或爆发力为目标相结合的人，应该了解一下米罗（Milo）的故事。

米罗是一名古希腊的奥林匹克运动员，也是一名优秀的运动员。传说米罗小时候每天举起一头小牛并扛在肩上，随着小牛逐渐长大，米罗的力量也在增长，直到有一天，他举起了一头成年公牛。与很多美好的故事一样，传奇都源于不起眼的开始！

这个关于米罗如何提升力量的故事已经流传了两千多年，它阐明了运动员应遵循的训练原则——渐进式超负荷。米罗的故事告诉我们：持之以恒的艰苦训练可以提升力量和运动表现。

我们每个人的内心深处都渴望成为米罗。我们日复一日地锻炼，是因为我们想提升力量，实现目标。从表面上看，米罗的故事很简单，但事实上，提升力量的过程既需要科学的支持，也需要毅力、努力和决心。

你要了解，我们的身体遵循一个科学的准则，即受生物学和生理学规律支配。这个准则很简单。要想提升力量，你必须在压力和恢复之间实现平衡。你每做一组深蹲、一次大负荷硬拉，或者将杠铃举过头顶，都在向身体施加压力。训练课难度越大，你累积的压力就越多。为了进一步提升力量，训练的压力就不能超过自身的适应能力。因此，训练必须兼顾恢复，以让身体适应。如果你遵循这个准则，那么运动表现将会得到提升。

在追求提高力量水平的过程中，我们都会挑战极限。我们的好胜心会驱使我们多完成一次练习，在杠铃上多加10磅（1磅≈0.45千克，其余不再标注）重量，以及在创造个人举重纪录时再试举一次。如果你想成为优秀的力量型运动员，这种决心至关重要。然而，它也可能是一把双刃剑。

当我们将身体推至极限并忽略科学的准则时，往往会适得其反。我从没见过力量型运动员在职业生涯中不会出现难以摆脱的损伤，有时这些损伤会干扰他们的训练。当我们迫使身体达到极限状态，并且未得到足够的恢复以及/或者动作技术质量不高时，损伤就会出现。

我想与你分享两个故事。

乔西亚·奥伯里恩（Josiah O'Brien）和许多力量举运动员一样，他刻苦训练，但从未使用过泡沫轴，并且他认为进行灵活性练习是在浪费时间。当身体某个部位疼痛时，他会忽视疼痛。不幸的是，这种训练方式最终伤害了他。

2016年10月22日，乔西亚在艾奥瓦州得梅因市的22号街头杠铃健身房参加了一场比赛。在以638磅负重成功完成第二次深蹲后，他决定挑战655磅，这比他当时的个人最佳成绩重了5磅。

扛起杠铃后，他往后退了几步，并站稳双脚。然而，当他下蹲时，灾难发生了，他感觉到双腿折断了。沉重的杠铃下落，他瘫倒在地板上。

那天，乔西亚双膝上几乎所有的支撑韧带和肌腱（股四头肌肌腱和髌韧带）都被撕裂了。由于严重的肿胀和剧烈的疼痛让他无法弯曲膝关节，他无法坐在后座上，所以人们急忙用他朋友的卡车车箱将他送到了最近的医院。乔西亚最终患上了横纹肌溶解综合征，这是一种严重的疾病——由于身体的肌肉损伤过于严重，肾脏开始衰竭。

在乔西亚情况稳定后的几周，他接受了大量的手术来修复撕裂的韧带和肌腱。随后他的腿被固定在膝关节固定支具内12周。最终，在2017年年初，他来到我这里接受物理治疗。

如果我说这是我见过的最具挑战性的病例都有些保守了。在我的职业生涯中，我已经帮助数百位运动员修复膝关节损伤，包括从半月板修复到前交叉韧带（ACL）重建。我了解了乔西亚的情况后，制定了在9个月内进行100多次物理治疗的方案。他必须重新学习如何行走、跳跃和跑步。

第一天，他来到我的诊所，无法正常行走；康复后离开诊所时，他能够硬拉600多磅，跳过24英寸（1英寸=2.54厘米，其余不再标注）高的栏架，并且跑步也没有问题。他在2017年8月12日重返赛场，并且成功完成195磅的负重深蹲，此时距离那次灾难还不到一年时间。虽然杠铃的重量远不及他曾能举起的600多磅，但是他向自己证明，这次损伤没有打败他。

第二个故事是关于我自己的。作为一名举重运动员，我一直梦想着可以与优秀运动员同台竞技。虽然我的志向远远超出了我的运动天赋和力量，但我还是获得了2011年美国举重锦标赛187磅级的参赛资格。

在比赛开始前，我决定加大训练强度。我开始一天进行两次训练。我早上6点起床进行蹲和拉的练习，然后去上研究生课，上完课后会进行一些抓举、高翻或挺举的练习。我希望在美国全国锦标赛上发挥自己的最佳水平。

比赛前的几周，我的左膝出现剧烈疼痛。每次进行深蹲时，我都感觉有一把刀在刺进髌腱。所以我做了每个物理治疗专业的学生都会做的事情：去找我的教授寻求指导。我收到的建议与许多和我具有相同情况的运动员收到的建议一样："停止过度举重。"

可是我马上要参加重大的比赛，我不能停训。

所以我做了大多数运动员在这种情况下都会做的事情。在每次训练课前，我会吃三四片止痛药，并在整个膝关节上涂抹止痛药膏，并且在每天训练结束时冰敷我的膝关节。虽然在随后的训练周期中没有进一步加重损伤，但我对比赛结果感到沮丧。我在我的级别中排名第六，但我知道，如果我没有受伤，我会表现得更好。

我分享这些故事是要提醒你，力量型运动员要面对疼痛。当你进行艰苦训练，并且没有给身体足够的恢复时间时，训练的压力便会累积。并且当你的举重技术不标准时，训练压力会更快累积。最终，这些压力会导致损伤。力量型运动员99%所经历的疼痛并非像乔西亚那样严重的问题，而是像我这种轻微疼痛，但这还是会影响训练和运动表现。

遗憾的是，大部分运动员并不具备对自己的身体进行简单维护的基本知识。从小，运动员就被告知疼痛是正常训练的一部分。于是，运动员不断地训练并克服疼痛，直到疼痛对运动表现产生影响时，运动员才会去寻求帮助。我们必须摒弃这种观念。负重训练中，我们不可能消除疼痛，但我们可以控制。

许多人认为，疼痛是一种医学问题。我认为这并不正确。医学界许多人处理疼痛的方式是治疗疼痛的症状而不是找到疼痛的原因。虽然止痛药和消炎药可能会快速解决问题，但从长远来看，它不会对你有所帮助。相反，通过增强力量、改善灵活性和协调性来恢复最佳运动形式是处理疼痛和恢复高水平运动表现的关键。

采用临时的应急方法来处理疼痛就像在汽车轮胎的破洞上贴了一片胶带。这并不是说这种方法没有用，但是贴住并不会改变轮胎上有破洞的事实。

如果你做完本书中的练习后仍然感到疼痛，那么我建议你寻求专业的治疗。

疼痛是有原因的，它不会凭空出现。疼痛不仅会影响你的运动表现，还会改变你的运动方式。疼痛会影响你的协调性和技术水平，也会影响灵活性并削弱力量。

如果你阅读了本书，那么你就会明白我的想法。你可能已经遇到了一个问题。无法无痛地训练会让人感到沮丧和抓狂。相信我，我也经历过，能理解你的感受。

我在这里告诉你，希望还是有的。大卫·维斯考特（David Viscott）曾写道："人生的目的和意义在于发现你的天赋，发展它并奉献它。"我的人生目标是帮助每个走进举重房的人安全无痛地做他们喜欢的事。本书中包含的内容是我作为一名物理治疗师在职业生涯中所收获的，我想将它分享给你。

本书中的一些理念可能与你在处理疼痛时的想法矛盾。我想让你重新掌控你的身体和感觉。我们经受的大部分疼痛都不是严重的问题，不需要去看医生或进行手术。正如物理治疗师凯利·斯塔雷特（Kelly Starrett）所说："你不会将车开到机修工那里去给轮胎打气，或者打电话让电工来换灯泡。"简单地说，你应该有能力对你的身体进行基本的维护。

本书会引导你找出损伤的原因。本书第1~6章围绕具体部位（腰背、髋关节、膝关节等）的疼痛展开，你将会了解到不同疼痛的具体原因，将学会如何用简单易行的测试发现自己存在的问题。一旦发现了自己疼痛的确切原因，你可以立即在训练中应用所推荐的练习和策略来缓解疼痛，以及为提升运动表现奠定坚实的基础。

为了使本书的效果最大化，我推荐你开始时选择其中的一章，并完整地阅读这一章。第一遍阅读时要用大脑记录信息，以理解不同损伤之间的区别。本书包含了有关损伤和康复的科学成果，我会以通俗易懂的方式进行介绍。你越了解自己症状出现的原因，你就越有能力控制康复过程。

第二遍阅读时，要进行诊断测试和康复练习。缓慢地做每个动作并注意身体的反应。

我编写本书是为了让你了解精英物理治疗师和运动表现教练所拥有的知识。

无论你是陷入困境的世界级力量举运动员，还是一名只是想回去与朋友一起训练的Crossfit爱好者，本书中的相关内容都会引导你沿着正确的道路成为"当代的米罗"。

让我们开始吧。

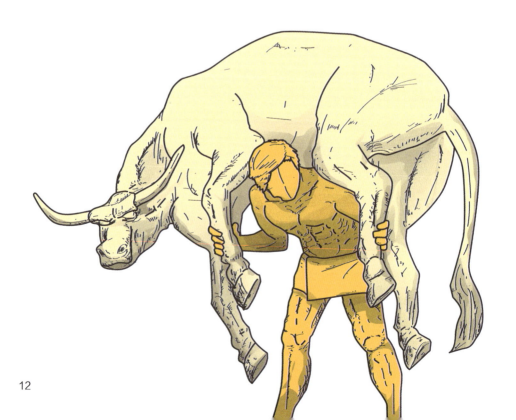

本书中所用的器材

为了进行本书中描述的康复练习，你需要使用一些简单的器材。

- 杠铃。
- 花生球。
  - 居家替代器材：将两个网球用胶带粘在一起。
- 哑铃。
- 泡沫轴。
- 弹力圈。
- 壶铃。
- PVC管。
  - 居家备选器材：扫帚把。
- 阻力带。
  - #4黑色（宽1.75英寸/阻力为100磅），用于活动关节。
  - #5紫色（宽2.5英寸/阻力为140磅），用于西班牙深蹲练习。
- 筋膜球。
- 悬吊带。
- 弹力带。
  - 可以用一个小阻力弹力圈代替。

如果你正在处理与肿胀相关的疼痛，那么应该考虑购入神经肌肉电刺激（NMES）设备。该设备通过将体液/代谢废物排出损伤区域，并扩张血管以输送营养物质和白细胞来促进康复。

第 1 章

腰背疼痛

在力量型运动员可能会遭受的所有损伤中,腰痛是最让人沮丧的损伤之一。腰背损伤不仅让你失去爆发力和力量,而且它还会给你带来强烈的心理影响。

如果你曾有腰背损伤，问问自己下面这个故事听起来是不是很熟悉。

瑞安（Ryan）是一名24岁的Crossfit爱好者。在最近的比赛中，当他以135磅的重量完成30次挺举时，他感到腰部发出轻微的砰砰声。他艰难地完成了剩余的比赛，从那以后，每次弯腰时，他都要经受折磨人的疼痛。即便是做从地上捡起袜子和系鞋带这样的小事，他都变得极其困难。

他忍受着这种恼人的疼痛并对自己训练的停滞感到沮丧，两个月后，瑞安决定找人看一下。瑞安的医生告诉他，他需要对脊柱做磁共振成像（MRI）扫描。于是瑞安预约了一次MRI扫描并耐心地等待，希望尽快结束自己的痛苦。

不幸的是，他的痛苦之旅才刚刚开始。

焦虑地度过两周之后，他的预约日终于到了。在短短6分钟的交谈中，医生看着瑞安脊柱的扫描片并诊断为椎间盘膨出。医生开了大量的止痛药并告诉瑞安停止负重训练并在接下来的几周放松休息。

休息了6周后，瑞安的疼痛开始减轻，于是他回到了举重房。然而，仅在一周后，疼痛又出现了。伤心欲绝的他又去看了医生，医生给了他建议：手术可能是最好的选择。

你是否遇到过类似情况？如果是，那么不止你一个人有此情况，每年全世界都有数百万人遭受腰背疼痛的困扰。研究表明，超过80%的成年人一生中都会经历腰痛[1]。另一统计结果表明，他们中许多人将会反复发作[2]。

像深蹲、硬拉和奥林匹克举重这样的举重练习会对腰部施加巨大的压力[3]。因此，腰部损伤是力量型运动员最常见的损伤之一也就不足为奇[4]。

不幸的是，传统医学治疗腰背疼痛的方式是让许多运动员和患者依赖于止痛药。更糟的是，一些人的损伤本可以通过保守治疗解决问题，但却接受了多次腰背部手术。虽然找到严重腰背损伤的解决方法可能有些困难，但是存在不用注射剂、止痛药或手术就能解决问题的方法。

接下来，我将带你了解瑞安的治疗过程。我想揭露其中的问题，并向你展示传统医学界在治疗腰痛方面的错误方式。然后我会用一套循序渐进的计划告诉你怎么做，你可以通过此计划来了解和处理你的疼痛。

让我们从瑞安故事中的第一个问题开始：医生仅仅通过看MRI扫描结果就能确定病人为什么患有腰背疼痛。

事实并非总是与表象一样

你是否听说过"一张图片胜过千言万语"？意思是说，一张图片对某些事情的概括要胜过冗长的描述。但这句话并不适用于腰背疼痛的诊断。

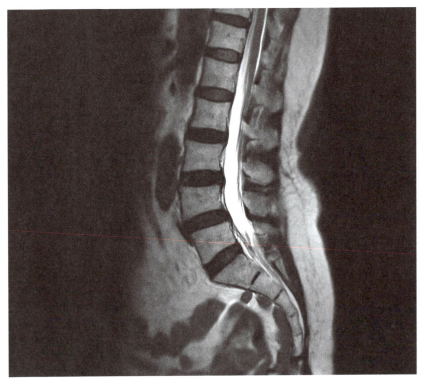

脊柱的MRI扫描结果无法提供我们需要知道的所有信息

瑞安的医生仅通过查看其脊柱"图片"就给出了"疼痛由椎间盘膨出引起"的诊断结果。许多医生在MRI扫描结果中搜寻异常现象（例如椎间盘膨出），将它们视为近期出现的情况，并假定这些特定组织是疼痛的根源。基本上，如果某个部位在扫描结果中看起来不正常，它就会被假定为新出现的疼痛的确切原因。

这种认为影像学上的异常与疼痛原因直接相关的假定因多种原因而受到质疑。原因如下。

- 影像学结果显示与疼痛症状的相关性较差[5]。
- MRI扫描结果无法显示损伤是新伤还是旧伤。
- 病理未必是正确治疗方向。
- MRI扫描结果只显示解剖结构，不显示功能。

如果我告诉你椎间盘膨出非常常见，并且经常出现在腰椎的MRI扫描结果上呢？许多人都患有椎间盘膨出，但却没有腰背疼痛。

研究估计，在无腰背疼痛且年龄在20岁的人群中，几乎有三分之一的健康人群存在椎间盘膨出问题[6]。这个数字每十年增加10%，意味着在40岁的群体中有一半可能患有椎间盘膨出，但他们却没有腰背疼痛。

2006年，一组研究人员收集了200名没有腰背疼痛史的人的MRI扫描结果[7]。那些在研究期间出现剧烈疼痛的人接受了新的MRI检查，研究人员将他们的结果与之前的扫描结果进行比较。然而，在他们中有84%的人的脊柱MRI扫描结果与最初扫描结果没有差异。与第一次MRI扫描结果相比，有些人的扫描结果甚至有改善。研究表明，通过扫描发现的异常并不一定就是疼痛的根源[8]。

当放射科医生在MRI扫描结果上看到膨出的椎间盘时，其无法确定它是近期事件（新伤）还是20年前的事件（旧伤）导致的。这是因为椎间盘膨出可以随着时间的推移而愈合，并不再引起疼痛，即便膨出在MRI扫描结果上仍然可见。

同样重要的是，脊柱损伤不同于膝关节和髋关节损伤。脊柱损伤会引起一连串的问题[9]。例如，当脊柱因承受负荷而被压缩时，健康的椎间盘有助于将负荷均匀地分布在整个椎骨上。当椎间盘膨出时，负荷不再均匀地分布，相反会被转移到脊柱的后面（小面关节）。受损的椎间盘会失去刚度和承压能力，就像受损的轮胎，使得汽车在路上行驶起来有点不平稳。

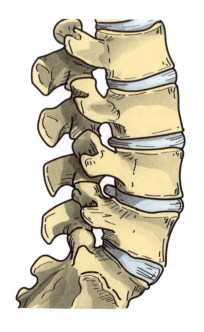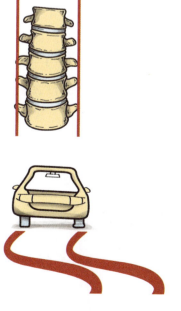

虽然椎间盘膨出导致的疼痛可能会在几周或几个月内消失，但是脊柱的力学结构会被改变。此后在这个特定部位上，脊柱承受负荷的方式会受到影响，并且负荷被转移到了小面关节上。因此，如果腰背疼痛患者接受MRI检查，放射科医生无法判断所观察到的椎间盘膨出是否为引起症状的新伤。这种异常很可能是不再产生疼痛的旧伤引发的，而真正的疼痛根源是小面关节上的问题。

正确的康复方法，即逐步提升核心稳定性，可以避免由脊柱损伤引起的一连串问题。即使确定了引起疼痛的解剖结构，这些信息对于临床医生寻找最佳康复方法几乎没有太多帮助[10]。像椎间盘膨出这样的问题可能由许多种因素引起。

因此，单纯在网络上搜索"缓解椎间盘膨出的5个练习"可能毫无用处。最终，只能由了解这些解剖结构的外科医生去寻找疼痛原因。此外，MRI扫描结果是人在一种特定姿势下的解剖结构图片。如果一名机修工仅看一眼赛车的图片就准确地知道车速在超过每小时60英里（1英里≈1.61千米，其余不再标注）且从三挡换到四挡时会出现异响，那就太天真了。

为了准确诊断汽车的问题，有经验的机修工会开车转一圈，猛踩油门测试发动机的性能。简单地说，机修工必须建立一个问题产生的情景。同理，我们需要一个通过全面检查建立的情景来发现哪些具体的动作和负荷会引发疼痛。只有完成这个过程后，我们才能利用成像技术更深入地观察和了解哪些具体组织可能导致症状。

回到瑞安的故事中，假设他在硬拉动作中杠铃下降至最低位置时会感到疼痛。进一步观察发现，他的腰部在那个位置完全弯曲/拱起。瑞安还提到，他在直立或行走时感觉不到疼痛。如果让他做同样的硬拉动作并限制腰部过度弯曲，这时疼痛减轻，那么我们可以判断，腰部在负荷下的弯曲动作是其疼痛的诱因。

如果瑞安的MRI扫描结果显示明显的椎间盘膨出，那么可以确切地说，他的腰部弯曲疼痛与这个诊断结果相符。当瑞安过度弯曲腰椎时，压力分布不均，导致髓核渗透到椎间盘纤维环外，从而引发疼痛。然而，如果没有通过检查发现，那么就无法确定腰部在负荷下弯曲是引发疼痛的真正原因。

评估是处理腰背疼痛的关键部分，因为它为整个治疗计划奠定基础。

腰背损伤解剖学基础

下面简要介绍一下腰部解剖结构，并讨论这个部位常见的损伤。

脊柱

　　脊柱不只是一堆骨头。它是一座由椎骨组成的、略微弯曲的塔，椎骨由椎间盘隔开。椎骨运动时，椎间盘为椎骨提供缓冲作用，与安全气囊非常类似。每块椎骨通过其后部称作小面关节的小关节与其他椎骨相连，这种关节让脊柱具备了大范围的运动能力。屈曲脊柱，你可以弯腰系鞋带；伸展脊柱，你可以将箱子放在高架子上；旋转脊柱，你可以沿着球道打高尔夫球，或者做任何舞蹈动作。

　　当你站姿良好时，你的脊柱处于中立位。这并不是一个完全笔直的姿势；如下图所示，脊柱在颈部（上）、胸部（中）和腰部（下）共具有3个明显的生理曲度。与普遍观点相反的是，中立位描述的并不是单一的静态姿势，而是较小的活动范围或区域[11]。在该区域内，施加在身体上的负荷均匀地分布在椎间盘和椎骨上。但是，如果施加在脊柱上的负荷不在中立位区域内，那么负荷便会分布不均，且损伤的风险会增加[12]。接下来将具体介绍腰背疼痛是如何发生的。

中立位脊柱

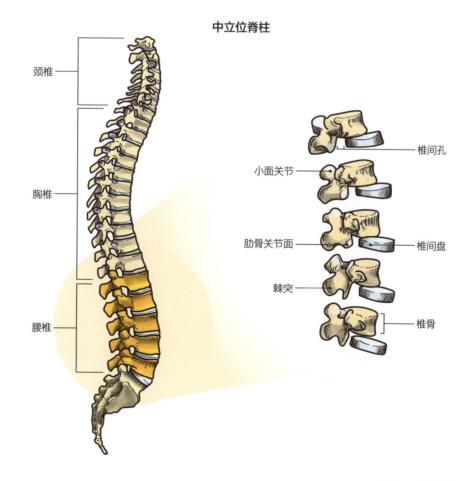

颈椎

胸椎

腰椎

椎间孔

小面关节

肋骨关节面 ———— 椎间盘

棘突

椎骨

腰背疼痛是如何发生的

自从开启了"Squat University"播客，我曾有过几次机会与腰背疼痛专家斯图尔特·麦吉尔（Stuart McGill）交流。我可以自信地说，在我的物理治疗师职业生涯中，在如何治疗腰部损伤方面，很少有人对我的影响能超过麦吉尔博士。他毕生致力于研究脊柱，并且在专业期刊中写了大量关于腰背损伤和核心稳定性的内容。

在一次交流中，麦吉尔博士给出了一种理解脊柱损伤的发生过程的简单方法。它可以归结为一个简单的公式：

功率＝力量×速度

力量是一种努力或费力时表现出来的能量。硬拉600磅时，你对脊柱施加的力量比硬拉100磅时大。

大重量硬拉（John Kuc，©Bruce Klemens.）

速度就是物体移动的快慢。每次脊柱移动时，它都会以一定的速度运动。与泰格·伍兹（Tiger Woods）挥动高尔夫球杆时旋转躯干的速度相比，缓慢地扭转脊柱去拿右手边桌子上的一杯水时产生的速度就很慢。

由于高尔夫球杆很轻，像泰格·伍兹这样的高尔夫球手可以以极快的速度安全地扭转脊柱（©Jerry Coli）

当脊柱上产生的爆发力水平较低时，身体不易出现损伤。问你自己一个简单的问题："我想做的动作需要借助脊柱吗？"

如果答案是肯定的，那么你不应当通过脊柱产生大量的爆发力。

由于高尔夫球杆很轻，需要用到的力极小，高尔夫球手可以以极快的速度反复扭转脊柱，同时不会有巨大的损伤风险。然而，想象一下如果你反复挥动10磅重的高尔夫球杆，你的腰背部会是怎样的感觉。

一旦增加负荷，情况就会发生变化。想象一下一名力量举运动员尝试硬拉600磅。很显然这个负荷非常大，因此完成硬拉所需的力量明显高于挥动高尔夫球杆所需的力量。如果运动员在举重时能够稳定住脊柱，那么在脊柱上产生的负载相对较小。

如果在你负重时移动腰背，那么在脊柱上产生的负载就会增加，因为你的脊柱承受了较大的力量和较高的速度，从而增加了损伤的风险[14]。因此，如果你想移动脊柱，那么你应当在最小的负荷下移动它。这也就是舞者、MMA选手和高尔夫球手可以安全参赛的原因。同样地，如果你想举起重物（在脊柱上施加负荷），那么尽量不要移动脊柱，并且使脊柱保持在中立位区域，锁定并固定脊柱，通过髋关节运动。

公式中的变量会影响损伤的发生。尽管从理论的角度来看，前面的公式很简单，但损伤如何发生的实际情况要更加复杂。理解了以上内容，让我们更深入地了解力量型运动员常见的腰背损伤形式。

椎间盘膨出和突出

究竟什么是椎间盘膨出？许多医疗专业人员利用果冻甜甜圈来解释这种损伤。

髓核（椎间盘中间的胶状体）有点像甜甜圈内的果冻

在每对椎骨之间都有椎间盘。像果冻甜甜圈一样，每个椎间盘内都有胶状体，即髓核。如果脊柱的压力太大，椎骨就会被挤压在一起，就像甜甜圈中的果冻被压碎那样，胶状体就会被挤出椎间盘。

然而，这个比喻并不恰当。原因如下。

杠铃训练对脊柱施加了相当大的压力，但是大部分压力实际上来自腰背肌肉。例如，当你从地面拉起杠铃时，脊柱周围的肌肉会收紧，以产生足够的刚度来防止脊柱弯曲。肌肉的收缩（加上拉起重物产生的力量）会压缩脊柱。

中立位脊柱侧视图

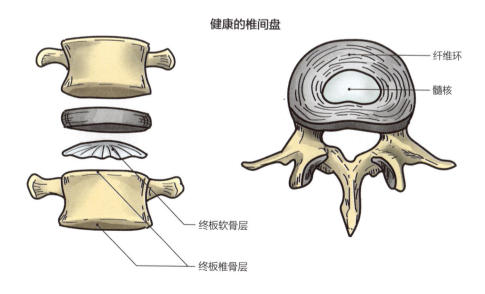

髓核被许多坚固的纤维环所包围。虽然你可以很容易地用手把甜甜圈中的果冻挤出来，但围绕在髓核周围的纤维环非常坚韧。当椎间盘核因负荷受到挤压时，坚韧的纤维环将其包绕起来。这就是脊柱在中立位受压时椎间盘膨出很少见的原因；也就是当力量很大、速度很慢时，在脊柱上产生的负载也相对较小[15]。

健康的椎间盘

纤维环

髓核

终板软骨层

终板椎骨层

但是，如果脊柱在承受负荷的同时移动，那么情况就会发生变化。当脊椎上的负载不断增大时，椎间盘的纤维环会逐渐破裂并分裂；这一过程叫作分离[16]。

腰椎屈曲

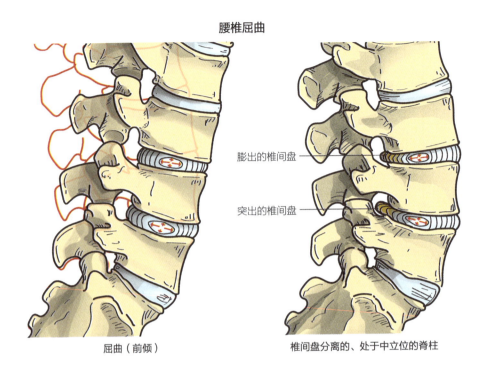

膨出的椎间盘

突出的椎间盘

屈曲（前倾）

椎间盘分离的、处于中立位的脊柱

椎间盘分离

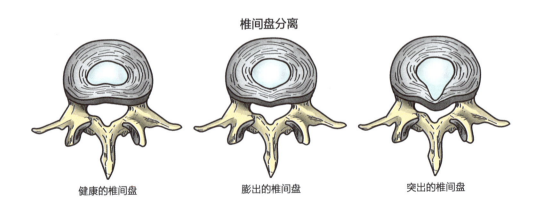

健康的椎间盘

膨出的椎间盘

突出的椎间盘

当椎间盘的纤维环分离时，椎间盘便失去了承受负荷的能力。如果脊柱持续承受负荷和移动，那么椎间盘内受压的胶状体将被迫穿过这些纤维环破裂形成的裂缝[17]。这种椎间盘内的胶状体渗漏称作膨出。如果渗漏足够严重，就会导致腰背疼痛和神经刺激，以及疼痛向一侧腿或双侧腿辐射。

硬拉（脊柱中立位）

硬拉（脊柱弯曲）

在举重房中，如果运动员在硬拉时腰背部移动，或在深蹲至最低位置时腰椎屈曲（被称为屁股眨眼），脊柱就会出现承重与移动相结合的情况。我经常在网上听到人们讨论："屁股眨眼不危险！"如果脊柱像髋关节和肩关节那样由球窝关节构成，那么我会同意这种说法。但是脊柱有所不同。髋关节的这种构造是为了在完整的关节活动范围内产生爆发力，脊柱却不是。

自重深蹲（脊柱中立位） 自重深蹲（屁股眨眼）

现在，如果你只是做一个带有屁股眨眼的自重深蹲，那可能不是什么大问题。在正常速度的自重深蹲期间，脊柱上产生的负载极小。但是，一旦增加杠铃负重，情况就会发生变化。如果在负重时持续出现屁股眨眼，那么在脊柱上产生的负载就会施加在脊柱的1~2个特定关节上（通常是L4/L5和L5/S1）。因此，当1~2个关节出现负载集中时，损伤的风险会增加。负荷越大，重复次数越多，风险就越高。

这是否意味着每次脊柱屈曲举重时都会造成椎间盘膨出？不一定，这涉及很多因素。每个运动员对脊柱屈曲时的力量耐受程度不同。这就是为什么精英体操运动员可以一次又一次地将自己弯曲至最大限度，但尝试相同的动作最终会给重量级力量举运动员带来灾难。

有些树枝很细，可以轻易地被反复弯曲。有些树枝较粗，弯曲几次后就会断成两截。每个人的身体都不相同，脊柱屈曲程度取决于很多因素，如解剖学结构、遗传基因、所举起的重量和动作技术的差异程度，以及身体对椎间盘膨出的适应程度[18]。

这并不意味着你就要害怕脊柱屈曲。然而，你必须明白椎间盘膨出的机制中包括脊柱屈曲。如果脊柱弯曲时施加在其上的力较小，那么产生的负载也较小，损伤风险也随之降低。猫驼式练习（在较小负荷下，脊柱在关节活动范围内屈曲和伸展）对于许多人来说是一个很好的选择。直到在脊柱屈曲时增加负荷，情况才开始发生变化，因此，脊柱屈曲本身不是问题。

在奥林匹克举重中，多次重复至疲劳时可能会导致损伤。如果动作不变形，那么抓举和挺举都是非常棒的举重方式。精英举重运动员花费数年时间完善自己的技术动作，通常使用低重复组练习（1~3次/组）。然而，想象一下，一名Crossfit爱好者在疲劳状态下尽可能重复完成30次抓举。虽然前几次重复时的动作质量较高，但疲劳会慢慢影响其动作质量。在抓举接铃的最低位置腰背部轻微弯曲，从而增加了椎间盘的压力，并为潜在的椎间盘膨出创造了条件。脊柱有断裂点，最快的破坏方法是增加脊柱的压力，并利用较差的技术重复动作。

但是，那些硬拉时弯腰拱背的精英力量举运动员又是怎么回事呢？

由于举起最大重量是竞技型力量举运动员的目标，所以在进行最大重量的硬拉时，腰背部有小幅度的弯曲是很常见的[19]。相较于相扑式硬拉，这种情况在使用传统硬拉技术的运动员中更为常见（这是因为相扑式硬拉中采用较宽站姿，可以使举重运动员保持挺直的躯干姿势）。然而，一些精英力量举运动员会有意弯腰拱背[20]。

但这不是有悖于我们刚才学到的内容吗？是，也不是。使用这种技术的精英力量举运动员在硬拉时通常不会让他们的腰背部弯曲过多。相反，他们通过轻微屈曲脊柱来支撑或锁住他们的脊柱，在保持屈曲角度不变的情况下，通过髋关节运动完成硬拉动作。已故的康斯坦丁·康斯坦丁诺夫（Konstantin Konstantinov）就是一个很好的例子。

在我与麦吉尔博士谈论这个话题期间，他这样说道："在脊柱压力和韧性方面，将

精英硬拉运动员（弯腰拱背）（Don Reinhoudt, ©Bruce Klemens）

脊柱锁在中立位姿势，并以髋关节为支点进行移动会使脊柱具有最大的韧性。然而，你可以在脊柱压力不集中的情况下屈曲到一个恰当的位置，但屈曲的弧度需较小（有些优秀的力量举运动员胸椎屈曲的程度更大），以利用力学原理围绕膝关节运动。所以脊柱有一点弯曲，基本锁定不动。当你对这个动作进行评估时，会发现它仍然是围绕髋关节进行的。对于一些举重运动员来讲，这种形式创造了力学上的优势[21]。"

因此，当脊柱屈曲时，通过锁定腰背，力量举运动员可以限制大量的压力转移至脊柱上[22]。这是因为脊柱轻微的屈曲会减小腰部伸展肌群执行该运动时需要产生的力量。如果你想了解它的科学原理，那么其实是屈曲的背部缩短了肩关节与腰椎关节之间的力臂[23]。当讨论举重的力学原理时，力臂是指特定关节与杠铃重力垂线之间的长度。从地上举起重物时，理论上较短的力臂对身体的力量要求较低。

正是由于这一原理，大力士安全地举起了阿特拉斯巨石。他们绷紧脊柱并将脊柱锁定在一个恰当的位置后，就可以以髋关节为支点，从而保持施加在脊柱上的负载相对较小。

你可以尝试屈曲腰背，增加杠铃重量，但要格外小心。虽然有些举重运动员通过这种技术取得成功，但也有许多运动员不适应，并患上椎间盘膨出。因此，在进行举重时，你要衡量采用这种技术的利弊。

阿特拉斯巨石举（Martins Licis, ©SBD）

椎骨终板骨折

你的椎骨并不是实心的。如果将一块椎骨锯成两半，你会看到一个被称作骨小梁的海绵状支撑网络[24]。这种复杂的排列方式形成了一个刚性的框架来支撑骨骼，使其可以承受重量并抵抗挤压[25]。

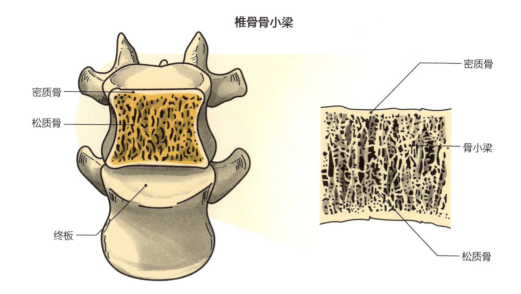

椎骨骨小梁

密质骨
松质骨
终板

密质骨
骨小梁
松质骨

　　就像你的肌肉承受负荷一样，你的骨骼会对其承受的负荷和负荷频率产生积极或消极的反应。长时间处于失重环境的宇航员返回地球时，通常会发现他们的骨密度低。如果我们的身体处于低负荷状态，那么骨骼会产生消极反应，并且肌肉力量会削弱。

　　然而，举重会让你的脊柱产生适应，并且椎骨内的骨小梁会随着时间变厚[26]。研究表明，这就是为什么精英力量举运动员的椎骨骨密质相当高[27]。但是，我们不能认为所有的负荷都是有益的。

　　骨细胞通过形成更多骨质（称作成骨作用）来对负荷刺激做出反应[28]。然而，如果你通过反复的负重训练向脊柱施加负荷，那么你最终会进入收益递减的阶段——对举重产生的适应开始停滞。如果你继续坚持训练，那么你的骨骼将出现损伤。

　　当出现这种情况时，脊柱有时会出现轻微的骨折。年复一年的负重训练使身体达到极限的力量型运动员身上出现微骨折的情况并不罕见。斯图尔特·麦吉尔曾坦言，他从未见过有哪个精英力量举运动员没有脊柱微骨折史[29]。

　　这些骨折通常始于一层由部分骨质和软骨组成的组织，这种组织叫作终板，它将椎骨与下面的椎间盘分离开来。终板有两个作用：第一，它足够结实，可以承受施加在脊柱上的压力，并防止椎间盘的内部胶状体向上膨出；第二，它具有足够的渗透性和柔软度，可以让营养物质和血液流向下面的椎间盘或者从下面的椎间盘流出。

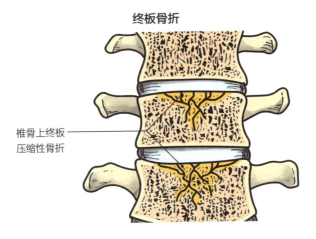

椎骨终板

7~10毫米

椎骨下终板
椎骨上终板
髓核
纤维环

当脊柱受到巨大的压力时，终板会沿着它所覆盖的椎体延伸，就像有人在碗上面裹保鲜膜一样[30]。过度挤压最终会压垮终板，并导致它（连同下面的椎骨骨小梁）破裂。

终板骨折

椎骨上终板
压缩性骨折

如果在高强度的训练周期之后给予足够的恢复时间，那么身体会产生适应，并强化骨骼且不会造成微骨折。这个过程就像双手上形成老茧，以便在抓握杠铃时更有力和更不容易打滑。然而，如果恢复不充分，如没有经过1~2周的小量周就直接跳到下一个高强度训练周，脊柱承受的压力会累积，并将骨骼承受能力推至临界点。这时，曾经的微骨折就会变成大问题[31]。

小面关节损伤

　　腰部产生疼痛的另一个原因是脊柱后侧被称为小面关节的小关节出现损伤[32]。实际上，一些调查研究显示，15%~40%的慢性腰背疼痛是由小面关节损伤导致的[33]。

小面关节灵活性

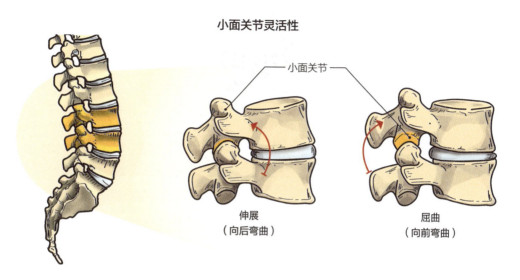

小面关节

伸展
（向后弯曲）

屈曲
（向前弯曲）

　　有一些原因会导致小面关节出现损伤。

　　就像紧紧套在手上的手套一样，每个小面关节都由结实的关节囊覆盖。关节囊受神经系统的高度支配，意味着它上面遍布着大量的神经，这些神经有助于感知脊柱的位置、运动和疼痛[34]。与椎间盘膨出非常类似，小面关节损伤通常并不是由一个特定的事件导致的，而是随着时间的推移由一些重复性劳损或微创伤所引起[35]。

　　关于小面关节，有趣的地方是，它们的形状会根据脊柱的位置发生变化。有些小面关节可协助和限制脊柱的过度旋转，而有些小面关节可以协助脊柱屈伸。

　　出于这个原因，小面关节会在不同的运动中出现损伤。例如，当脊柱伸展至极限时（如将杠铃举过头顶时过度伸展腰背的运动员），大量的压力会转移到下部脊柱（腰椎）的小关节上面，从而牵拉小关节周围的关节囊[36]。如果身体经常处于这种姿势，那么会刺激这些关节和周围的关节囊，从而导致疼痛，最终引发关节炎。

　　研究表明，脊柱的屈曲或伸展与旋转相结合时可能会导致小面关节受到刺激[37]。以髋关节灵活性失衡的举重运动员为例。如果他们进行大重量高翻时，髋关节灵活性失衡可能导致骨盆出现轻微的扭转，从而导致举重运动员腰椎的小面关节的关节囊被过度牵拉。如果左右两侧的差异没有得到解决和处理，那么随着时间的推移，小的技术问题可能会刺激关节囊甚至是小面关节，并最终引发疼痛。

杠铃高翻（髋关节扭转）

正如之前所讨论的，脊柱某一部分损伤通常会引发一连串的反应。如果一名运动员具有椎间盘膨出史，那么负荷不再均匀地分布在脊柱上。相反，当脊柱承受负荷时，该特定椎骨关节上的压力会转移到脊柱后面（小面关节）。随着时间的推移，小面关节的超负荷状态可能会导致疼痛和关节炎。

椎骨滑脱

脊柱后侧的另一种可能出现的结构损伤是椎骨滑脱。从历史数据来看，这是力量型运动员出现的最为严重的腰背部损伤之一。椎骨滑脱是脊柱的应力性骨折。它出现在椎骨上一个非常小的部分，即椎弓峡部，就在小面关节旁边。

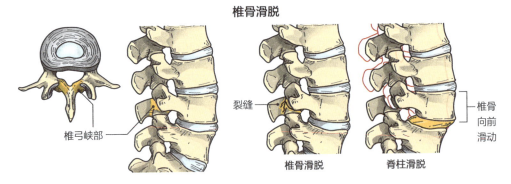

椎骨滑脱

椎弓峡部

裂缝

椎骨向前滑动

椎骨滑脱

脊柱滑脱

从力学上讲，椎弓峡部会吸收大量的压力，尤其当腰部处于过度伸展或者弓形姿势（腰椎前凸）的时候。与小面关节损伤非常相似，在脊柱处于伸展状态下，椎弓峡部反复承受负荷被认为是椎骨滑脱的主要原因。如果不加以控制，这种应力性骨折会导致更严重的问题，即脊柱滑脱症（椎骨向前滑动）。这种损伤常出现在L5上。

人们曾认为力量型运动员身上普遍存在椎骨滑脱。大量研究表明，举重运动员（特别是力量举运动员）出现这类骨折的风险很高[38]。例如，在对26名日本举重运动员跟踪观察几年后，研究人员发现其中有24名运动员反复出现腰背部疼痛，有8名（31%）患上了椎骨滑脱[39]。另一组研究人员对27名举重运动员和20名力量举运动员进行观察，发现21名运动员（45%）患有椎骨滑脱[40]。在这项研究中，举重运动员和力量举运动员之间没有明显的差异。

然而，在查看这些数据时需要考虑一些事情。首先，研究显示，椎骨滑脱很大程度上受到遗传因素的影响[41]。不幸的是，这意味着我们中有一些人易于遭受这种损伤，而运动本身未必是罪魁祸首。

其次，观察举重运动员患有椎骨滑脱的研究都是在1972年之前开展的。在那个时期，高翻举是官方举重比赛项目，但在1972年被取消了。这个动作的推举部分通常在腰部处于大幅伸展（未处于中立位）的状态下进行。当进行多次重复的大负荷推举时，可能导致有记录的椎骨滑脱的损伤率居高不下[42]。

虽然这种损伤在力量型运动员中可能不像之前研究报道的那样普遍，但是如果你在运动（例如深蹲、推举或是悬垂抓举）时反复弓背，并让腰背处于过度伸展的姿势，那么脊柱便会出现应力性骨折。

脊柱伸展状态下的杠铃推举（Bob Kemper, ©Bruce Klemens）

神经疼痛

沿着双腿而下的刺痛或灼痛，大腿或双脚麻木等症状是由神经刺激引起的。

把你的脊髓想象成一条高速公路。就像从高速公路上分岔出来的小路一样，你拥有许多经小间隙而伸出的神经，并且这些神经遍布全身，从而不断地向你的中枢神经提供信息流（例如疼痛感、触摸感或运动感），以便中枢神经进行处理。

当脊柱出现损伤（椎间盘膨出或者椎骨小面关节上的退化性关节炎）时，分布在周围的神经会受到挤压。当出现这种情况时，整根神经都会产生疼痛[43]。

沿着大腿后部而下的疼痛可能是坐骨神经痛（坐骨神经刺激）。这种疼痛可能是由椎间盘膨出、其他椎管变窄或者髋关节下方的梨状肌挤压神经引起的。沿着大腿前部而下的疼痛由股神经引起。无论哪根神经出现问题，减少神经相关性疼痛的第一步是改变运动方式，避免加深症状的运动，并且用更能保护脊椎的动作代替可引起疼痛的动作（本章后面会分享）。

肌肉疼痛

你有没有听过"腰肌扭伤（或拉伤）"这个词？这是医生对急性腰部疼痛患者给出的最常见的诊断之一。然而，一些专家认为这很少是损伤出现的主要原因[44]。

腰背部损伤（由椎间盘膨出、终板骨折、小面关节刺激或者椎骨滑脱导致）会引起一种叫作炎症的化学反应。这会导致损伤部位周围的肌肉出现继发性收缩或痉挛，而继发性收缩或痉挛可能是身体为了稳定损伤部位而做出的一种代偿性反应[45]。

虽然肌肉拉伤在身体的其他部位（例如腘绳肌）可能比较常见，但是腰部肌肉的疼痛和压痛感可能来自更深层的问题[46]。

损伤机制

少数临床医生有能力诊断出哪些特殊的解剖结构可能引起腰背部疼痛，不过这离不开专业的评估技术和脊柱扫描设备。让事情变得更加困难的是，疼痛的来源可能不止一个（例如严重的椎间盘膨出和小面关节炎）。幸运的是，你不需要花费大量资金去了解和处理你的疼痛。

当有人问："腰部疼痛的原因是什么？"答案是，疼痛是腰背部结构上微创伤累积的结果。这些微创伤出现的原因如下。

- 特定的动作。

- 训练负荷过大（脊柱承受过多的压力）。

- 持续重复的姿势或体位。

身体上的每个部位，从最小的骨骼、关节到横跨它们的大肌群，在断裂或拉伤之前都能承受一定大小的负荷。能够将自己推到承受能力的临界点，但又不会训练过度的运动员通常在提升力量和运动表现方面取得巨大的成功。然而，如果超过这个临界点，就会出现损伤，随之会产生疼痛。

有时，损伤的产生很明显。举个例子，一名力量举运动员在硬拉时，他的腰背部弯曲得越来越明显，突然他感到一阵疼痛。而有时候，损伤是通过你无法用肉眼看到的微小动作在数月或数年时间内缓慢累积产生的[47]。

尽管疼痛可能在一个特定时刻发生（正如之前故事中的瑞安在最后的挺举中感到腰部发出了砰砰声），但是对于大多数力量型运动员来说，损伤本身是一段时间以来某些问题累积的结果。损伤的迹象往往在症状出现之前就已经存在。这意味着虽然在你弯身系鞋带或者进行最后一组挺举时才可能会感到腰疼，但是损伤的迹象早已出现。

继续努力，心怀希望

正如你所了解到的，在举重训练时，脊柱及其周围的组织出现损伤的原因有许多种。虽然每种损伤不尽相同，但是它们背后都有一个相似点，即：技术动作质量，以及训练期间身体承受负荷的方式是影响身体产生积极适应而变得更加强壮，还是未能适应并最终出现损伤的重要因素。

如果有人曾告诉你，你患有本部分中所描述的一种损伤，请不要垂头丧气。虽然你可能会感到疼痛，但是你的脊柱可以恢复，并且不用做手术。

在下面的部分中，我们将深入探讨如何筛查腰部，以开启损伤康复的过程。有效的筛查过程比花费大量资金的MRI扫描更有价值。

如何筛查腰部疼痛

腰背部疼痛不是凭空出现的，也不是胡思乱想出来的；腰背部疼痛是有原因的。为了消除疼痛，你需要弄清楚它起初出现的原因。

在我作为物理治疗师的职业生涯中，我花费了大量的时间阅读、研究以及应用来自世界各地专家的方法和技术。本部分描述的筛查和测试并不是我发明的；它们融合了多位专家的思想和技术，包括格雷·库克（Gray Cook）、斯图尔特·麦吉尔博士、雪莉·萨尔曼（Shirley Sahrmann）博士和凯利·斯塔雷特（Kelly Starrett）博士。我将这些丰富的信息融入我自己评估和治疗患者的方法中。正是由于这些专家的智慧和辛劳，我才能与你分享。

在举重房中出现的大部分损伤都是由不良的动作/技术或者不合适的负荷导致的。随着时间的推移，不良的动作和/或增加负荷的习惯会在你的身体上造成轻微的损伤，这些微损伤不断积累，最终超过身体耐受的临界点，从而导致你的身体出现损伤。该理论的框架被称作运动病理模型，或者KPM[48]。KPM背后的理念是消除疼痛的关键，即找出哪些问题导致并加重损伤[49]。

运动病理模型与传统的医疗方法大为不同，因为它关注的是疼痛背后的原因（通常是不良的技术动作或过量的负荷）。传统方法通常是治疗疼痛所在的特定组织或脊柱部位（例如，椎间盘、有症状的小面关节）[50]。我们的策略是后退一步，观察身体从头到脚的运动方式，而不仅仅是通过显微镜或者MRI观察损伤。这种运动病理模型没有排除或者假定一个特定的解剖学问题是疼痛的原因，而是在决策过程中将特定检查结果作为整体的一个组成部分。向后退，可以开阔腰背损伤的治疗视野。记住，我们治疗的是人，而不是损伤。

下面是这个模型实际应用的简单示例。埃米（Amy）是一名21岁的举重运动员，她因腰痛来寻求物理治疗，其诊断书上写着"腰椎（L5）滑脱"。她的骨科医生认为，腰椎滑脱是引起疼痛的解剖学原因。通过检查，我发现埃米在悬垂姿势下做奥林匹克举重动作时会过度伸展腰部。每当她以这种方式弓腰时，她都会感到剧烈的腰部疼痛。通过一些恰当的指导和提示，她能在悬垂姿势高翻的动作中纠正自己的脊柱位置，并减轻症状。

相比于尽力处理病理解剖的诊断结果，基于引起疼痛的运动问题（伸展激惹）进行筛查和分类是对于治疗过程来讲的一种更为有用的驱动因素。如果我们专注于埃米的腰椎滑脱，那么我们就会忽略整体因素，即运动功能障碍或者肌肉力量/灵活性不足。即便了解某人的脊柱存在应力性骨折问题，我们也未必知道为什么会出现疼痛或者需要纠正什么内容。

因此，我不会将埃米归类为患有腰椎滑脱的病人，而是将她的损伤归类为"由伸展激惹导致的腰部疼痛"。通过将关注点转移到运动诊断上，我们可以找出她的不足，并纠正她的技术动作/运动方式。

在接下来的筛查过程中，我希望你考虑一下自己的腰背疼痛最符合下面的哪个类别。

- 屈曲激惹。
- 伸展激惹。
- 旋转伸展激惹。
- 负荷激惹（常由于动态和/或负载导致）。

收集每项筛查和测试中得到的线索来帮助你弄清楚哪种姿势、动作或负荷会引发腰背部疼痛。下面的自我评估有助于你控制自己的损伤，并减轻疼痛。

步骤1：引发疼痛的原因是什么

筛查腰部的第一步是对疼痛的原因做一个深入的自我分析。你需要准确地找出疼痛的原因。这些原因是你在一天的生活中所引发症状的姿势、动作和负荷。因为很少有人做任何事情都会引发症状，所以需认真思考并在一张纸上写下你的症状诱因，以及在做哪些活动时没有疼痛症状。下面是一些示例以及你在列清单时要注意的一些事项。

在训练和比赛中，过量的腰部运动通常是力量型运动员遭受腰背部疼痛的重要预测因素。想象一下——无论在健身房练习期间还是练习之后——那些反复练习后会产生疼痛的举重动作或运动形式。

弄清楚了导致疼痛的一两个因素之后，你能对这些引起腰背部疼痛的原因进行归类吗？例如，我经常要求有疼痛的运动员拍摄他们的举重动作。我曾治疗过一名举重运动员，他主诉在深蹲到最低位置时腰背部会感到疼痛。通过他的深蹲视频，我注意到在疼痛出现的那一刻，他正好表现出过度的屁股眨眼。因此，根据这条线索，我假定深蹲时他的脊柱过度屈曲可能是疼痛的诱因（因而这类疼痛归类为屈曲激惹）。

试图举起的重量也可能是疼痛的诱因。如果一名运动员只有在举起超过单次重复最大负荷（1RM）的70%时才会感到疼痛，那么可能是对脊柱施加了过量的压力或剪切力。这类疼痛被归类为负荷激惹。在这种情况下，不仅要记录你开始出现症状时的重量，而且要分析在特定运动中的动作和姿势。

除了对在健身房中引发疼痛的运动进行评估之外，训练之外的日常活动的姿势和动作也同样重要。引起你当前腰背部疼痛的累积性微创伤可能并非仅仅是由训练导致的。

想一想，屈曲或者伸展姿势是否会引发或减轻腰背部疼痛。例如，我有许多患者抱怨在一整天工作后会有腰背疼痛，但他们若是站起来走一走就不疼了（这表明是屈曲激惹）。但是，有些人走路或跑步15分钟后会感到疼痛，但是坐着或向前弯腰时疼痛就会减轻（这属于伸展或负荷激惹）。这些情况听起来是否很熟悉？

你的疼痛是否还与快速运动有关，例如打喷嚏或者小步跑？如果是这样，疼痛可能是由脊柱不稳定导致的负荷激惹。通常，通过加入脊柱稳定性练习便可减轻这些疼痛。

做完自我评估之后，你是否发现了一个常见的动作、姿势或负荷可引发疼痛？你是否还注意到了在无痛状态下可做的具体动作？如果你发现了引发疼痛的动作模式，那么你应该松一口气，因为你刚刚迈出了消除疼痛的第一步。

步骤2：筛查测试

为了让你更好地了解自己疼痛的原因，你需要做一些测试。同样地，目的是找出引发疼痛的姿势、动作和负荷以及无痛状态下可采用的姿势、动作和负荷[51]。通过确定这些因素，你便可以努力缓解自己的症状，恢复到无痛的状态。

姿势（即体位）评估

正如洋基队球员约吉·贝拉（Yogi Berra）曾经说的："通过观察，你可以了解很多东西。"作为一名物理治疗师，在治疗腰背疼痛患者时，我首先要做的事情之一是观察他们的运动方式。这一筛查过程通常称为姿势评估。

当大部分人听到姿势评估时，他们会想到一个临床医师对自己的站立方式指手画脚，并对圆肩或者轻微的骨盆前倾摇头。这是因为我们许多人接受的教育是要评估姿势的好与坏，然而，这不是我们要做的事情。我们应退一步，从不同的角度审视自己的身体。

凯利·斯塔雷特博士曾告诉我，姿势的拉丁词根是体位。姿势评估的目标是观察脊柱特定体位是否与症状相关联，这可以让你更好地了解哪些脊柱体位会引发疼痛，以及哪些不会？

站立

评估站立时的脊柱体位。就像在杂货店排队等待时的那样站着，让朋友对你身体的侧面、前面和后面进行拍照。

脊柱过度伸展

脊柱过度屈曲

然后问问自己："我在这个体位下会感到疼痛吗？"如果答案是否定的，那么继续下一步检查。如果答案是肯定的，那么你是否能弄清楚为什么以及能否改善症状？

关于你的站姿，你注意到了什么？你是圆肩吗？你的下巴是否向前伸？你的腰部是平直还是过度弓起？你是否感觉腰背部肌肉在剧烈收缩？

某些站姿会让一些肌肉处于活跃状态。许多站立时腰背部疼痛的人，其腰背肌肉比较紧张。

如果你是这种情况，那么要立即通过使用"挺身站立"这样的提示来调整站姿，看看你的腰部僵硬是否有改善。调整站姿的目的是指导身体以一种全新的方式站立，确保站立时无痛且会缓解张力。如果改变站立方式可以缓解疼痛，那么你找到了改善和缓解症状的策略。

增加负荷

进行对脊柱增加负荷压力的测试，评估身体在不同姿势（或不同脊柱体位）下的反应。这个测试是我从斯图尔特·麦吉尔博士那里学到的，我发现它在评估患者的过程中非常有用。

首先坐在一个凳子上，双臂垂直放在身体两侧；保持良好的挺身姿势，脊柱处于中立位，腰部有一个轻微的弧度。接下来，用双手抓住凳子，并向上拉以挤压脊柱。你感觉到了什么？这个动作是否让你的背部疼痛？接下来，屈曲腰部，并做相同的上拉动作。这次发生了什么？在屈曲姿势下增加一点压力，你的背部是否会感到疼痛？再做一次测试，但这次脊柱要过度伸展。记下你的感受。

坐姿上拉测试

在这个筛查过程中，如果在良好的中立位姿势下你感受到了疼痛，那么可以推断增加一定的负荷会引发疼痛症状。即便用正确的姿势举重，此时增加的压力（主要来自肌肉收缩）对于你的腰背部来说仍然太大了。如果你想腰背部痊愈，那么你必须暂时停止举重。

相反，如果你在受压状态下屈曲或伸展时感到疼痛，那么可以推断是非中立位姿势引发了腰背部损伤。如果疼痛出现在腰背部屈曲时，那么这类疼痛称为屈曲激惹；如果疼痛出现在腰背部过度伸展时，那么这类疼痛称为伸展激惹。

下一个测试是趴在床上或地上1~2分钟。如果该姿势让你感到疼痛，那么可能是伸展激惹使得你在趴下时感到疼痛，请站起来并继续进行评估。如果该姿势不会让你感到疼痛，那么再趴几分钟，然后用双手把身体撑起，站起来时不要让脊柱弯曲。

俯卧

你是否注意到了有什么不同？如果你趴了几分钟后疼痛缓解了，那么可以认为你有屈曲激惹。在俯卧姿势下，你的感觉会更加良好，因为你的脊柱处于无负重状态（没有重力挤压），并且后背会轻微伸展。如果这听上去像你的情况，那么我推荐你每天花几分钟的时间趴着，以减轻疼痛。

接下来，在相同的俯卧姿势下，每次将一侧腿完全伸直并从床面或者地面抬起。不需要抬得很高，我们大部分人应当可以完成10°左右的髋关节伸展。对两条腿进行评估，比较两侧髋关节的伸展幅度，以及测试髋伸展动作是否会引起腰部疼痛。

俯卧髋关节伸展

如果将腿从床面或者地面抬起（髋关节伸展动作）会产生疼痛，那么在腹部下面垫一个枕头。再次尝试相同的测试，但是这次要收紧你的核心肌群，就像准备要在腹部挨一拳一样，并且不要让另一侧腿（平放在床上或者地上的腿）下压在床面或者地面上（髋关节屈曲动作）。

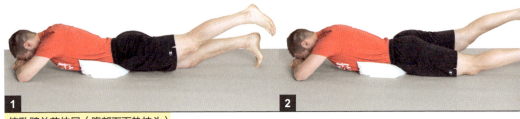

俯卧髋关节伸展（腹部下面垫枕头）

当你将髋关节从床面或地面上抬起时，症状是否有所改善？如果有改善，那么表明你具有旋转伸展激惹，意味着一侧腿向后移动时，腰部受力不均衡。这可能是当你做箭步挺举动作或者跑步时会感到疼痛的原因之一。

如果你属于这一类情况，可以通过将阻力带置于体前进行关节松动来增加髋关节的活动范围。单膝跪地，目标松动的腿的膝关节触地。在髋关节下方套一根阻力带，使其正好在臀肌下面。弹力带固定点及拉力方向在松动腿正前方。收紧核心肌群，并将腰椎锁在中立位，然后在前后缓慢移动髋关节的过程中收缩臀肌。

关节松动术（阻力带前置位）

这个关节松动术的目的是通过运动增加髋关节的活动范围。一组进行10~20次，然后重新进行之前的俯卧髋关节伸展筛查，看看有什么发现。

这个练习是否改善了髋关节的灵活性，从而使得你可以以髋关节为轴心运动，而非腰部代偿运动？运动时是不是没有那么疼了？如果是这样，那么你找到了一个解决关节受限问题和减缓疼痛的有用工具。

动作评估

姿势评估后，进行动作评估。首先做一个自重深蹲，并在下蹲至最低位置保持几秒。如果没有疼痛感，可以在背上扛一根杠铃继续做相同的动作。让朋友观察你下蹲至最低位置时腰部的情况。

那些在下蹲至较深位置时感到疼痛的人通常会表现出骨盆后倾，腰部过度弯曲，即屁股眨眼。

杠铃深蹲（正确）

杠铃深蹲（屁股眨眼）

注意观察，在下蹲过程中，股骨头会在髋关节窝（髋臼）内旋转。随着下蹲深度的增加，股骨头最终会与髋臼的前缘接触。接触的时机取决于股骨头的大小、方向以及髋臼深度（这种解剖结构主要遗传自父母）。通常，髋臼越深，这种碰撞就出现得越早。

髋臼深度

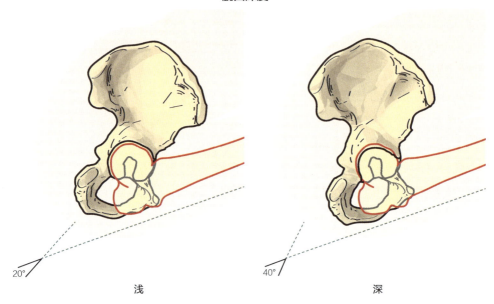

20°   浅

40°   深

由于此时股骨无法再移动，骨盆反射性地在身体下方旋转以继续下蹲，这也会让腰部弯曲。

杠铃深蹲

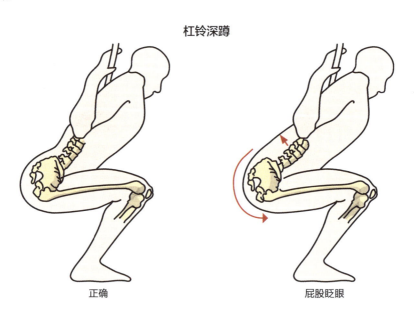

正确   屁股眨眼

出现屁股眨眼，就会出现腰背疼痛吗？不一定，但是举重时不建议使用屁股眨眼。回想一下之前的公式：功率＝力量 × 速度。

虽然髋关节可以在负荷下活动，但脊柱不行。正如之前所讨论的，当脊柱承受负荷并进行屈曲和伸展时，参与构成椎间盘的纤维环就会破裂并分裂，这一过程叫作分离。由于屁股眨眼时，腰椎弯曲的幅度较小，只出现在少数几个位置（例如，L4/L5和L5/S1），所以它会造成压力集中。因此，不仅屁股眨眼会屈曲和伸展脊柱，而且当你举重时也会这样——这正是导致椎间盘膨出的机制。

如果这个动作让你感到疼痛，是否可以通过调整姿势和下蹲深度来消除屁股眨眼动作并缓解你的症状，以在深蹲时保持脊柱中立位。如果是这样，你可以将骨盆在负荷下的运动与你的症状相联系，并且你可能具有屈曲激惹问题。要改善症状，第一步是了解你在深蹲、高翻或抓举下蹲时，屁股眨眼的程度。第二步是检查踝关节的灵活性。

为什么提到腰痛时，踝关节的灵活性很重要呢？如果踝关节僵硬并且不灵活（尤其在背屈运动时），那么在深蹲的最深位置，膝关节向前移动受限。这意味着，如果你继续下蹲，身体的其他部分（骨盆和腰部）就会产生代偿动作[52]。

5英寸触墙测试是筛查踝关节灵活性的一种简便方法[53]。找到一面墙，并光脚跪在墙附近。通过卷尺测量，将姆趾放在距离墙5英寸的位置。在位置上膝关节向前移动，在保证脚跟与地面接触的前提下，尝试膝关节接触墙面。

如果膝关节无法接触墙面，那么你的踝关节灵活性受限。这可能是软组织紧张或者关节灵活性原因，或者两者皆有。你可以尝试踝关节疼痛章中讨论的灵活性练习（小腿泡沫轴滚压和关节松动练习）。如果你希望回到无痛的深蹲状态，那么每天改善踝关节灵活性应当是首要任务。

5英寸触墙测试

在下一个测试中，背上扛着杠铃站立，骨盆前倾，腰椎反弓。这个动作会导致疼痛吗？如果会，那么你不能进行脊柱伸展类的运动，你需要限制此类动作以避免疼痛。

脊柱伸展（负重杠铃）

把杠铃从肩上拿下来将它放在大腿位置，呈悬垂姿势。向前俯身，让杠铃下降至小腿位置，就像你在做罗马尼亚硬拉（RDL）一样。如果你没有杠铃（或者手持杠铃会导致腰背部疼痛），那么将双臂放在体侧模仿这个动作。

保持这个姿势几秒，然后恢复起始姿势。你的感觉如何？如果向前俯身时感到疼痛，那么再次尝试这个动作，但这次要收紧核心肌群，采用恰当的髋关节铰链动作开始运动；身体绕着髋关节移动，腰背部保持稳定不动。你的症状有没有改善？如果有，那么你可能具有屈曲激惹。

1 **2**

杠铃RDL

　　如果你在俯身时没有疼痛，但在恢复站立姿势时感到疼痛，可以尝试使用类似的纠正提示。从前倾姿势起身时感到疼痛的运动员经常先移动腰部，然后才移动髋关节（髋关节伸展在腰部伸展之后）。再次尝试该运动，但是在拉起过程中，脚跟贴紧地面，收缩臀肌；身体围绕髋关节运动，不要让背部拱起。这次做动作时是无痛的吗？如果是，那么表明你可能具有伸展激惹问题。

　　如果使用这些纠正提示仅能稍微减轻腰背部疼痛，那么你应该采取另一种新的运动方式来缓解疼痛。围绕髋关节而不是腰背部运动的理念适用于举重房和一些日常活动（例如从地上提起一篮子待洗的衣物）中。你的背部对某些动作比较敏感，缓解疼痛症状的理想方式是采取新的策略来避免触发疼痛。

　　下一个评估动作是单腿蹲。让朋友观察你每条腿的运动方式，或者自己用手机拍摄视频进行分析。动作评估的目的不是看你是否可以完成全幅度的单腿蹲，而是要观察你在控制单腿蹲方面左右腿是否有差异，以及这个动作是否会再次触发你的疼痛。

单腿蹲（控制良好）　　　　　　　　　　单腿蹲（控制不良）

　　虽然在举重房中你不会将单腿蹲作为训练的一部分，但你应当具备进行高质量单腿蹲（至少要蹲到大腿与地面平行）的能力。其原因有两个。第一，想想在下楼梯时，你在用单腿移动，每一步都需要你单腿控制降低身体（即离心式单腿下蹲），跑步或单腿跳时同样如此。第二，单腿蹲时动作不平衡会导致进行双腿运动（深蹲、高翻以及硬拉等）时出现问题。如果在进行杠铃运动时下半身的控制能力不一致，那么力量将不均匀地向上传递到脊柱上。单腿蹲评估会将这些微妙的差异（通常小到肉眼看不到）暴露出来。

　　如果任意一侧单腿蹲会触发疼痛，那么尝试利用这些提示看看是否可以改善你的症状。单腿站立，稍微收紧核心肌群；用脚抓地，脚底形成三点支撑（参见第201页）；此时你的体重应均匀地分布在整只脚上，而不是在脚跟上；将屁股向后撅并将胸部向前倾进行髋关节铰链运动。如果你做得正确，你的重心将会处于脚的中间。然后缓慢下蹲，不要让膝关节抖动。

　　你的症状是否发生了变化？如果是，这说明通过单腿稳定性练习进行适当的动作排序有助于康复。建议你查看膝关节疼痛章中的单腿落地过程（参见第206页和第207页）。

负重测试

负重前平举，这一个简单的方法可以确定你所举的负荷或者重量是否会引发疼痛[54]。双手握住一个较轻的哑铃或者壶铃（5~15磅重即可）置于身前。

负重测试

双臂伸直，肩关节屈曲将重物举到身体前方；举至水平位时做几次深呼吸。你的疼痛程度如何？如果这个动作会引发腰背部疼痛，请再次尝试相同的动作，但是这次要先收紧核心肌群，然后再举起重物。你是否注意到了不同？

如果在举起重物之前收紧核心肌群会消除或者显著地减轻疼痛，可以推测你在健身房中使用的负荷导致了你的疼痛（负荷激惹）。学会每次在移动重物（从地上搬起箱子或者蹲举杠铃）时收紧躯干成为你的首要任务。有目的的核心稳定性练习，有助于你恢复身体。

然而，如果你在收紧核心肌群时仍感到疼痛，那么此时你身体的负荷激惹较为严重，并且对所举起的任何重量都很敏感。这意味着你需要暂时停止负重训练以及日常负重活动（搬家具、一下子拎起多袋杂货等），以缓解你的腰背部症状。

最后一个筛查叫脚跟落地，其目的是测试你的身体如何处理快速施加的负荷[55]。站立时腹部放松，踮起脚尖，然后迅速下落脚跟至接触地面。脚跟落地要重，就像在进行爆发式的抓举或者高翻一样。这样做两次，一次用双腿，一次用单腿。

脚跟落地

　　这种对脊柱有冲击的动作会引起疼痛吗？如果会，可以推测你具有负荷激惹，这可能是脊柱上承受了过量的压力或是不稳定性（由于周围肌肉无法有效地稳定快速施加的力而出现的脊柱微运动）导致的。

　　现在，收紧核心肌群重复该测试。你是否注意到了有什么不同？

　　如果进行脚跟落地测试时，收紧核心肌群会消除疼痛，那么你发现了一个可能导致你在跳箱、高翻、抓举或者跑步时出现疼痛的原因。当身体承受快速增加的负荷时，你的核心肌群没有很好地发挥稳定脊柱的作用，这使得脊柱微运动出现，并引发疼痛。当你做快节奏的动作时，你应当收紧核心肌群并提高脊柱稳定性。

　　然而，如果进行脚跟落地测试时收紧核心肌群仍然会触发疼痛，那么这可能表明你具有脊柱压力过大导致的负荷激惹，你还可能出现了终板骨折。如果你未能通过脚跟落地测试，那么当务之急是停止杠铃训练、跑步和其他动态活动，以使脊柱充分恢复。因为带伤训练弊大于利，在这种情况下，你应当停止训练。

髋关节伸展协调性

　　你听说过臀肌失忆症吗？几十年前，一位名叫弗拉迪米尔·扬达（Vladimir Janda）的临床医生注意到患者腰背疼痛机制。具体来讲，他注意到这些患者具有臀肌被抑制的迹象。当时，几乎没有研究支持他的"抑制为什么会出现"理论，但是如今的研究显示，疼痛会抑制臀肌的激活[56]。

2013年，斯图尔特·麦吉尔和他的团队观察到了这种抑制现象[57]。他们开始测量进行臀桥练习的研究对象的臀肌活动，然后他们开展了一种称为"关节囊扩张造影"的治疗方案，该方案会暂时在髋关节上造成大量疼痛。随后他们立即重新进行臀桥测试，他们发现髋关节疼痛侧的臀大肌活动显著减少了。麦吉尔博士将这种现象称作臀肌失忆症[58]。臀肌失忆症并不是说臀肌不起作用了，而是意味着大脑正在减少神经驱动并抑制臀肌因疼痛被募集激活（该过程称为关节源性神经肌肉抑制）。

下面是一个检验你是否患有臀肌失忆症的测试。单腿臀桥测试的目的是看你的身体如何协调髋关节进行伸展，这个动作出现在你从深蹲姿势起身、从地上拉起杠铃，或者冲刺时向前推动身体的时候。为了在举重时让腰背部保持健康状态，你的髋关节必须具备产生适当的力量以及适时被激活的能力（称为最佳运动募集模式）。这个测试就是评估髋关节周围的肌肉（主要是臀大肌）是如何与腰部肌肉协调配合的。

双膝弯曲，仰卧在地面上，伸直一侧腿，做单腿臀桥动作；髋关节完全伸展并悬空保持10秒，感受哪些肌肉的收缩能使你保持这个动作以及该动作是否会导致腰背部疼痛。

单腿臀桥

哪些肌肉在收缩以保持髋关节向上？如果臀肌（臀部肌肉）以外的肌肉是主要发力的肌肉，那么你在髋关节伸展方面存在协调问题（即臀肌失忆症）。

这个动作会引起疼痛吗？在你做单腿臀桥动作时，疼痛是对施加在腰背部上的不均衡力做出的反应。这是因为臀肌无法被恰当地激活，并抑制了髋关节伸展，这意味着竖脊肌必须承受双倍的拉力。当出现这种情况时，脊柱会承受巨大的压力，从而导致疼痛。

如果你属于这种情况，那么尝试做一下双腿臀桥。在伸展髋关节的过程中，将双脚放在地上，并挤压臀部肌肉。确保你的腰部不要过度反弓，不要将髋关节过高地抬离地面。疼痛是否比之前减少了？如果你的疼痛减轻了，那么你需要将臀肌练习纳入康复计划中。强化臀肌，以便能够激活臀肌做单腿臀桥动作，从而帮助你重新建立一个正确的肌肉募集模式。

双腿臀桥

髋关节灵活性评估

僵硬的髋关节会影响其正上方关节复合体（腰部）的功能。髋关节灵活性受限或者两侧的显著差异会导致腰部在举重时偏离脊柱的中立位，因此，腰部损伤的全面评估必须包括髋关节灵活性的评估。

研究显示，髋关节旋转（尤其是旋转不足或者左右存在差异）是腰背部疼痛的一个重要风险因素[59]。如果一名运动员身体一侧旋转明显不足，那么在深蹲、高翻或抓举中身体下降至最低位置时，腰部将承受不平衡的力。

仰卧位，让朋友抓住你的一侧腿，将其从长凳或者地面上抬起至与长凳或地面呈60°角。

髋关节弯曲60°

随后屈曲抬起的腿的膝关节，让朋友将你的小腿沿着身体中线向外旋转，以评估你的髋内旋活动度，或者沿着身体中线向内旋转小腿，以评估你的髋外旋活动度。两条腿都做相同的动作。如果一侧腿沿着一个方向比另一侧腿多移动几英寸，那么你的髋关节左右旋转存在明显差异。

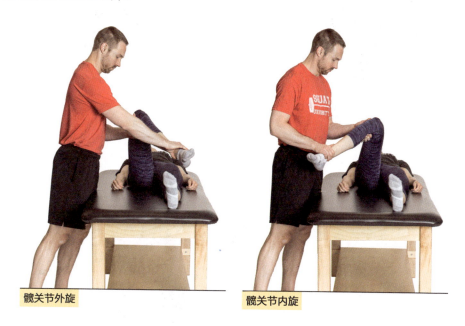

髋关节外旋   髋关节内旋

如果你发现了明显差异，那么阻力带关节松动有助于恢复关节活动范围。首先将一根较长的阻力带套在大腿上，尽可能套在髋关节附近。在单膝跪地动作下，髋关节保持向前，侧向拉紧阻力带。

在做完上述动作后，用手向身体内侧推动前侧膝关节，然后恢复起始姿势。保持几秒后，将膝关节朝向外侧推动，并挤压外侧臀肌。在这个动作过程中，始终将脚掌紧贴地面，踝关节不能内翻或外翻。

膝关节向内移动并保持几秒，然后再向外移动并挤压臀肌，重复这个动作20次，然后再重新测试髋关节灵活性。练习后要立即重新检查髋关节灵活性，看看情况是否改变。

侧向阻力带关节松动

1 起始姿势　　　2 向内移动

3 向外移动

接下来，翻到髋关节疼痛章，尝试托马斯（Thomas）测试（参见第144页）和FABER测试（参见第142页）。要想康复，你必须解决你所发现的髋关节灵活性受限问题。

胸椎灵活性评估

正如髋关节灵活性受限会导致腰部承受过量压力一样，胸椎（中背部）或者肩关节的灵活性受限也会导致腰部承受不必要的压力。当手臂举过头顶（如将箱子放在高架子上、杠铃推举或者抓举）时，胸椎或肩关节灵活性受限通常会导致腰部过度移动。如果你的腰背部疼痛属于伸展激惹，那么你可以尝试以下测试。

虽然在没有专业临床医生的帮助下评估胸椎灵活性可能比较困难，但坐姿旋转筛查是一个很好的自我诊断测试，它可以让你很好地了解胸椎的活动情况。

用胶带在地面上贴一个"X"，夹角呈90°。坐在X中间，使胶带在身体前形成"V"。将一根PVC管横架在肩前，尽可能向右旋转，然后向左旋转。理想的情况是，你应当能够将胸椎向左或向右旋转45°，这将会让PVC管和地面上的胶带平行对齐[60]。如果你无法向左或向右旋转至少45°，或者左右两侧差异较大，那么你发现了一个导致腰部疼痛的潜在因素。

胸椎旋转评估起始姿势（PVC管横架在肩前）

向右旋转：良好   向左旋转：较差

评估肩关节灵活性，首先靠墙而坐。你的头、上背部和臀部应与墙接触，腰部保持中立位；不需要将腰部贴在墙上。

双臂前平举，掌心朝下，然后尽可能举过头顶。你也可以握一根PVC管，并采用与挺举或者过顶推举相同的握法来做这个测试。做该动作时，收紧核心肌群，避免肋骨向外扩。

PVC管墙壁测试

在理想情况下，你应该能够以类似于过顶推举的窄握姿势完成动作，并且不需要太多力量。如果你通过了测试，那么恭喜你有足够的肩关节过顶活动能力。如果没有通过，那么你发现了另一个导致腰背部疼痛的潜在因素。

如果你在前两个筛查中发现了关节活动受限，那么你可以尝试泡沫轴祈祷式伸展这一有助于改善过顶灵活性问题的练习。以跪姿开始，双手放在泡沫轴上；臀部靠近脚跟，并将双手向前伸（如图所示，双臂平行，或将一只手放在另一只手上面）；让胸口落向地面；双臂继续在头顶上方向前伸，同时缓慢地呼气，尽力让胸口沉向地面。

泡沫轴祈祷式伸展

如果你的中背部僵硬，那么这个练习可以很好地伸展你的脊柱。此外，如果你的背阔肌柔韧性较差，那么这个练习也可以很好地伸展后背两侧。建议进行此动作3~4组，保持伸展30秒（大约5次深呼吸）。

腰背疼痛分类

尽管医学界有些人认为，没有非特异性腰背疼痛，但是，我希望你能够找出疼痛的确切诱因。了解受伤情况将有助于你确定需要做什么以及在短期内需要避免什么才能缓解症状。

几乎所有的腰背疼痛都可以通过改变运动方式来缓解，然而，并不存在缓解疼痛的万能方法，将某方法用于一个人身上可能会缓解疼痛，但用于另一个人身上反而可能会加剧疼痛。不过，前面介绍的筛查过程可以帮助你识别加剧疼痛的具体姿势、运动方式和负荷形式。从这里开始，你需要对日常活动习惯做出一些微小的调整，以使你的疼痛得到缓解[61]。

例如，如果你在脊柱屈曲姿势下承受负荷时感到疼痛（屈曲激惹），那么可以通过髋关节铰链运动（如RDL），或者每次弯腰捡东西时单膝跪或蹲在地上，缓解疼痛。如果在脚跟落地测试中，你的疼痛通过收紧核心肌群得到了缓解（这是由核心不稳定导致的负荷激惹），那么学会在日常生活中或者在健身房中保持足够的稳定性将是减轻疼痛程度的第一步。短期内调整这些导致腰背部疼痛的特定运动、姿势或者负荷形式是缓解疼痛的关键。

我们的最终目标是完全解决疼痛问题，但这不会一蹴而就，因为损伤通常会通过大脑的神经性过度反应增强我们对疼痛的敏感性[62]。想象一下，当你踢到踇趾时的感觉（它对这个力十分敏感），这就是为什么刚踢到踇趾后每迈一小步都会很疼。类似的情况在慢性腰背部疼痛患者身上十分常见，并且这也是最小幅度的动作（如弯腰提起一袋杂货或者在床上翻身）都可能会引发剧烈疼痛的原因。确定疼痛的诱因并完成前面部分中的筛查会让你步入解决腰背部疼痛的正确道路。

但也有些人认为，这种理念会让人对特定的运动产生恐惧。事实并非如此。我发现向客户讲授和展示特定运动如何影响疼痛，能够让他们更好地了解自己的身体，并最终控制自己的损伤。做完这些测试，有助于你避免触发疼痛。

斯图尔特·麦吉尔曾告诉我：“在康复期间，你不做的事情通常与你在做的事情同样重要。”希望你在开启摆脱痛苦和重返自己热爱的活动之旅时记住这句话。根据你可能所属的运动诊断结果，下面列出几条建议。

屈曲激惹

你的疼痛通常出现在脊柱处于屈曲状态或者进入屈曲状态的时候。

指南：

在床上：起床时不要直接坐起来，要转到身体一侧，然后用手臂将身体推起来。如果趴着感觉良好，那么每天趴2~3次，每次几分钟。

坐立：将一个卷起来的小毛巾放在腰部，防止腰部弯曲。坐立时挺直身体，不要弯腰驼背。

站立：确保一整天都挺直身体站立，不要弯腰驼背。

捡/搬东西：不要弯腰去捡/搬东西（例如从洗衣筐中拿衣服），单膝跪或蹲在地上避免腰背部屈曲。学会如何在保持脊柱中立位的同时进行髋关节铰链运动，这将防止你在从地上捡/搬东西时腰部过于屈曲。

伸展激惹

症状：

你的疼痛通常出现在脊柱处于过度弓起姿势或者进入伸展状态的时候。

指南：

在床上：如果你习惯趴着睡，那么在腹部下面垫一个枕头。如果你习惯躺着睡，那么在膝关节下垫一个枕头。这两种方法都有助于减小腰部伸展的幅度，以让睡眠更加舒适。

坐立：背部放松地靠在椅背上面。不要坐在椅子边缘，这可能会使你的脊柱过度弓起。

站立：检查镜子中的姿势（侧视），确保腰部处于中立位，并且没有过度地弓起。

捡/搬东西：思考从髋关节而不是从腰部开始运动（强调髋关节伸展，而不是腰部伸展）。单膝跪地或者蹲下从地面上捡/搬东西会有所帮助。

旋转伸展激惹

症状：

当伸展伴随旋转或扭转运动时，你的腰部会感到疼痛。

指南：

在床上： 如果你习惯侧躺睡，那么可以在膝关节之间放一个枕头来限制脊柱和髋关节的过度旋转。起床时，双腿并拢，和躯干一起翻转。

坐立： 尽量不要跷二郎腿，同时避免倚靠或者将身体重心过度转移到一侧的髋关节上。

站立： 用正常的姿势站立，但是要确保在双腿上分布相等的重量。一脚在前、一脚在后的姿势可能会使髋关节/脊柱产生不必要的旋转。

捡/搬东西： 限制躯干出现过度旋转。移动髋关节/双腿，不要移动腰背部。

负荷激惹

症状：

你的疼痛出现在举起重物或者进行对脊柱快速施加负荷的体力活动（例如奥林匹克举重或者跑步）的时候。

指南：

- 避免跑步或者其他会向身体施加负荷或冲击力的活动。
- 仅限在健身房中做无痛的举重练习。如果强忍疼痛完成练习，这会延长你康复至完全无痛状态的时间。

我还能举重吗

在接下来的几周或几个月，你要避免高强度负重训练，只采用无痛的运动方式。疼痛不仅是一种烦恼，而且还会改变你的运动方式[63]。

这意味着，在举重时腰背部疼痛会限制你良好技术动作的发挥。这不仅会直接影响你的运动表现，而且带着疼痛做不良的技术动作会增加身体负荷，可能会加重损伤。

我曾接触过许多患有腰背部疼痛的运动员，他们在处理疼痛的同时进行大重量负荷训练，但结局并不太好。如果你想消除疼痛并重返举重训练，那么你必须减少会导致疼痛的举重训练。这并不意味着你应该停止训练，而是你必须在短期内改变举重方式，以保证有效治疗。

何时去看医生

如果这些策略都不起作用，或者你的疼痛越来越严重，那么请找一位经验丰富的临床医生（专门治疗腰背部疼痛的物理治疗师、整脊师或者骨科医生）。如果你最近体重减轻，腹部或骨盆底松弛、疼痛或麻木，那么我强烈建议你去看医生。

重建过程

到目前为止，你应当清楚地知道哪些特定的触发因素会导致疼痛，也了解到做哪些姿势和动作时不会产生疼痛。接下来就要解决几乎所有腰背部疼痛病例中都存在的一个共同薄弱环节，即核心不稳定。

想一下上次你因疼痛去看医生的情景。医生很可能会这么说："我建议你在几周内停止举重。"这话听起来是不是很熟悉？从理论上看，按照医嘱，许多人在短期内可以缓解症状。如果硬拉会导致腰背部疼痛，那么不做硬拉可能会缓解疼痛。问题解决了，对吗？

不对。

疼痛很可能最终会重新出现，因为你没有从根源上解决问题。

避免导致疼痛的运动、姿势或者负荷形式有助于避免触发疼痛，但不能从根源上解决问题。因此，消除症状并加强身体对损伤的抵抗能力需要一种不同且更积极的方法。

在介绍这种积极的方法之前，让我们先了解一些核心肌群及其与腰部损伤之间的关系。

核心稳定性

想象一下交响乐队，虽然节奏和音量在不断变化，但是乐队中的每个乐手都必须以统一的方式演奏自己的乐器——同样，你的身体必须协调每一块肌肉，才能完整完成目标动作。

围绕脊柱的肌肉——腹部肌肉、背部肌肉（竖脊肌），甚至是横跨多个关节的较大肌肉（背阔肌和腰大肌）——都是身体的核心肌群的组成部分。可能会让你感到惊讶的是，臀肌也是核心肌群的重要部分。这些肌肉必须协同工作才能增强脊柱的稳定性。

在麦吉尔博士的工作中，脊柱稳定性一直是可被定义和量化的内容。第一，肌肉收缩时会产生力量和硬度/刚度。肌肉硬度/刚度对于脊柱稳定性来说很重要。在肌肉的作用下，可以把脊柱想象成一根需要通过硬化来承受负荷的弹性杆。在麦吉尔博士的研究中，他对肌肉协调性较差、激活不足、脊柱周围肌肉松弛的运动员以及他们的损伤和疼痛程度进行了测量。第二，身体的功能系统是一个相互联系的整体，并且远端的运动需要近端提供的稳定性。想象一下，快速来回移动手指，那么手腕（腕关节）需要处于稳定状态，否则整只手都会动。现在，利用相同的原理观察步行的动作。骨盆必须相对于脊柱处于稳定状态，否则左腿向前摆动迈一步时，左侧髋关节会下降。核心肌群的硬度/刚度对于步行来说是必不可少的。因此，身体运动离不开肌肉适当的协调性。移动、跑步或者蹲起都需要脊柱硬度/刚度和核心稳定性。

在举重时，如果核心肌群未能满足施加在身体上的稳定性需求，那么脊柱的某些部分就会承受过量压力，从而增加损伤风险，并且运动表现也会受到影响。围绕脊柱的肌肉必须与其他肌肉协同工作，才能产生安全、有效以及具有爆发性的运动。

我们从哪里开始

解决核心问题一般有两种方法。第一种是更为常见的方法——动态强化练习，例如屈膝卷腹、背部伸展和俄罗斯转体。传统的教练和医疗从业者采用这些练习增强核心力量，他们认为，强大的核心肌群将会减小脊柱在张力下弯曲和断裂的可能性。

屈膝卷腹

持球俄罗斯转体

在一定程度上，这是正确的。围绕脊柱的肌肉确实需要足够的力量来进行收缩和激活。核心肌群收缩时就会产生硬度/刚度。与连接到无线电塔上并对其起支撑作用的拉索非常类似，围绕脊柱的肌肉必须提供一定的张力和硬度/刚度来维持脊柱整体的力量，并且防止其弯曲和受伤。

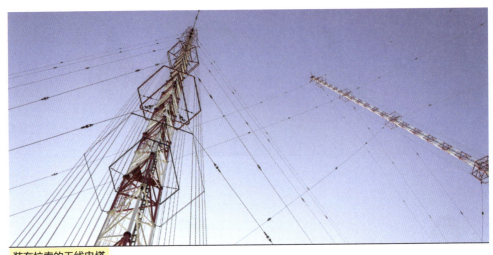

装有拉索的无线电塔

核心肌群的解剖结构

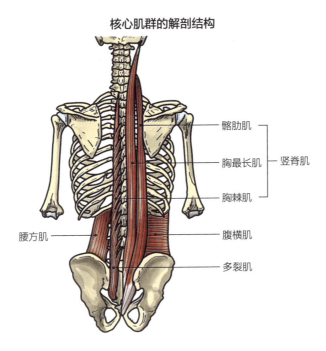

髂肋肌
胸最长肌 竖脊肌
胸棘肌
腰方肌
腹横肌
多裂肌

　　然而，下面的情况是大部分人无法理解的。许多出现腰背部疼痛的人，他们的背部都较为强壮[64]。虽然像俄罗斯转体、屈膝卷腹以及借助GHD进行的背部伸展练习有助于很好地增强力量，但是这些练习在提高核心肌群硬度/刚度方面的效果甚微[65]。

　　为了提高硬度/刚度，你必须采用不同的方式训练核心肌群。这就要提到第二种方法——采用等长练习来增强肌肉耐力和协调性。

　　等长运动是指肌肉或者肌群处于激活和收缩状态，但它们跨越的关节却不发生变化的情况。例如，在进行侧平板支撑时，腹外斜肌和腰方肌非常活跃，但是脊柱和髋关节保持静止。研究发现，与增强脊柱硬度/刚度和稳定性的动态强化练习相比，增强肌肉耐力的等长练习要好得多（这使得它们不仅是治疗腰背部损伤的理想选择，也是提升运动表现的理想选择）[66]。

侧平板支撑时的腰方肌

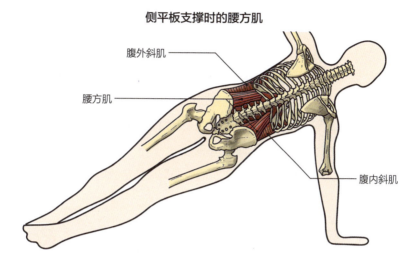

腹外斜肌

腰方肌

腹内斜肌

你是否曾经在进行大重量深蹲训练时，训练至力竭状态？在我的举重生涯中有过很多次这种情况，因为太累了，所以当拼尽全力多重复三次时最终只完成两次，最后一次不得不把杠铃放在地上。听起来熟悉吗？如果你曾经历过这样的事情，那么回过头反思一下这一组训练，但是不要去分析最后一次失败的原因，而是要检查之前的动作。通常，你会发现无法完成最后一次动作的原因是核心稳定性下降——蹲起时核心有点松散、脊柱轻微地弯曲，或者是髋关节稍微偏向一侧。

一旦你的大脑感知到核心稳定性下降，它就会关闭对肌肉的神经驱动，从而使得再进行一次重复练习变得困难。如果核心没有正确地发挥作用，你的身体会在这两个选择中选其一。第一个选择：在进行最后一次重复练习时，技术动作变形（脊柱过于弯曲或者髋关节偏移过多）；虽然你可能会完成任务，但是损伤风险会大幅增加。第二个选择：未能完成最后一次重复练习，将杠铃扔在地上，改天再进行训练。

作为一种保护机制，大脑会提升你进行最后一次重复练习时的难度。对身体进行训练以承受这种保护机制并保持肌肉的高水平"神经驱动"的方式是提升核心稳定性耐力。

稳定性的定义是限制过度或不必要运动的能力。因此，健身界和康复界多年以来用于处理核心问题的传统方式已经相对落后了。这就是有些人拥有明显的六块腹肌，但在硬拉或深蹲时仍然出现技术动作问题的原因。

　　为了保持躯干稳定并限制过度活动，每一块核心肌肉都必须协同工作。当通过收紧核心肌群达到脊柱稳定时，不仅会在举重（例如深蹲或硬拉）时使脊柱更稳定、更安全，而且还有助于传递力量。例如，举重运动员进行挺举时需要足够的核心稳定性来将他/她下肢产生的爆发力通过核心向上传递到杠铃的上推动作中。

协调机制

　　就像之前比喻（交响乐团）的一样，每一块核心肌肉都会发挥作用，但是没有哪一块肌肉比其他肌肉更重要。因此，适当的稳定性训练不应仅用于某块特定的肌肉。数十年来，人们被错误地教导要着重训练某些肌肉，例如腹横肌、多裂肌或者腰方肌，以增强核心稳定性。这种方法存在缺陷的原因有很多。

　　研究表明，一个人不可能只激活核心肌群中的某块特定肌肉。

腹横肌

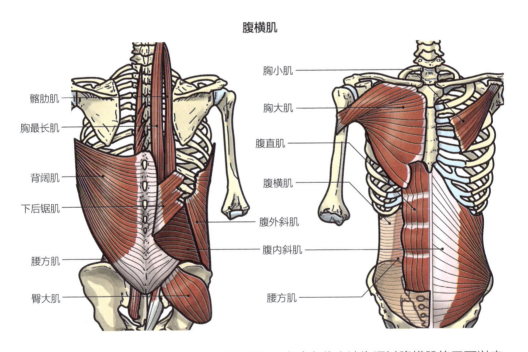

即便有可能针对核心肌群中的某块特定肌肉（有些人认为通过腹横肌练习可以实现），与腹部支撑（收缩所有的核心肌肉）相比，这种方法已被证明在提升脊柱稳定性方面效率较低[67]。

三大练习

现在你知道了哪些类型的练习非常适合用于缓解大部分的腰背部损伤，那么是时候讨论要进行哪些练习了。就核心练习而言，没有万能的方法，因为没有一种通用的运动可以锻炼到所有核心肌肉。出于这个原因，我们必须采用一系列的练习来有效地锻炼核心肌肉。

从技术上讲，只要在练习时能充分锻炼脊柱稳定性，那么任何练习可以作为核心练习。这很大程度上取决于练习的目标和个人的需求。腰背部损伤的处理，关键在于采用可以增强稳定性，又可以减少脊柱所承受的压力的练习。

在麦吉尔博士多年研究脊柱的过程中，他发现了3种可以有效训练脊柱周围肌肉的练习，同时不会对腰背部因损伤而易受刺激的位置施加过大的压力。这组练习被称为三大练习。

- 麦吉尔卷腹。
- 侧平板支撑。
- 鸟狗式。

灵活性优先

在开始核心稳定性训练之前，我建议先处理髋关节和/或胸椎的灵活性受限问题。

如果你身体的任一部位存在灵活性受限，那么就会导致腰部出现运动代偿。例如，如果在深蹲运动中，髋关节灵活性受限，那么骨盆会受到向下的拉力（骨盆后倾），导致腰部偏离中立位并弯曲。

因此，如果你只进行核心稳定性训练，但没有解决腰椎上方或者下方关节的灵活性受限问题，那么你的锻炼效果很可能会大打折扣。

处理完这些部位的灵活性受限问题后，麦吉尔博士建议在进行三大练习之前进行猫驼式来缓解腰部僵硬，提升脊柱灵活性。不同于其他会向脊柱施加有害压力的腰部伸展练习，该练习对脊柱灵活性有益。

采用四肢着地的姿势；缓慢地将整个脊柱和髋关节拱成屈曲姿势，在不出现疼痛的前提下，尽可能高地拱起；动作结束时，应低头看向地面（这是骆驼姿势）。短暂停顿几秒后，做出相反的朝下伸展的姿势，并且抬起头（猫式）。确保你在每个姿势下都有轻微的伸展，不要出现疼痛。

猫驼式

在进入三大练习之前，将该练习重复进行5~6次，然后从麦吉尔卷腹开始[68]。

麦吉尔卷腹

大部分人在做卷腹动作时，他们会屈曲整个脊柱，并试图将胸部靠近膝关节。虽然这个练习在很大程度上确实会激活前部的核心肌群（尤其是腹直肌），但对于那些患有腰背部疼痛的人，这个练习也有不足之处。

首先，传统的卷腹动作会向脊柱施加大量的压力，这会导致具有负荷激惹的人产生症状[69]。

其次，该动作会使脊柱偏离其中立位，使得脊柱略微屈曲。如果屈曲脊柱时，你的腰部疼痛更明显（屈曲激惹），那么你应当暂时避免做该动作。

传统的卷腹动作还十分依赖腰大肌将躯干拉向大腿。所以，虽然你认为通过做屈膝卷腹可以塑造六块腹肌，但是你实际上是在强化髋屈肌[70]。

我们可以通过改良的卷腹动作以更有效的方式专注于提升核心肌群的稳定能力。

步骤1： 仰卧位于地面上，一侧腿的膝关节屈曲，另一侧腿伸直。如果你感到疼痛沿着一侧腿向下延伸，那么将患侧腿伸直贴在地面上。双手置于腰部下方（这将确保你的脊柱在下一个步骤时处于中立位的微弓姿势）。

步骤2： 将头部抬离地面1英寸，并保持该姿势10秒。如果你把头放在枕头上，可以把颈椎想象成一个天平，将头抬起时以让针盘的读数为零[71]。这样做的目的是在腰部不动的前提下做卷腹动作。如果你将头和肩膀抬得太高（就像传统的卷腹或仰卧起坐），那么你的腰部将会屈曲，过大的力量会转移到脊柱上，这可能会加重症状。

步骤3： 保持10秒后，放松头部，恢复起始姿势。

你可以练习进阶动作，即通过抬起头和将肘关节抬离地面同时收紧腹肌来增加难度[72]。

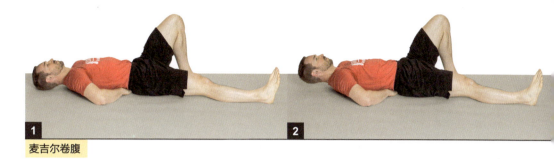

麦吉尔卷腹

与单纯的力量或爆发力训练不同，耐力部分需要多次重复练习才能看到改善。麦吉尔博士提倡使用倒金字塔式重复方案，以在不让身体疲劳或者过度劳累的前提下增强稳定性。

一个示例是重复进行5次，然后重复进行3次，最后进行1次；每次保持8~10秒），组间休息20~30秒。随着执行这个方案变得越来越简单，可以增加重复次数，而不增加保持姿势的时间，目的是在不引起肌肉痉挛的前提下提升耐力[73]。可以调整这个方案来适应你当前的耐力水平和目标。例如，使用6-4-2或者8-6-4的重复次数方案。

在保持10秒的稳定过程中，专注于你的呼吸，缓慢地吸气和呼气。呼吸时，保持腹部肌肉的收缩。小口吸气和呼气（就像通过吸管呼吸一样）有助于你提升核心稳定性。在爬楼梯或者进行重复10次的深蹲时，你不用屏住呼吸。学习如何呼吸以及如何为将要开展的任务保持足够的核心稳定性是腰部疼痛早期康复过程中的重要一步。

我在来找我进行腰部疼痛物理治疗的患者身上使用麦吉尔三大练习，反馈非常有效。作为一名举重运动员，三大练习对我的训练也很有帮助。我在举重训练前都会进行这些核心稳定性练习。

侧平板支撑

前面我们已经讨论了前侧的核心肌肉，下面开始讨论身体两侧的核心肌肉。侧平板支撑是一项独特的练习，因为它只激活身体一侧的腹斜肌和腰方肌，对脊柱施加的力也很小，所以是解决稳定性弱问题的较好选择。侧平板支撑还会涉及髋关节、骨盆稳定肌（臀中肌）[74]。

侧平板支撑

步骤1：侧卧位，双膝屈曲，用一侧小腿和肘关节支撑身体。将非支撑手放在同侧的髋部或者肩上。

步骤2：抬起臀部，用膝关节和手臂支撑身体重量。在从地面抬起身体的过程中，采用"臀部蹲起"的提示向前推臀部。

步骤3：保持这个姿势10秒，然后返回。采用"臀部下蹲"的提示将臀部拉回。每侧执行相同的倒金字塔式重复方案。

臀部蹲起

臀部下蹲

你可以进行大量的进阶练习。你甚至可以进行全侧平板支撑，即用双脚和肘关节支撑身体重量。

全侧平板支撑

如果由于肩关节或手臂疼痛，无法完成改良的侧平板支撑（从膝关节开始支撑），那么你可以进行侧卧举腿练习。侧卧在地面上，适当收紧核心肌群，将双腿并拢的同时从地面上抬起。保持8~10秒，然后放松。

侧卧举腿

鸟狗式

麦吉尔三大练习的最后一项练习是鸟狗式。当相邻关节运动时，这是一个非常好的促进核心稳定的练习方式。通过练习这个动作（在腰部保持稳定的同时，髋关节和肩关节协同运动），你可以更好地进行日常活动和举重运动。

步骤1： 采用四肢着地姿势，腰背部位于中立位。记住，腰背部处于中立位时稍微有点弧度，而不是完全平直。

步骤2： 在保持腰部稳定的前提下，一侧腿向后踢，同时抬起对侧的手臂，直到手和腿完全伸直。确保腿部动作不会使腰背部过度弯曲（用脚跟向后踢）。保持在伸展姿势时，前伸手臂握拳并收缩手臂肌肉可以增强核心肌群的募集，尤其是竖脊肌。

如果你进行手臂和腿部运动时会产生疼痛，或者你发现自己做动作时会失去平衡，那么尝试降低难度的只有单腿运动的动作。

步骤3： 每侧伸展姿势保持10秒，然后恢复起始姿势。你也可以在两侧交替重复之间将手与对侧膝关节相碰。在此运动过程中不要弯曲腰背部，保持脊柱中立位，只允许髋关节和肩关节运动。注意，执行与之前两项练习相同的倒金字塔式重复方案。你可以通过只用伸出的手或者用手和对侧的脚画正方形来增加难度进行练习。

鸟狗式（起始姿势）

鸟狗式（伸展姿势）

在做鸟狗式动作时，在移动手臂和腿的过程中要特别注意腰背部姿势。研究表明，患有腰部疼痛的人感知脊柱运动的能力通常会降低[75]。在移动肢体之前，要收紧核心肌群。在10秒的姿势保持期间以及在两侧交替重复之间的手膝相触动作期间，要专注于自己的呼吸并收缩腹部。

鸟狗式（对侧手膝相触）

如何进行腰背部拉伸

不知你有没有注意到，在之前的康复计划中的练习没有包含腰背部拉伸动作。在从事物理治疗师行业早期，我经常会为腰背部疼痛患者开一些拉伸的运动处方，例如仰卧时将膝关节抱在胸前。

仰卧抱膝拉伸

那些难以长时间站立或者平躺的人在屈曲姿势下会感觉更好。许多抱怨腰部僵硬和疼痛的人在做完这个拉伸动作后发现症状有所缓解。

然而，在学习麦吉尔博士的文章和研究后，我意识到对于大部分人来说，这种缓解只是暂时的。拉伸腰部会刺激肌肉深处的牵张感受器，从而产生疼痛缓解和僵硬感减轻的感觉。

腰背感觉到的大部分肌肉疼痛和僵硬是一种称为炎症的化学反应导致的，这种反应的出现是位于脊柱深处的实际损伤（椎间盘膨出、小面关节刺激等）引起的[76]。这种潜在的损伤也是周围肌肉出现继发性收缩或痉挛的原因。

因此，为了顺利地治疗腰背部损伤，绝大多数运动员应以稳定核心肌群并恢复运动状态为目标。拉伸腰部只能缓解症状，不能从根源上解决疼痛问题。

唤醒沉睡的臀肌

腰背部疼痛的运动员通常无法恰当地激活和协调臀肌，这种情况很常见。简单地说，臀部肌肉可能会休眠[77]！当出现这种情况时，身体自然会开始更多地使用腘绳肌和腰部肌肉来进行髋关节伸展动作；过多地使用腘绳肌和腰部肌肉对运动效率会有不利影响，并且会对脊柱施加过大的压力[78]。

如果单腿臀桥测试（参见第51页）揭示了你在协调和激活臀肌方面存在问题，那么下面的练习应该会对你有所帮助。

臀桥

步骤1： 仰卧位，双膝屈曲。

步骤2： 首先收缩臀肌，然后将臀部抬离地面。尽可能用力收缩臀肌5秒，然后恢复起始姿势。随着能力的提升，可尝试在最高点保持10秒。

如果你的腘绳肌开始抽筋，那么有两种方式会有所帮助。首先，让脚跟更加靠近臀部，这样做会缩短腘绳肌的长度，并让它们处于运动不利位置（这种称为主动收缩不足）。[79] 其次，你可以用力将脚趾压在地上，想象是用双脚推动臀部，这将会轻微地激活股四头肌，从而减少腘绳肌的参与（这种称为交互抑制）。腘绳肌不再参与运动之后，剩下的帮助髋关节伸展的唯一肌肉就是臀肌。

推荐的组数/次数： 2组，每组重复20次，每次重复保持5秒。

双腿臀桥

如果你按照前面的提示进行臀桥练习仍然感觉到腰背部疼痛，那么尝试下面的改进动作。在开始之前，让自己的头部靠近一面墙壁，并将双手扶在墙上。推压墙壁会激活你的核心肌群，从而提高运动效率，并缓解疼痛感。

双腿臀桥（双手扶墙）

等长深蹲（保持姿势）

步骤1： 手持重物举在身前，做一个高脚杯深蹲动作。

步骤2： 在深蹲至最低位置时收紧核心肌群，并将双膝分开，双脚脚趾抓地，激活髋关节外侧肌肉（臀中肌）。

步骤3： 保持上述姿势并小幅度抬升臀部，充分收紧臀肌。保持5秒后再下蹲。这个动作将之前的臀肌激活练习转化为了与深蹲类似的、更具功能性的动作。在腰背部没有疼痛的前提下，可以尝试练习这个动作。

推荐的组数/次数： 1~2组，每组重复5次，每次重复保持5秒。

手持杠铃片（重物）深蹲　　　　　　等长深蹲（保持姿势）

　　这些练习不仅可以作为腰背部疼痛康复计划的基础内容，而且可以当作每周训练计划的一部分，以防止损伤复发[80]。如果你想从腰背部损伤中尽快恢复，那么每天都应安全地进行这些组合练习，但是不应当在早晨刚起床后直接进行，因为此时的椎间盘最容易受伤[81]。

早期康复计划

　　现在你知道了疼痛的具体诱因，并且充分了解了麦吉尔三大练习，那么你便可以开始制定一个条理清晰的康复计划。

　　麦吉尔博士建议每天将有规律的步行计划同三大练习相结合[82]。在腰背部遭受小损伤后，每天站起来走一走对于保持脊柱健康和基本健康水平非常有帮助。开始时进行小步走——摆动双臂进行5~10分钟的快速走动，每天步行3次，每次10~15分钟。

　　前几周，每天都进行一次三大练习。然后你可以将频率提高为每天两次，同时保持总运动量不变。例如，开始时，每天进行一次6-4-2的倒金字塔式重复方案；然后针对每次练习进行3-2-1的倒金字塔式重复方案，每天两次，每次重复保持10秒。

缩小差距：从早期康复到运动表现

处理不同类型的疼痛都需要经历3个阶段。第一个阶段，你必须消除引发疼痛的原因、缓解症状，并创造一个最佳环境来开启身体的自然愈合过程。虽然这一步看起来简单，但许多运动员很难做到。当我建议一名运动员暂时停止深蹲或者硬拉时，我通常会听到："我不能完全停止，否则我将失去已经取得的成绩！"

其实，短期内停止训练，你并不会失去已经取得的所有成绩。如果你过于固执，不想放弃目前引发疼痛的训练计划，那么从长远来看，没有哪个康复计划或者纠正练习会真正地解决你的问题并修复你的身体。如果某些举重练习会导致疼痛，那么应暂时停止这些练习。

第二个阶段，解决身体上最初导致疼痛出现的问题。这需要一个全面的练习方案，即开始进行像麦吉尔三大练习这种对腰背部有益的核心稳定性练习，针对受限关节进行灵活性/柔韧性练习，以及错误运动模式的纠正练习。

学习髋关节铰链运动

出现腰背部疼痛的最常见的原因之一是无法正确地进行髋关节运动[83]。从弯腰捡起地上的铅笔到抓起杠铃，许多出现腰背部疼痛的人忘记了如何围绕髋关节运动，因此让腰椎变得不稳定并过度运动。因此，学会在保持脊柱稳定的情况下运动髋关节（称为髋关节铰链运动）是重建过程的重要组成部分。这一步对于脊柱屈曲激惹的人来说至关重要。

为了进行正确的髋关节铰链运动，采取站立位，双臂向前伸直。双脚抓地紧贴地面，感觉体重均匀地分布在双脚上。接下来，双膝向两侧移动，募集臀部外侧肌肉，同时确保双脚紧贴地面。在学习过程的早期，在膝关节上套一根小阻力的弹力圈可以激活臀部外侧肌肉并产生足够的张力。

开始时，臀部向后推，躯干前倾，腰背部保持稳定；水平向前移动手臂，使其与地面平行，这将有助于平衡臀部的向后运动。在膝关节不能前移的同时，屈膝下蹲，并保持这个姿势几秒。如果你做得正确，那么你应当会感觉到在臀肌和腘绳肌上产生了张力。

髋关节铰链运动起始姿势（斜视图）

髋关节铰链运动（侧视图）

如果膝关节不向前移动，你就无法进行髋关节铰链运动（就像进行正常的深蹲一样），那么就在脚趾正前方放一个箱子（脚趾顶着箱子）。屈膝，保持膝关节不碰箱子，那么你的膝关节就无法向前移动，所以在有箱子辅助的情况下将能更好地进行髋关节铰链运动。

髋关节铰链运动（箱子辅助）

如果腰背部疼痛导致你不能完成这个动作，那么将双手垂直向下放在大腿前面。在臀部向后推、躯干向前倾，以及腰背部稳定的同时，将双手向下滑向膝关节（同时膝关节微屈）。双手向大腿施加压力会使上半身增加少量硬度/刚度。如果你做得正确，可以缓解或消除腰背部的疼痛感。

髋关节铰链运动（双手放于大腿上）

学习正确的髋关节铰链运动的另一种有用工具是杠铃片。首先，手持杠铃片，将其贴着臀部，并把杠铃片想象成一面墙壁；保持膝关节微屈的同时，朝着身后假想的墙壁推动臀部；确保脊柱在整个动作过程中始终处于中立位。如果你做得正确，那么你应当会感觉到在臀肌和腘绳肌上产生了张力。

髋关节铰链运动（杠铃片贴于臀后）

如果进行这种髋关节铰链运动，无论双手是否压着大腿都可以帮助你正确地向前屈曲躯干而不会产生疼痛，那么你应当做髋关节铰链运动。

构建基础

假设你到目前为止已经采取了正确的康复治疗，那么此时你已没有症状，因此是时候进入康复计划的第三阶段并锻炼身体以应对杠铃训练和比赛的高要求了。同样，没有一种通用的练习方式可以均衡地对所有核心肌肉施加压力。因此，我们需要制定一个全面的训练计划，通过多平面的运动和多种运动模式提升核心稳定性。康复的第三阶段的练习分为四类。

- **推：**深蹲、推雪橇。
- **拉：**硬拉、反向划船。
- **单侧负重：**单侧农夫行走。
- **抗旋转：**站姿核心抗旋前推、单臂划船。

这些不同类别的练习可以帮你锻炼身体，并使你发现和解决在运动表现训练中经常被忽视的问题。例如，力量举运动员在训练期间通常会进行推、拉和抗旋转类的练习（像深蹲、硬拉和卧推），但他们从来不进行单侧负重的提拉练习，那么他们身体较容易出现潜在损伤，因为他们未锻炼到额状面上的核心稳定性。

在腰背部损伤康复的第三阶段你必须采取谨慎的方法，选择有助于康复而又不会对脊柱施加过量的负荷的练习，以免症状复发。例如，在用较轻的负荷深蹲之前进行抗旋转练习通常会给运动员带来不良影响。与屈曲/伸展类练习相比，在相同负荷下，在身体上产生扭转力的练习（例如站姿核心抗旋前推）对脊柱施加的压力高达4倍以上[84]。

下面是稳定性练习的逻辑顺序：首先在矢状面上对身体施加压力（屈曲/伸展力矩），然后在额状面（侧向力矩）上对身体施加压力，最后在水平面上（扭转力矩）对身体施加压力。虽然不存在一套理想的练习方式，但是这些练习可以帮助你制定最适合自己身体的康复计划。

在你进行练习时，要注意负荷增加的速度。要想康复，应缓慢地向身体增加负荷。负荷过少的话，身体就无法产生适应，并且康复效果不理想；负荷过多的话，就会超出身体适应能力，并且疼痛复发。因此，要正确判断身体自身反应，避免受自我感觉影响。

深蹲

一旦你可以无痛地进行髋关节铰链运动，那么就可以重新开始深蹲练习了。刚开始先进行自重深蹲，在没有疼痛的情况下不断地增加下蹲深度。根据损伤的严重程度不同，恢复全幅度的自重深蹲的时间也不同。当你可以进行全幅度的自重深蹲时，那么是时候增加负荷了。

负荷的位置（在肩上或在背上）以及重量将影响在脊柱上施加多少力。例如，胸前手持30磅壶铃进行高脚杯深蹲对脊柱的压力要小于握持135磅杠铃的前深蹲。按照相同的方式，前深蹲对腰椎产生的力矩要小于相同重量的后深蹲。与后深蹲中相对前倾的躯干相比，为了保持身体平衡，前深蹲中的躯干近乎垂直，以提供更小的力臂（杠铃的重力垂线与腰椎关节之间的距离）[85]。

高脚杯深蹲　　　　　　前深蹲　　　　　　后深蹲

我建议先从高脚杯深蹲（重物举在胸前）开始，然后进阶至前深蹲，最终进行后深蹲。注意每个动作的移动速度和负荷。没有耐心并且过快地恢复至大重量练习的人很容易再次受伤。我治疗过许多强壮的力量举运动员，他们在腰背部疼痛恢复期间，需要几周的时间进行30~40磅的高脚杯深蹲，然后才重新开始较大负荷的杠铃深蹲练习。

一旦你开始做杠铃举重动作并恢复到大重量负重，就要专注于你的呼吸方式。当你进行大重量试举时，不仅要收紧核心肌群，还要学会如何正确地呼吸。

与许多医学和健身专家所教授的相反，大重量试举时，"向下吸气，向上呼气"这句话对于稳定脊柱没有帮助。

当尝试大重量试举时，我建议深吸一口气，然后在整个移动过程中憋住气。当你在这种呼吸方式下收紧核心肌群时，你的躯干才能变得更加稳定，且能够承受巨大的重量。

为了保证腹内压增加和高水平的脊柱稳定性，必须用力屏住呼吸，这被称为瓦尔萨尔瓦策略（Valsalva策略）。当你通过嘴唇之间的小孔缓慢地呼气时会发出"哼"或"嘶"的声音，这样你可以保持足够的核心稳定性和脊柱的安全性[86]。

在举重练习过程中，这种屏住呼吸的时间不应太长，因为这样做会导致你的血压急剧升高并出现昏厥。如果你有心血管疾病史，那么在使用这个呼吸技术之前要咨询医生。然而，对于健康的运动员来说，血压暂时的小幅升高不会造成问题。

推雪橇

成功推动一个加重的雪橇需要你的双腿产生巨大的力量，通过稳定的核心将力量传递到手臂上，并最终传递到雪橇上。如果没有足够的核心稳定性，你的脊柱就会偏离理想的中立位，导致能量外泄。

开始练习时，双手高高地握住雪橇杆。在做任何动作之前，尽可能用力地握住雪橇杆，并用双脚使劲踩地。收紧核心肌群，有助于躯干产生必要的硬度/刚度以保证背部安全；结合之前的准备动作，以爆发式的力量推动雪橇。

推雪橇

硬拉

当你将硬拉练习加入训练计划后，你应在保证对脊柱无不良影响的情况下练习。与从地面上拉起杠铃相比，从垫高的木块上或一摞杠铃片上进行硬拉将会减少腰部的剪切力。

如果通过侧视图分析硬拉开始时提铃的动作，我们可以通过确定力臂的长度来计算腰部力矩的大小（杠铃的重力垂线与腰椎关节之间的距离）。

硬拉提铃时的力臂　　　　　　　　　　垫木硬拉的力臂

相比从垫木上硬拉，从地面上硬拉时，躯干的前倾角度更大。躯干前倾角度越大，形成的力臂就越长，因此就会对脊柱施加更多的负荷。将提铃的起始位置抬高至膝关节高度或者略高于膝关节，就会减少腰部的压力。

无论是在力量举比赛中，还是作为举重的辅助练习项目，在进行硬拉练习时，就是为了在拉起杠铃和下肢向地面施加反作用力之间找到正确的平衡点。许多运动员在硬拉时出现腰背部疼痛，是因为他们没有充分使用自己的下肢发力，最终过度依赖自己的腰背部肌肉。在下图宽距硬拉练习中的提铃阶段，锁住肘关节，双臂贴住胸腔两侧。这个动作会募集强大的背阔肌，增加核心硬度/刚度并增强上半身的稳定性。

接下来，募集整个上半身肌肉（背阔肌及其他部分肌肉）向上拉紧杠铃——不要立刻将杠铃拉起来。如果做得正确，你会看到杠铃杆轻微地向上弯曲——这个动作被称为拉弯杠铃杆。

拉弯杠铃杆

迈卡·马里亚诺（Micah Mariano）硬拉

　　进行硬拉时，虽然依靠的是上半身产生的拉力拉起杠铃，但是下半身同时需要做相反的动作。这意味着当双脚用力踩向地面时，你的臀大肌和腘绳肌会产生巨大的张力。在上拉杠铃和用力踩向地面之间寻找平衡将有助于保证腰背部的安全。随着越发熟悉垫木硬拉动作，你可以通过增加重量或者降低垫木高度来逐渐提高练习难度。

　　在短期康复过程中，调整硬拉技术动作也会有所帮助。例如，相比传统硬拉，相扑式硬拉的躯干角度通常不会对腰部施加很大的压力。相扑式硬拉下，站距较宽，使得杠铃更加靠近身体，并使躯干更加挺直，这有助于缩短力臂，从而减少脊柱的整体负荷[87]。

相扑式硬拉

传统硬拉

反向划船

研究表明，使用悬吊带或者体操吊环进行的反向划船练习可以募集上背部和中背部肌肉，同时施加在脊柱上的压力较小[89]。这使得这种划船变式成了腰背部损伤康复早期阶段中常用的练习方式。进行这个练习时，要把注意力集中在自己的呼吸方式上。深吸一口气并收紧核心肌群，然后开始进行反向划船练习。

反向划船

在你进行反向划船练习时，你的腰背部在整个运动中都应处于中立位的支撑姿势。当练习变得很容易时，尝试双脚向前走，并倾斜身体让其更加靠近地面。最终目标是将双脚抬高到健身椅或者箱子上，做出身体与地面平行的姿势。

反向划船（双脚抬高）

单侧农夫行走

举重房中的大部分举重动作都在矢状面上进行：沿着相对竖直的路径移动杠铃，同时双脚牢牢地踩在地上。在运动员花费大量时间练习这些举重动作时，他们可能在其他运动平面表现出力量和稳定性方面的弱点。

例如，在硬拉和深蹲这种经典举重动作中，甚至是奥林匹克抓举动作中，侧向的核心肌肉（腰方肌和腹内/外斜肌）都没有受到充分的刺激。如果你没有充分地激活这些肌肉，不能在不同的运动平面内稳定身体，那么你就会让自己容易遭受潜在损伤。看看下面两个示例。

在负重深蹲前，你必须先扛着杠铃走几步将杠铃从架子上移出来，然后再调整站姿。在进行大重量抓举或高翻时，举重运动员可能会快速移动脚步调整，以保持身体与杠铃之间的平衡。在不同情况下，运动员都会在额状面内移动身体，进行调整。

单侧农夫行走可以强化额状面上的核心稳定性，有助于解决许多运动员额状面上常见的不平衡问题。进行这个练习时，用一只手抓住一个重量较轻（10~20磅）的壶铃或哑铃，并将它置于身体一侧。收紧核心肌群并将双臂贴紧身体两侧，以激活背阔肌；夹紧腋窝，使上半身产生张力。开始行走时，握紧壶铃把手并控制躯干不要左右倾斜。

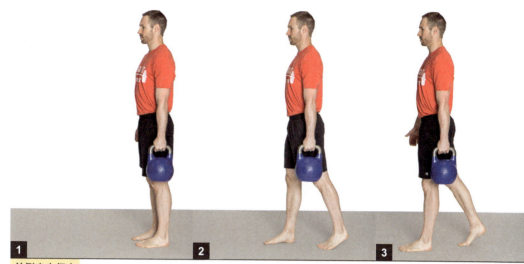

相比于双手负重练习，单手负重练习要难得多，并且会让核心肌群面临更大的挑战。研究表明，相比于单手提一个66磅的壶铃，两只手各提一个66磅的壶铃对脊柱施加的压力要小很多[90]。这是因为，单手持重物行走时需要稳定脊柱上不均衡的力，稳定的同时会使身体面临更大的挑战。

你还可以将壶铃倒置来增加稳定核心肌群的难度。收紧核心肌群，然后行走。如果你想增加练习难度，抬起大腿并以缓慢、可控的方式行进。

倒置壶铃行走

倒置壶铃行走是最具挑战性的变式之一。如果你很难保持壶铃稳定，你可能会认为握力不足，但真正的原因是缺乏足够的核心稳定性。

研究表明，腰背部疼痛会降低我们对脊柱位置和姿势控制的感知能力[91]。你的核心肌群越稳定，壶铃就越容易控制。因此，不要专注于壶铃，而要专注于保持收紧的核心肌群。

站姿核心抗旋前推

站姿核心抗旋前推有助于锻炼身体抵抗旋转运动的能力。这对于在正常杠铃训练中极少遇到扭转力的力量型运动员来说是一种独特的练习方式。

从站立姿势开始，膝关节微屈，双手靠近腹部并握住弹力带或绳索，将弹力带拉长并尽量使其与腹部垂直。收紧核心肌群，并将双手推离身体。保持双手前推姿势5秒，过程中不要扭转身体。

站姿核心抗旋前推

你可以通过调整姿势来改变练习难度，例如单腿跪立、双膝挺身跪立甚至是分腿蹲，以及把双手的位置从腹部移动到胸部。另一种变式是在推拉时深蹲。你可以尝试不同的下蹲深度，以提升核心和髋关节稳定性。

推荐的组数/次数： 2~3组，每组每侧重复10次。

分腿蹲核心抗旋前推

深蹲核心抗旋前推

单臂划船

大多数人会将（使用弹力带或者绳索器械进行）单臂划船归类为肩关节稳定性练习，以强化上背部和肩后部肌肉的力量。虽然这种分类没错，但是单臂划船也是抗旋转核心稳定性练习[92]。

面对绳索器械站定或者将一根弹力带绑在立柱上。用一只手臂做划船动作，同时保持脊柱中立位，不要旋转身体。保持2秒后，伸直手臂恢复起始姿势。

你可以在多种姿势下进行单臂划船练习，例如弓步蹲或者跪姿。

1　　2

单臂划船

推荐的组数/次数：2~3组，每组每侧重复10次。

重返巅峰之路

消除了疼痛并重新回到了之前的训练水平，你仍需保持核心稳定性。也就是说，每周都要进行麦吉尔三大练习和前面部分中的其他核心稳定性练习。建议你在选择练习动作时，增加一些包含不同运动平面的练习动作。

如果你是一名期望表现出最高水平的力量型运动员，我建议你加强核心训练，并在训练中采用下面的改良动作。

奥林匹克举重

由于奥林匹克举重动作的复杂性和对速度的要求，在你可以轻松地以70%1RM负荷进行一次深蹲和硬拉且没有出现疼痛之前，我不建议将奥林匹克举重动作过早地纳入你的康复计划。

在进行奥林匹克举重时可以在垫木或跳箱上练习，这样可以减轻腰部承受的负荷。开始时，垫木或跳箱的高度以加重的杠铃杆位于大腿的中下部（膝关节以上）为准。研究表明，在抓举或挺举中，杠铃经过膝关节时躯干更加竖直，这会明显减少腰部的压力（这意味着从地面上做完整的奥林匹克举重动作对脊柱施加的压力最大）[88]。

在熟练掌握在垫木上进行的奥林匹克举重动作后，你可以通过增加重量或者降低垫木高度来逐渐提高练习难度。

1 **2**

垫木抓举

等长硬拉

等长硬拉是一种很棒的变式，有助于强化正确的提铃技术动作。等长硬拉的准备动作与传统硬拉一样。深吸一口气，收紧核心肌群，并且缓慢地将杠铃拉离地面。你可以在不同的位置等长收缩保持2~5秒，例如在小腿中部、膝关节下方以及膝关节上方等，你也可以在杠铃下降过程中在膝关节处等长收缩保持2~5秒，以增加挑战性。

在等长收缩的时候，体会双脚用力向下踩地的感觉。如果你屏住呼吸和收紧核心肌群来维持足够的核心稳定性，那么你的腰部不会感到疼痛。每组练习最多重复3次。

1 等长硬拉 2

僵尸式前蹲

在进行前深蹲或者高翻时，要尽可能保持躯干直立。运动员每次下蹲至最低位置时姿势标准，但是在蹲起时却不能保持躯干挺直，从而使得腰背部过度屈曲。伸直手臂的僵尸式前蹲会解决这个问题。

首先将杠铃举在胸前，就像在前深蹲一样。然后将双臂向前伸直，让杠铃落在肩膀上。用脚趾抓住地面让双脚处于稳定位置。深吸一口气，收紧核心肌群，开始深蹲。

为了保持杠铃位于肩膀上并防止它滚落到地上，你必须保持躯干挺直。先从每组1~3次的较轻重量开始练习，并且只有当你可以持续保持标准的技术动作练习时才能增加重量。

僵尸式前蹲

铁链深蹲

　　自从"西部杠铃"的路易·西蒙斯（Louie Simmons）引入链条训练以来，它一直在力量举重界很流行[93]。其背后的理论是身体对阻力调节的自然反应，称为力量－速度曲线。

　　例如，举重运动员可以在四分之一深蹲时举起很大的重量，但是在相同的大重量下可能无法完成全幅度深蹲。这是因为与深蹲至最低位置相比，身体在深蹲的较高位置时能够产生更大的力量。

　　假设一名运动员深蹲的单次重复最大重量是300磅，他可以将杠铃加重至220磅，并且在杠铃两端各挂两条20磅的铁链。在深蹲的最高位置，总重量是举重运动员能举起的最大负荷300磅。在蹲至最低位置时，铁链会碰到地面并堆起来，这会减少身体的总负重。因此，在深蹲的最高位置，杠铃上有300磅的重量，但是在最低位置只有220磅。在蹲起过程中，重量会缓慢地重新施加到杠铃上（这称为阻力调节）。

　　在低位完成常规的杠铃深蹲，对大多数人而言都很困难。越接近最高位置，完成动作通常会越容易。使用铁链可以让你在深蹲的高位举起大重量，并且减少你从最低位置蹲起时失败的概率。

铁链深蹲

　　这意味着使用铁链不仅可以让你在蹲起过程中产生的力量和速度符合身体自然的力量－速度曲线规律，还可以帮助运动员改善蹲起时的黏滞点，提高蹲起时的速度和爆发力。

　　在深蹲时使用铁链的另一个好处是通过增强本体感觉（对脊柱位置的感知）来提高核心稳定性。铁链从杠铃上垂下时的轻微摆动会在举重运动员身上施加不均衡、不规则的压力，这类似于使用有节奏的稳定练习来增强神经肌肉控制。

　　记住，你必须有意识地进行举重练习的每个部分——把杠铃从杠铃架上扛起来并后退几步，做完整的深蹲动作，再把杠铃放回杠铃架上。这对于那些正在进行腰背部损伤康复训练的人来说尤为重要。当你将杠铃扛出杠铃架时，摆动的铁链将会给你一个即时反馈——你的核心是否足够稳定。

应该佩戴举重腰带吗

我治疗过一名力量举运动员,当时他正在进行腰背部疼痛的恢复训练。在重新练习杠铃深蹲时,他问道,他是否可以戴上举重腰带。在他看来,每次进行杠铃练习时,佩戴举重腰带可以保护他的腰背部安全。

然而,绝大多数运动员和教练员都在错误地使用举重腰带,并且很多时候都是出于错误的目的。

为什么使用举重腰带

在开始讨论举重腰带在腰背部损伤中的应用之前,让我们讨论一下为什么有人一开始会佩戴举重腰带。研究表明,举重腰带会为腰部提供额外的稳定性[94]。这是通过辅助收紧核心肌群来实现的。

当你举起很重的杠铃时,你需要深吸一口气,并收紧躯干肌肉,这样才能保证杠铃重量不会把身体压弯。这种呼吸动作和收紧核心肌群会增大腹腔内的压力并产生稳定性。一个有用的提示是,当你把气体压进腹部时,心里想着"把气罐充满"。如果你做得正确,你将会感到腹部的起伏,而不是胸部。在整个单次运动过程中都要保持这种呼吸方式。

站在易拉罐上

深吸一口气时,腹腔内容积会扩大。如果在扩张核心的同时收紧躯干肌肉,那么腹腔内的压力就会增加,因为腹腔容积不能再扩大了。这就是腹内压(IAP)的形成过程。

想象一个未打开的汽水易拉罐。如果你将一罐完全未打开的汽水放在地上,站在它上面后会发现,它仍然很坚固,并不会被压破。这是因为里面的气体压力会增强气罐的强度和稳定性。

经常会听到教练员使用"下蹲时吸气，蹲起时呼气"这样的提示。如果你尝试举起大重量，那么这个建议并不合适。你能想象如果背上扛着900多磅重物的力量举运动员在蹲起开始时呼气会发生什么情况吗？如果你在蹲起过程中过快地呼气（或者如果你在开始时没有深吸一口气），那么你已经排空气罐中的气了，最终会导致核心不稳定。这相当于打开易拉罐，倒空它，然后用力站在上面。显然，在罐子内的压力被移除后，在体重的作用下，罐子会立即被压碎。为了保持所需要的稳定性，要屏住呼吸，直到你经过蹲起的黏滞点为止（通常在蹲起的3/4位置），然后缓慢地呼气。

系着举重腰带进行深蹲［布莱恩·萨姆纳（Blaine Sumner）］

举重时正确地呼吸和收紧核心肌群可以激活身体内的"天然举重腰带"。因此，使用举重腰带只是向身体"气罐"额外附加了"一层"而已。腰带不会代替你的核心肌群，而是作为一种额外的辅助。如果你的目标是举起大重量，那么戴上举重腰带可能会有用。实际上，研究表明，当使用举重腰带与正确地收紧核心肌群和屏住呼吸相结合时，IAP值会增加20%~40%，这意味着躯干具有更强的稳定性[95]。

如何使用举重腰带

大多数人并没有正确地使用举重腰带。下面的场景你听起来是否熟悉？你看向深蹲架，发现一名运动员正在竭尽全力把举重腰带紧紧地系在自己的腹部上。

正确地使用举重腰带并不是将它系紧。如果你只是将它系紧，那么你会失去它能带来的好处。始终都要想着在腰带内扩张腹部，并收紧腹部肌群对抗腰带的"束缚"。

研究表明，正确佩戴举重腰带的运动员往往能以更大的爆发力举起更重的重量。他们还能够在保持躯干硬度/刚度的同时进行最大负荷的多次重复试举，如8RM试举[96]。

系着举重腰带进行硬拉［布莱恩·萨姆纳（Blaine Sumner）］

何时佩戴举重腰带

大多数运动员开始佩戴举重腰带的原因如下。

- 他们观察到精英运动员在用，并且认为自己也需要一条。
- 他们想举起更重的重量。
- 他们的腰背部酸痛或开始疼痛，认为佩戴举重腰带会有所帮助。

不过，精英运动员（具有多年的训练和比赛经验）佩戴举重腰带并不意味着你也需要佩戴。首先，问问自己："我是否要参加力量类体育比赛，如举重比赛或者力量举比赛？"如果答案是肯定的，我建议你在训练的前几年不要使用举重腰带。在训练初期，至关重要的是专注训练正确的技术动作，从而建立自己的天然举重腰带，这样做将帮助你打下坚实的稳定性基础，有一天当你追求更重的重量要佩戴举重腰带时，那么你就可以采用更好的技术动作达到你的目标。

如果你不是参加举重比赛或力量举比赛，而是为了其他运动项目在举重房进行负重力量训练，如足球、篮球或者棒球，我建议尽量减少使用举重腰带。你在参加这些运动项目时不会佩戴腰带，所以在举重房进行力量训练时佩戴举重腰带可能不是一个很好的主意。你需要做的是培养躯干的稳定性并用基础的技术动作进行负重力量练习。

想要举起大重量并没有错，但是不应该以牺牲动作技术为代价。虽然佩戴举重腰带对大重量举重很有帮助，但是在所有的举重练习中长期佩戴举重腰带可能会产生不利影响。如果你始终都使用举重腰带，那么你的身体自然地会开始依赖于举重腰带提供的支撑。如果身体依靠举重腰带的支撑，可能会弱化你的核心稳定性。因此，首要任务是学习如何使用较轻的重量依靠自己进行支撑并提升稳定性。对于接受系统训练的举重运动员而言，我建议分情况决定是否佩戴举重腰带，即：有的项目可佩戴，有的项目可不戴；或一个训练日佩戴，下一个训练日不戴等。这样你就可以不断提升在大重量举重时保持核心稳定性的能力。

注意，不应该出于消除腰背部疼痛或者酸痛的目的使用举重腰带。因为这样做可能让你在短期内缓解疼痛，但是它不是一个明智的长期解决方法。简而言之，举重腰带在腰背部疼痛的康复过程中并不是很重要。如果通过适当的康复治疗消除了疼痛，并且中等重量训练时有能力保持良好的技术动作和核心稳定性，那么你便可以在大重量训练中使用举重腰带。

我们应确保举重的安全性，并且尽可能使用正确的技术动作。在大重量练习中，举重腰带可以更好地确保安全性。即便是最大重量的试举，有些运动员也不使用举重腰带。这也没关系，只要他们能保持良好的动作技术即可。但是，如果你打算使用举重腰带，那么你要知道如何正确使用它。

腰部损伤康复时的警示练习

力量型运动员常见的一些练习有几个需要注意的地方，尤其是在腰背部损伤的恢复过程中。我想简单介绍一下其中的两类练习，这样你可能会更好地了解它们。

- 髋关节伸展练习：器械"俯卧直腿后摆"。
- 腰背伸展练习：器械或罗马椅腰背伸展。

髋关节伸展练习：器械"俯卧直腿后摆"

　　髋关节伸展练习是由"西部杠铃"的力量举教练路易·西蒙斯创造的。许多人被教授的内容是：在抬起和放下双腿的过程中，通过脊柱的屈曲和伸展来移动腰背部；通过腘绳肌和臀肌的收缩（伸展髋关节）以及竖脊肌的收缩（伸展腰椎）产生摆动动作。

　　虽然这个练习非常适合训练髋关节伸展力量，但是当腰部以这种方式运动时，腰部肌肉收缩会在脊柱上产生极大的后向剪切力。对于有些人（例如具有伸展激惹的人），这个练习可能会引发腰背部疼痛。然而我认为，髋关节伸展练习对每个人来说都具有危险性，在任何腰背疼痛情况下都应避免练习。因此，我们需要更好地了解应该如何以及何时使用髋关节伸展练习。

　　例如，为了加强后链肌群和治疗腰背部损伤，力量举世界冠军布莱恩·萨姆纳将这个动作修改为一种不会对脊柱产生不良影响的变式［把自己置于器械平台上，通过肘关节支撑上半身（而不是平趴在上面）］，他发现这样可以限制腰部的运动，并且下肢摆动动作只围绕髋关节。

　　在将自己置于器械平台上的过程中，双手紧握把手并收缩躯干和双臂肌肉用力向平台下压，以产生从双手到双肩的张力。骨盆应靠在器械平台的边缘上，并且脊柱应处于中立位。接下来，收紧你的核心肌群并稳定躯干，这样就可以将动作集中在髋关节上。将躯干稳定支撑在平台上并抬起和放下双腿可以强化髋关节伸展肌群（臀肌和腘绳肌），同时最小化对腰部的不利影响。进行这个练习时可以伸展双腿，也可以伸展单侧腿。

俯卧直腿后摆：正确技术

俯卧直腿后摆：错误技术

对于那些没有进行俯卧直腿后摆的专业器械的人来说，壶铃甩摆是一个很好的后期康复练习方式，它以类似周期性运动的方式强化和训练髋关节。壶铃甩摆不仅会训练后链肌群，而且可以增强全身协调性。身体动力链中的每个环节——从双脚牢固抓地到髋关节爆发式的伸展与稳定的脊柱协调配合——必须协调配合，才能形成一个高质量的摇摆模式。

要进行壶铃甩摆，首先要有一个良好的运动姿势，脚尖向前，双脚与肩同宽。如果可以，脱掉鞋子和袜子，并用脚趾抓地，以保持稳定，并在整个过程中避免不必要的身体晃动。

将壶铃摆放在脚趾前侧，屈曲髋关节（臀部向后移，躯干向前倾），膝关节微屈，降低身体重心，就像准备硬拉一样。肩膀应略高于髋关节，目视前方，不要向下看壶铃；收紧核心肌群并保持脊柱中立位。

接下来，双脚使劲踩地，伸直并锁住双臂，在摇摆动作开始之前，使整个身体产生预张力。这与硬拉动作的提铃准备阶段类似。

拉起壶铃后，深吸一口气，再屈髋将壶铃向下悬垂于双腿之间。此时你应感到臀肌和腘绳肌等下肢后链肌群处于拉长状态，就像被拉伸的橡皮筋一样。然后以强有力、爆发性的方式向前顶髋（髋关节伸展），同时释放被拉伸的下肢后链肌群上的张力。在向前猛烈地摇摆壶铃时，用力地呼气，就像拳击手打出快速的刺拳一样。

壶铃甩摆

不要想着用双臂力量摇摆壶铃，要用下半身力量摇摆壶铃，尤其是臀肌。如果练习动作正确，壶铃几乎会向前上方移动至胸部高度。确保核心肌群在整个摇摆过程中都处于收紧状态。如果你发现肩关节很疲劳，那么你可能过度使用双臂来完成摇摆动作，并且没有通过髋关节伸展产生爆发力。

当壶铃下落时，再次吸气使之充满腹腔。屈曲髋关节，微屈膝并保持双臂向下伸直锁定，让壶铃在双腿之间摇摆。如果此时膝关节屈曲角度过大，那么这个动作就会变成下蹲；这不是正确的动作。如果动作正确并做得很好，随着下肢后链肌群被拉长并准备在下一次摇摆中进行爆发式顶髋（髋关节伸展）时，你将会感觉到下肢后链肌群上张力的增加。

动作练习过程中，可以将壶铃摆动到肩关节高度。如果你愿意，你可以将其摆到更高的位置。

腰背伸展练习：器械或罗马椅腰背伸展

罗马椅腰背伸展练习用于强化竖脊肌。这种器械练习可追溯到几十年前，并且其在举重运动界相当受欢迎。

与罗马椅类似的器械是GHD，被称为臀腿训练器（Glute Ham Developer）。虽然这个器械的名称给人的印象是专注后链肌群的练习，但是GHD经常被错误地使用——许多运动员过多使用竖脊肌来完成练习。

使用这两种器械练习时必须小心，尤其在腰背部疼痛恢复期。进行腰背伸展练习对竖脊肌的要求很高，而其他核心肌群很少参与协同收缩[97]。就像髋关节伸展练习"俯卧直腿后摆"那样，有些人做这个动作可能会引起腰背部疼痛。

我建议以围绕髋关节运动的方式进行腰背伸展练习。首先调整器械，使骨盆顶部略微超过器械支撑垫。整个运动过程中保持腰背部中立位（等长收缩），通过腘绳肌和臀肌的收缩和拉长使躯干下降和升高。

腰背伸展

为什么在这个练习中限制腰背部运动很重要？

研究表明，腰背疼痛的那些人通常在需要躯干屈伸的运动中改变肌肉募集模式[98]。当一个健康的人弯腰摸脚趾后站起来（从屈曲到伸展），这个动作主要由髋关节来完成[99]。然而，那些患有腰背部疼痛的人站起来（躯干伸展）时经常采用脊柱主导的方式，意味着相比于腰背部没有疼痛的那些人，他们在躯干伸展时过度依赖腰部肌肉收缩[100]。因此，对于腰背部疼痛的人来说，进行一个脊柱由屈曲位到伸展位的练习是不明智的，因为在负重下进行只会加剧腰背部疼痛。通过在练习中限制腰部的运动，你可以纠正这种错误动作，并以髋关节主导的方式重新练习。

如果你没有罗马椅或GHD，那么RDL可以提供类似的训练刺激。双脚开立，握住杠铃或者壶铃置于髋关节高度。双脚抓地并收紧核心肌群，使身体产生足够的张力。膝关节微屈，通过髋关节铰链运动屈曲使杠铃下降，在保证腰部呈自然曲线的情况下尽可能降低杠铃。当杠铃下降至动作最低位置时，再次通过髋关节铰链运动进行伸展，回到站立姿势。

杠铃RDL

　　练习只不过是训练工具箱中的工具。如果你正在设计康复或提升运动表现计划，那么你需要选择可以帮你实现个人目标的理想工具。虽然腰部肌肉确实需要强化，特别是对于那些尝试重返大重量训练的人，但是我要提醒大家，练习时，不要在脊柱负重的情况下使其移动。

拉伸腘绳肌能解决腰部疼痛吗

我不止一次地从患者那里听到："我的医生告诉我，我需要拉伸腘绳肌，因为腘绳肌紧张是我腰疼的原因。"医疗和物理治疗行业中的许多人认为，腰部疼痛是紧张的腘绳肌导致的，拉伸它们可以解决疼痛问题。当你查阅相关研究资料时，你会发现这种理论是有道理的。如果你进行简单的搜索，你可以很容易地找到许多腰部疼痛与腘绳肌紧张相关的研究[101]。

然而，虽然腘绳肌紧张在腰部疼痛患者身上很常见，但是我作为物理治疗师在多年治疗患者期间，我发现它并不是腰部疼痛的直接原因。出于这个原因，我认为"每个腰背部疼痛患者都需要拉伸他们的腘绳肌"这种观念是错误的。下面我想告诉你为什么是这样。

如何评估腘绳肌过度紧张

医生评估腘绳肌柔韧性常用的一个方法就是被动直腿抬高（SLR）测试。下面是具体的测试方法。

仰卧并放松全身肌肉，让你的朋友在膝关节伸直的情况下，尽可能大幅度地抬高你的一侧腿。如果你的腿能抬高至与地面呈大约80°或更大角度，并且不会引起疼痛，那么你的腘绳肌的柔韧性是正常水平[102]。但是，如果在没有感到大腿后链肌肉紧张或没有感到疼痛的情况下，无法将一侧腿抬高至与地面呈大约80°，那么这通常归因于腘绳肌柔韧性不足或过度紧张。如果在没有感到大腿后链肌肉有过分的紧绷感或者疼痛感的前提下，无法将一侧腿抬高到与地面呈大约80°，那么这通常归因于紧绷或者缺乏柔韧性的腘绳肌。

SLR测试：正常的腘绳肌

SLR测试：过度紧张的腘绳肌

为什么要拉伸

拉伸可改善柔韧性。在物理治疗专业学院里，我们被教授的是，拉伸僵硬或过紧的肌肉可以使它们恢复正常的柔韧性。在体能训练和健身领域，拉伸可以有助于高质量完成动作技术、提升运动表现，以及减少损伤风险。在过去的几十年里，大量的研究证明了拉伸在医疗和体能训练领域中的有效性[103]。但是，拉伸到底是如何起作用的呢？

腘绳肌拉伸（阻力带辅助）

当一块肌肉或肌群（例如腘绳肌）被拉伸时会出现一些短期变化，较明显的效果是提升了肌肉的柔韧性（意味着增加了关节活动范围，可以在下一次SLR测试时抬高你的腿）。但是，这种效果并不能持续很久。

例如，一项研究表明，5轮拉伸之后腘绳肌柔韧性的改善只维持了6分钟[104]！在拉伸结束后的32分钟内，肌肉恢复到拉伸前的长度。然而，更多的拉伸方案表明，其拉伸的效果可以持续60~90分钟[105]。这意味着拉伸所需的时间和拉伸保持的时长都会影响柔韧性改善效果的持续时间。不过，得到改善的关节活动范围通常会回到基线水平。

理论上讲，有两种方法可以改善柔韧性。第一种是力学理论模型，它的观点依据是，如果拉伸之后关节活动范围有所改善，那么这种改善可能是由于肌肉长度增加，也可能是肌肉僵硬程度降低。

肌肉很有弹性，意味着对它们施加拉力时，它们会被拉伸，而当拉力被移除之后，它们又会恢复到正常的长度，与橡皮筋类似。我们可以通过以下两种方式测量弹性。

- **伸展性**是肌肉拉长的能力。我们可以通过观察关节的移动角度来测量伸展性。
- **刚度**是拉伸肌肉时所需的力量。它是一个很难定义的概念（这个术语很少有人使用），因为刚度会随着拉伸速度和关节角度的变化而变化。

大多数讨论拉伸的专业书籍会让你相信，柔韧性的提升通常是由于力学理论模型，而肌肉被拉伸时实际上也在变长。力学理论模型有3个理论证明这种柔韧性的变化是合理的。

- **黏滞性变形**。这是肌肉既具有弹性成分（像橡皮筋一样）又具有黏性成分（类似于蜂蜜）的一种说法。其原理是，当对肌肉施加拉力时，肌肉会放松，并且柔韧性会提升。然而，研究证明这个理论是错误的，因为黏滞性变形导致的变化是短暂存在的。例如，一项研究表明，保持45秒的腘绳肌拉伸对30秒后进行的下一次拉伸没有显著影响[106]。
- **可塑性变形**。该理论认为，拉伸后柔韧性之所以会提升，是因为构成肌肉的结缔组织被拉伸到了一个永久处于伸长状态的程度。然而，支持这种看法的研究非常少[107]。

- **肌小节串联增加**。该理论的观点是，肌肉组成部分（肌小节）的数量随着拉伸而增加。肌肉由肌纤维组成，每条肌纤维都是由肌小节组成的长链。研究人员根据一些针对动物的研究发现，如果肌肉长时间地保持拉伸状态（通过用夹板固定关节几周，并将肌肉保持在一个被动拉长的位置），肌小节的数量会增加20%[108]。基本上这种理论认为，肌纤维内的肌小节被拉伸到一定程度后，身体会增加更多的肌小节来恢复肌纤维被拉长后所需的"正常"平衡。然而，对于这种适应性的变化，大多数人不理解的是似乎肌肉的长度没有发生整体变化，这是因为虽然肌纤维拉长，肌小节可能增加，但是每个肌小节的长度变得短了（肌小节缩短了）。而且，这些适应性变化也不会持续很长时间；肌肉会在几周内恢复到以前正常的肌小节数量[109]。因此，虽然这些少量针对动物的研究表明，固定拉伸四周之后肌肉构造会发生变化，但是认为在使用间歇性拉伸计划（大多数运动员训练后所采用的拉伸方式）之后就会看到这些相同的变化就有点牵强了。

通过拉伸改善柔韧性的第二种方法是感觉上的变化。研究表明，大部分柔韧性的短期改善是由于拉伸耐受性（或者疼痛耐受性）的增强，而不是由于肌肉长度的增加[110]。基本上，在腘绳肌被拉伸几组后（30秒/组），由于你能够承受更大程度的拉伸，所以你的柔韧性会有所改善。

长期拉伸的效果

遗憾的是，几乎所有关于拉伸效果的研究都只进行了3~8周的跟踪研究。从这些短期拉伸计划中看到的改善都是肌肉拉伸耐受性增强的结果。研究显示，肌纤维实际上并没有延长[111]。

目前，我们还不确定拉伸的长期效果。多年来进行系统的拉伸计划的人们可以改善他们肌肉的伸展性，这是完全有可能的。几年后，研究人员可能会对长期拉伸（持续数月到数年的计划）的效果给出具体答案。

如果你想看到肌肉柔韧性的显著变化，那么你必须始终如一地坚持拉伸。如果你只是每隔几天拉伸一次，那么很容易因看不到效果而感到沮丧。正如我前面提到的，在单次拉伸后关节活动范围的改善通常会在几分钟到几小时后恢复到基线水平。为了发现柔韧性或关节活动范围的显著变化，你应每天花5~10分钟的时间拉伸来解决自己身上存在的柔韧性或关节活动范围的问题。

腰背部疼痛与腘绳肌过度紧张的相关性

让我们换个角度讨论一下为什么如此多的运动员急于拉伸自己的腘绳肌，尤其是患有腰背部疼痛的运动员。下面是部分医疗界人士在评估腰背部疼痛患者时的正常思维过程。

在评估患者的直腿抬高时，他们无法将任何一侧腿抬高至与地面呈大约70°。我们在学校中接受到的教育是，这意味着这个人腘绳肌过度紧张或较短。研究表明，较短的腘绳肌与腰背部疼痛有关。这意味着，我们需要拉伸腘绳肌作为腰背部康复计划的一部分。

听起来熟悉吗？

2000年，来自荷兰的一组研究人员开展了一项研究，他们研究了3个实验组中的一些因素，第一个实验组受试者的腘绳肌柔韧性正常，第二个实验组受试者腘绳肌过度紧张，第三个实验组受试者有腰背部疼痛[112]。下面是他们发现的结果。

- 通过SLR测试，患有腰背部疼痛的人的髋关节活动范围最小（甚至比那些腘绳肌过度紧张的人都小）。研究人员得出的结论是，髋关节活动范围变小仅仅是由于腘绳肌紧张，与骨盆倾斜或者胸椎灵活性问题无关。

- 柔韧性正常组和过度紧张组受试者的腘绳肌在被拉伸时都表现出了相似的反射反应。双腿被拉伸的幅度越大，腘绳肌内的电位活动就越明显。然而，患有腰背部疼痛的人具有异常的反射反应，并且腘绳肌内没有同时出现电位活动。此外，在腰背部疼痛患者身上记录到的电位活动并没有像无疼痛者身上表现出的那样以循序渐进的速度增加，即腰背部疼痛患者腘绳肌内的电位活动是呈非渐进性增加的。这种差异归因于腰背部疼痛患者对运动的高度敏感性。

- 腘绳肌过度紧张的受试者与腰背部疼痛组中的受试者之间在肌肉僵硬方面没有差异。

- 腰背部疼痛患者的腘绳肌柔韧性要差于腘绳肌过度紧张的受试者，但是这种活动受限并没有伴随着肌肉僵硬变得明显。

这意味着，伴随腘绳肌柔韧性不足的腰背部疼痛通常是神经系统紊乱导致的。腘绳肌的不同反应和表现会影响一个人的拉伸耐受性。

治疗方案

在腰背部疼痛患者身上，腘绳肌柔韧性不足源于神经肌肉问题。了解了这个信息后，我们应该做什么呢？

解决腰背部疼痛的三个步骤如下。

1. 通过避免引发疼痛的动作、姿势和负荷来降低疼痛敏感性。但个体具有差异，需要进行有效的筛查。
2. 提高核心稳定性和腰部上方和下方关节复合体的灵活性。
3. 提高动作质量：学会髋关节铰链运动，而不是腰部进行运动，并重新激活臀肌[113]。

以新的视角观察腘绳肌

既然我们知道了腘绳肌不是引起腰背部疼痛的原因，那么我们就要改进如何以及何时改善腘绳肌柔韧性的方法。柔韧性和灵活性之间是存在区别的。通过进行第104页和第105页中的SLR测试，我们可以测试腘绳肌的柔韧性或长度。灵活性则有所不同，描述的是身体利用柔韧性、肌肉张力/特性和神经系统（即其运动控制能力）在一定范围内协调自身的能力。

灵活性的评估应放在柔韧性之前。以吉姆为例，他是一名国家级奥林匹克举重运动员。吉姆有很好的髋关节灵活性、核心稳定性与后链肌群的协调性。他在高翻和抓举中表现出了出色的动作技术。如果你让他弯腰去触摸自己的脚趾，那么他的动作看上去就像在进行一个没有杠铃负重的RDL，因为他在训练馆中反复地进行正确的髋关节铰链运动，他的身体已经形成自动化的动作模式。

然而，如果不看他的动作质量，只让他进行SLR测试，你可能会发现他的腘绳肌可能相对过紧，这是因为他无法将测试腿抬高至与地面呈大约80°。这是否意味着应该让他进行腘绳肌拉伸？

然而，一些运动员的腘绳肌相对僵硬是优势，而不是一个需要通过拉伸解决的问题。把你的肌肉想象成弹簧；当它们负重充满张力时，它们可以爆发性地推动身体运动。

20多年前，持续时间较长的拉伸风靡一时，因为研究人员认为运动前或运动后的静态拉伸有助于降低肌肉拉伤的风险[114]。所以，如果吉姆在那时候去看物理治疗师，那么物理治疗师可能会让他仰卧并向上抬脚，进行长达一分钟以上的腘绳肌静态拉伸。

然而，越来越多的研究表明，练习前的静态拉伸会导致力量、爆发力和速度下降，从而限制运动员的表现[115]。这就是美国运动医学会（ACSM）和欧洲运动科学学院（ECSS）都反对把长时间静态拉伸作为热身活动的原因[116]。

那么，这是否意味着我们不应该拉伸？并非如此。有些运动员会受益于一定程度的拉伸，从而达到改善柔韧性、提升动作技术，以及在训练和比赛中移动更加有效的目的。如果你想在训练或比赛之前进行拉伸，那么我建议进行短时间的拉伸（30秒以内），这种拉伸已被证明对肌肉表现没有不利的影响[117]。当拉伸超过45秒时，力量、爆发力和速度就会受到不良影响。实际上，研究也已表明，当进行持续时间较长的拉伸（许多健身指导员和教练员仍然会安排这种拉伸）时，肌肉产生力量的能力会降低长达30分钟[118]。

有需要长时间拉伸的运动员吗？当然有。这种长时间的拉伸适用于需要改善柔韧性以提高动作质量的运动员。如果你只是为了拉伸而拉伸，那么你会让客户失望。我建议，如果你想在自己的日常训练中进行拉伸，可以在训练后或训练环节以外的时间进行拉伸。

另外，如果长时间以来你在举重前一直进行拉伸，并且身体各项运动表现水平没有下降，那么你可以继续这样拉伸。例如，许多体操运动员在训练前会进行长时间的拉伸，但仍然能够产生足够的爆发力。

可能会让你感到惊讶的是，有一种不用拉伸就能改善柔韧性的方法。研究表明，通过动态热身可以降低肌肉僵硬程度（可以增加肌肉弹性和柔韧性）。通过慢跑、快走、跳跃、弓步蹲或者自重深蹲等活动来增加肌肉温度，可以改善肌肉柔韧性，并提升运动能力[119]。

当你热身时，你感受到的是一种触变效应。触变性是组织（例如肌肉）在运动后变得更具柔韧性或者流动性，并且在休息时恢复到更僵硬的状态的能力。总的来说，运动会降低肌肉的僵硬程度，这就是你在椅子上坐一整天后腰部或双腿感到僵硬，但在你起身走动几分钟后感觉会好很多的原因。

想象打开一盒酸奶时的情景。当你打开盖子时，酸奶有时会结块。在你把勺子插进盒子里来回搅动酸奶时，它会变得像凝胶。这就是触变效应的一个例子。就像被勺子搅动的酸奶一样，运动后你的肌肉会变得不那么僵硬，并且对运动也更加敏感。

建议运动员在训练或者比赛前进行基础热身活动，以提高心率和增加肌肉的血液流动，并促进触变效应的发生。如果你是一名举重或力量举运动员，那么热身活动可以包括弓步行走、踢腿摆臂及快速行走。

在基础热身活动之后应该进行运动专项的热身活动，它包含为你的特定训练专门定制的热身动作。例如，如果你的训练包括挺举，你可以用空杠铃开始，多次重复耸肩和高拉动作后，进行一些全幅度的前深蹲练习，最后再增加杠铃片。将基础热身与专项热身活动相结合是改善柔韧性、灵活性和提高动作质量的关键，有助于在训练中发挥最佳水平并尽可能保持训练安全性。

关于腘绳肌拉伸的感想

训练计划或康复计划的各个部分都有其存在的原因。一天的训练结束后，你必须问自己为什么要进行这些练习（包括拉伸）。多年来，我们一直被教授，如果肌肉处于紧绷状态，我们就需要拉伸它，以使其恢复正常状态。

那些腰背部疼痛的人的腘绳肌柔韧性不足。因为疼痛或损伤，他们的身体会做出不同的反应，这造成了肌肉过度紧张的表象[120]。因此，腰背部疼痛的人不能仅仅拉伸柔韧性不足的腘绳肌。

此外，一些人的腘绳肌过度紧张，但这并不意味着他们就会出现腰背部疼痛[121]。实际上，一些运动员的腘绳肌过紧或僵硬是有原因的。记住，肌肉长度测试是多年前提出的，它基于的理念是存在正常或理想的肌肉长度可以实现最佳动作和运动安全。仅仅因为运动员的腘绳肌测试结果在表面上看似异常，就盲目地对他们僵硬的腘绳肌进行长时间的拉伸，这并不是一个好想法。

我建议采用一种与过去不同的方法去解决运动员身上出现的问题。对于那些有腰背部疼痛的人，要从根源上解决疼痛原因。首先，我们要找到一种效果长久的处理方法，要明白腘绳肌过度紧张是对疼痛的一种反应。其次，我们需要学会如何稳定腰部、重新激活不活跃的臀肌，以及解决导致损伤出现的动作模式问题。对于腘绳肌过度紧张的运动员而言，其要学会进行适当的热身活动，包括动态活动和短时间拉伸，它们可以在不降低运动表现水平的前提下改善灵活性和提高动作质量。希望这部分内容可以让你在以后的训练中在何时拉伸或是否进行拉伸方面做出明智的选择。

参考文献

[1] T.E. Dreisinger and B. Nelson, "Management of back pain in athletes," *Sports Medicine* 21, no.4 (1996): 313-20.

[2] G. B. Andersson, "Epidemiological features of chronic low-back pain," *Lancet* 354, no.9178(1999): 581-5.

[3] T.J. Chandler and M.H. Stone, "The squat exercise in athletic conditioning: a review of the liter- ature," *National Strength and Conditioning Association Journal* 13, no.5(1991): 51-8.

[4] G. Calhoon and A.C. Fry, "Injury rates and profiles of elite competitive weightlifters," *Journal of Athletic Training* 34, no.3(1999): 232-8; E. W. Brown and R.G. Kimball, "Medical history associated with adolescent powerlifting," *Pediatrics* 72, no.5(1983): 636-44; J. Keogh, P.A. Hume, and S. Pearson, "Retrospective injury epidemiology of one hundred one competi-tive Oceania power lifters: the effects of age, body mass, competitive standard, and gender," *Journal of Strength and Conditioning Research* 20, no.3(2006): 672-81; Dreisinger and Nelson, "Management of back pain in athletes" (see note 1 above); J. W. Keogh and P. W. Winwood, "The epidemiology of injuries across the weight training sports: a systematic review," *Sports Medicine* 47, no.3(2016): 479-501.

[5] A. Babińska, W. Wawrzynek, E. Czech, J. Skupiński, J. Szczygieł, and B. Łabuz-Roszak, "No association between MRI changes in the lumbar spine and intensity of pain, quality of life, depressive and anxiety symptoms in patients with low back pain," *Neurologia I Neurochirurgia Polska* 53, no.1(2019): 74-82.

[6] W. Brinjikji, P.H. Luetmer, B. Comstock, B.W. Bresnahan, L.E. Chen, R.A. Deyo, S. Halabi, et al., "Systematic literature review of imaging features of spinal degeneration in asymptomatic populations," *American Journal of Neuroradiology* 36, no.4(2015): 811-6.

[7] E. Carragee, T. Alamin, I. Cheng, T. Franklin, E. van den Haak, and E.L. Hurwitz, "Are first-time episodes of serious LBP associated with new MRI findings?" *Spine* 6, no.6(2006): 624-35.

[8] M.C. Jensen, M. N. Brant-Zawadzki, N. Obuchowski, M.T. Modic, D. Malkasian, and J.S. Ross, "Magnetic resonance imaging of the lumbar spine in people without back pain," *New England Journal of Medicine* 331, no.2(1994): 69-73; Carragee, Alamin, Cheng, Franklin, van den Haak, and Hurwitz, "Are first-time episodes of serious LBP associated with new MRI findings?" (see note 7 above); K. Fukuda and G. Kawakami, "Proper use of MR imaging for evaluation of low back pain(radiologist's view)," *Seminars in Musculoskeletal Radiology* 5, no.2(2001): 133-6.

[9] K. Singh, D.K. Park, J. Shah, and F.M. Phillips, "The biomechanics and biology of the spinal degenerative cascade," *Seminars in Spine Surgery* 17, no.3(2005): 128-36.

[10] P.M. Ludewig, D.H. Kamonseki, J.L. Staker, R.L. Lawrence, P.R. Camargo, and J.P. Braman, "Changing our diagnostic paradigm: movement system diagnostic classification," *International Journal of Sports Physical Therapy* 12, no.6(2017): 884-93.

[11] U. Aasa, V. Bengtsson, L. Berglund, and F. Öhberg, "Variability of lumbar spinal alignment among power- and weightlifters during the deadlift and barbell back squat," *Sports Biomechanics* 13(2019): 1-17.

[12] S. Sahrmann, D.C. Azevedo, and L. Van Dillen, "Diagnosis and treatment of movement system impairment syndromes," *Brazilian Journal of Physical Therapy* 21, no.6(2017): 391-9.

[13] S.M. McGill, *Ultimate Back Fitness and Performance*, 4th Edition(Waterloo, Canada: Backfitpro Inc., 2009).

[14] P. D' Ambrosia, K. King, B. Davidson, B.H. Zhou, Y. Lu, and M. Solomonow, "Pro-inflammatory cytokines expression increases following low- and high-magnitude cyclic loading of lumbar ligaments," *European Spine Journal* 19, no.8(2010): 1330-9.

[15] S.M. McGill, "The biomechanics of low back injury: implications on current practice in industry and the clinic," *Journal of Biomechanics* 30, no.5(1997): 465-75; K.R. Wade, P.A. Robertson, A. Thambyah, and N.D. Broom, "How healthy discs herniate: a biomechanical and microstruc-tural study investigating the combined effects of compression rate and flexion," *Spine* 39, no.13(2017): 1018-28; J.P. Callaghan and S.M. McGill, "Intervertebral disc herniation: studies on a porcine model exposed to highly repetitive flexion/

extension motion with compressive force," *Clinical Biomechanics* 16, no.1(2001): 28-37.

[16] Wade, Robertson, Thambyah, and Broom, "How healthy discs herniate" (see note 15 above); Callaghan and McGill, "Intervertebral disc herniation" (see note 15 above); J.L. Gunning, J.P. Callaghan, and S.M. McGill, "Spinal posture and prior loading history modulate compressive strength and type of failure in the spine: a biomechanical study using a porcine cervical spine model," *Clinical Biomechanics* 16, no.6(2001): 471-80.

[17] Wade, Robertson, Thambyah, and Broom, "How healthy discs herniate" (see note 15 above); C.Tampier, J.D. Drake, J.P. Callaghan, and S.M. McGill, "Progressive disc herniation: an investigation of the mechanism using radiologic, histochemical, and microscopic dissection techniques on a porcine model," *Spine* 32, no.25(2007): 2869-74; L. W. Marshall and S.M. McGill, "The role of axial torque in disc herniation," *Clinical Biomechanics* 25, no.1(2010): 6-9; S.P. Veres, P.A. Robertson, and N.D. Broom, "The morphology of acute disc herniation: a clinically relevant model defining the role of flexion," *Spine* 34, no.21(2009): 2288-96.

[18] S.M. McGill, "Spine flexion exercise: myths, truths and issues affecting health and performance," Backfitpro, accessed March 10, 2018; A.G. Robling and C.H. Turner, "Mechanical signaling for bone modeling and remodeling," *Critical Reviews in Eukaryotic Gene Expression* 19, no.4(2009): 319-38.

[19] K. Spencer and M. Croiss, "The effect of increased loading on powerlifting movement form during the squat and deadlift," *Journal of Human Sport and Exercise* 10, no.3(2015): 764-74.

[20] J. Cholewicki, S.M. McGill, and R.W. Norman, "Lumbar spine loads during the lifting of extremely heavy weights," *Medicine & Science in Sports & Exercise* 23, no.10(1991): 1179-86.

[21] S. M. McGill, personal communication, March 28, 2019.

[22] Cholewicki, McGill, and Norman, "Lumbar spine loads during the lifting of extremely heavy weights" (see note 20 above); J. Cholewicki and S.M. McGill, "Lumbar posterior ligament involvement during extremely heavy lifts estimated from fluoroscopic measurements," *Journal of Biomechanics* 25, no.2(1992): 17-28.

[23] Cholewicki, McGill, and Norman, "Lumbar spine loads during the lifting of extremely heavy weights" (see note 20 above).

[24] R. Oftadeh, M. Perez-Viloria, J.C. Villa-Camacho, A. Vaziri, and A. Nazarian, "Biomechanics and mechanobiology of trabecular bone: a review," *Journal of Biomechanical Engineering* 137, no.1(2015): 0108021-215.

[25] J.H. van Dieën, H. Weinans, and H.M. Toussaint, "Fractures of the lumbar vertebral endplate in the etiology of low back pain: a hypothesis on the causative role of spinal compression in aspecific low back pain," *Medical Hypotheses* 53, no.3(1999): 246-52.

[26] Oftadeh, Perez-Viloria, Villa-Camacho, Vaziri, and Nazarian, "Biomechanics and mechanobiology of trabecular bone" (see note 24 above).

[27] R.D. Dickerman, R. Pertusi, and G.H. Smith, "The upper range of lumbar spine bone mineral density? An examination of the current world record holder in the squat lift," *International Journal of Sports Medicine* 21, no.7(2000): 469-70; H. Granhed, R. Jonson, and T. Hansson, "The loads on the lumbar spine during extreme weight lifting," *Spine* 12, no.2(1987): 146-9; P.H. Walters, J.J. Jezequel, and M.B. Grove, "Case study: bone mineral density of two elite senior female powerlifters," *Journal of Strength and Conditioning Research* 26, no.3(2012): 867-72; Cholewicki, McGill, and Norman, "Lumbar spine loads during the lifting of extremely heavy weights" (see note 20 above).

[28] Robling and Turner, "Mechanical signaling for bone modeling and remodeling" (see note 18 above).

[29] S. M. McGill and B. Carroll, *Gift of Injury* (Waterloo, Canada: Backfitpro Inc., 2017).

[30] J.C. Lotz, A.J. Fields, and E.C. Liebenberg, "The role of the vertebral end plate in low back pain," *Global Spine Journal* 3, no.3(2013): 153-64.

[31] van Dieën, Weinans, and Toussaint, "Fractures of the lumbar vertebral endplate in the etiology of low back pain" (see note 25 above); Lotz, Fields, and Liebenberg, "The role of the vertebral end plate in low back

pain" (see note 30 above).

[32] L. Manchikanti, J.A. Hirsch, F.J. Falco, and M.V. Boswell, "Management of lumbar zygapophysial (facet) joint pain," *World Journal of Orthopedics* 7, no.5(2016): 315–37.

[33] S.J. Dreyer and P.H. Dreyfuss, "Low back pain and the zygapophysial (facet) joints," *Archives of Physical Medicine and Rehabilitation* 77, no.3(1996): 290–300.

[34] Dreyer and Dreyfuss, "Low back pain and the zygapophysial(facet) joints" (see note 33 above).

[35] S.P. Cohen and S.N. Raja, "Pathogenesis, diagnosis, and treatment of lumbar zygapophysial(facet) joint pain," *Anesthesiology* 106(2007): 591–614.

[36] Dreyer and Dreyfuss, "Low back pain and the zygapophysial(facet) joints" (see note 33 above).

[37] Cohen and Raja, "Pathogenesis, diagnosis, and treatment of lumbar zygapophysial(facet) joint pain" (see note 35 above).

[38] P.T. Katani, N. Ichikawa, W. Wakabayashi, T. Yoshii, and M. Koshimune, "Studies of spondylolysis found among weightlifters," *British Journal of Sports Medicine* 6, no.1(1971): 4–8; C. J. Dangles and D.L. Spencer, "Spondylolysis in competitive weightlifters," *Journal of Sports Medicine* 15(1987): 634–5.

[39] Katani, Ichikawa, Wakabayashi, Yoshii, and Koshimune, "Studies of spondylolysis found among weightlifters" (see note 38 above).

[40] Dangles and Spencer, "Spondylolysis in competitive weightlifters" (see note 38 above).

[41] T.R. Yochum and L.J. Rowe, "The natural history of spondylolysis and spondylolysthesis," in *Essentials of Skeletal Radiology* (Philadelphia, PA: Lipincott, Williams & Wilkins, 2005): 433–84.

[42] M.H. Stone, A.C. Fry, M. Ritchie, L. Stoessel-Ross, and J.L. Marsit, "Injury potential and safety aspects of weightlifting movements," *Strength and Conditioning* 15, no.3(1994): 15–21.

[43] A.F. Reynolds, P.R. Weinstein, and R.D. Wachter, "Lumbar monoradiculopathy due to unilateral facet hypertrophy," *Neurosurgery* 10, no.4(1982): 480–6; G.P. Wilde, E.T. Szypryt, and R.C. Mulholland, "Unilateral lumbar facet hypertrophy causing nerve root irritation," *Annals of Royal College of Surgeons of England* 70, no.5(1988): 307–10.

[44] S.M. McGill, *Back Mechanic: The Step by Step McGill Method to Fix Back Pain* (Waterloo, Canada: Backfitpro Inc., 2015); W.R. Frontera, J.K. Silver, and T.D. Rizzo, Jr., *Essentials of Physical Medicine and Rehabilitation: Musculoskeletal Disorders*, *Pain and Rehabilitation*, 3rd Edition(Philadelphia: Saunders, 2014).

[45] A. Indahl, A. Kaigle, O. Reikeras, and S. Holm, "Electromyographic response of the porcine multifidus musculature after nerve stimulation," *Spine* 20, no.24(1995): 2652–8; Cohen and Raja, "Pathogenesis, diagnosis, and treatment of lumbar zygapophysial (facet) joint pain" (see note 35 above); M.W. Olson, L. Li, and M. Solomonow, "Flexion-relaxation response to cyclic lumbar flexion," *Clinical Biomechanics* (Bristol, Avon) 19, no.8(2004): 769–76.

[46] McGill, *Back Mechanic* (see note 44 above); Frontera, Silver, and Rizzo, Jr., *Essentials of Physical Medicine and Rehabilitation* (see note 44 above).

[47] McGill, "The biomechanics of low back injury" (see note 15 above).

[48] Sahrmann, Azevedo, and Van Dillen, "Diagnosis and treatment of movement system impairment syndromes" (see note 12 above); L.R. Van Dillen, S.A. Sahrmann, B.J. Norton, C.A. Caldwell, M.K. McDonnell, and N.J. Bloom, "Movement system impairment-based categories for low back pain: stage 1 validation," *Journal of Orthopaedic & Sports Physical Therapy* 33, no.3(2003): 126–42.

[49] Sahrmann, Azevedo, and Van Dillen, "Diagnosis and treatment of movement system impairment syndromes" (see note 12 above).

[50] Sahrmann, Azevedo, and Van Dillen, "Diagnosis and treatment of movement system impairment syndromes" (see note 12 above).

[51] Sahrmann, Azevedo, and Van Dillen, "Diagnosis and treatment of movement system impairment syndromes" (see note 12 above).

[52] M.R. McKean, P.K. Dunn, and B.J. Burkett, "The lumbar and sacrum movement pattern during the back squat exercise," *Journal of Strength & Conditioning Research* 24, no.10(2010): 2731-41; R. List, T. Gülay, M. Stoop, and S. Lorenzetti, "Kinematics of the trunk and the lower extremities during restricted and unrestricted squats," *Journal of Strength & Conditioning Research* 27, no.6(2013): 1529-38; M.H. Campos, L.I. Furtado Aleman, A.A. Seffrin-Neto, C.A. Vieira, M. Costa de Paula, and C.A. Barbosa de Lira, "The geometric curvature of the lumbar spine during restricted and unrestricted squats," *Journal of Sports Medicine and Physical Fitness* 57, no.6(2017): 773-81.

[53] K. Bennell, R. Talbot, H. Wajswelner, W. Techovanich, and D. Kelly, "Intra-rater and inter-rater reliability of a weight-bearing lunge measure of ankle dorsiflexion," *Australian Journal of Physio-therapy* 44, no.3(1998): 175-80.

[54] McGill, *Back Mechanic* (see note 44 above).

[55] McGill, Back Mechanic (see note 44 above); D. Hertling and R.M. Kessler, *Management of Common Musculoskeletal Disorders: Physical Therapy Principles and Methods* (Philadelphia: J. B. Lippincott, 1996); H.S. Robinson, J.I. Brox, R. Robinson, E. Bjelland, S. Solem, and T. Telje, "The reliability of selected motion- and pain provocation tests for the sacroiliac joint," *Manual Therapy* 12, no.1(2007): 72-9.

[56] S. Freeman, A. Mascia, and S.M. McGill, "Arthrogenic neuromuscular inhibition: a foundational investigation of existence in the hip joint," *Clinical Biomechanics* 28, no.2(2013): 171-7; J.E. Bullock-Saxton, V. Janda, and M.I. Bullock, "Reflex activation of gluteal muscles in walking. An approach to restoration of muscle function for patients with low-back pain," *Spine* 18, no.6(1993): 704-8; V. Leinonen, M. Kankaanpaa, O. Airaksinen, and O. Hannien, "Back and hip extensor activities during trunk flexion/extension: effects of low back pain and rehabilitation," *Archives of Physical Medicine and Rehabilitation* 81, no.1(2008): 32-7; E. Nelson-Wong, B. Alex, D. Csepe, D. Lancaster, and J.P. Callaghan, "Altered muscle recruitment during extension from trunk flexion in low back pain developers," *Clinical Biomechanics* 27, no.10(2012): 994-8.

[57] Freeman, Mascia, and McGill, "Arthrogenic neuromuscular inhibition" (see note 56 above).

[58] McGill, *Ultimate Back Fitness and Performance* (see note 13 above).

[59] M. Sadeghisani, F.D. Manshadi, K.K. Kalantari, A. Rahimi, N. Namnik, M. Taghi Karimi, and A.E. Oskouei, "Correlation between hip range-of-motion impairment and low back pain: a literature review," *Orthopedia, Traumatologia, Rehabilitacja* 17, no.5(2015): 455-62; G.P. Leão Almeida, V.L. da Souza, S.S. Sano, M.F. Saccol, and M. Cohen, "Comparison of hip rotation range of motion in judo athletes with and without history of low back pain," *Manual Therapy* 17, no.3(2012): 231-5.

[60] K.D. Johnson, K.M. Kim, B.K. Yu, S.A. Saliba, and T.L. Grindstaff, "Reliability of thoracic spine rotation range-of-motion measurements in healthy adults," *Journal of Athletic Training* 47, no.1(2012): 52-60; K.D. Johnson and T.L. Grindstaff, "Thoracic rotation measurement techniques: clinical commentary," *North American Journal of Sports Physical Therapy* 5, no.4(2010): 252-6.

[61] D. Ikeda and S.M. McGill, "Can altering motions, postures and loads provide immediate low back pain relief: a study of four cases investigating spine load, posture and stability," *Spine* 37, no.23(2012): E1469-75.

[62] T. Giesecke, R.H. Gracely, M.A.B. Grant, A. Nachemson, F. Petzke, D.A. Williams, and D.J. Clauw, "Evidence of augmented central pain processing in idiopathic chronic low back pain," *Arthritis & Rheumatism* 50, no.2(2004): 613-23.

[63] P. O' Sullivan, "Diagnosis and classification of chronic low back pain disorders: maladaptive movement motor control impairments as underlying mechanism," *Manual Therapeutics* 10, no.4(2005): 242-55.

[64] Dreisinger and Nelson, "Management of back pain in athletes" (see note 1 above).

[65] B.C. Lee and S.M. McGill, "Effect of long-term isometric training on core/torso stiffness," *Journal of Strength and Conditioning Research* 29, no.6(2015): 1515-26.

[66] Lee and McGill, "Effect of long-term isometric training on core/torso stiffness" (see note 65 above).

[67] S.G. Grenier and S.M. McGill, "Quantification of lumbar stability by using 2 different abdominal activation strategies," *Archives of Physical Medicine and Rehabilitation* 88, no.1(2007): 54-62.

[68] S.M. McGill, "Stability: from biomechanical concept to chiropractic practice," *Journal of the Canadian Chiropractic Association* 43, no.2(1999): 75-88.

[69] S.M. McGill, "The mechanics of torso flexion: sit-ups and standing dynamic flexion maneuvers," *Clinical Biomechanics* 10, no.4(1995): 184-92.

[70] D. Juker, S.M. McGill, P. Kropf, and T. Steffen, "Quantitative intramuscular myoelectric activity of lumbar portions of psoas and the abdominal wall during a wide variety of tasks," *Medicine & Science in Sports & Exercise* 30, no.2(1998): 301-10.

[71] McGill, Back Mechanic (see note 44 above).

[72] S.M. McGill, "Core training: evidence translating to better performance and injury prevention," *Strength and Conditioning Journal* 32, no.3(2010): 33-46.

[73] McGill, "Core training" (see note 72 above).

[74] K. Boren, C. Conrey, J. Le Coguic, L. Paprocki, M. Voight, and T.K. Robinson, "Electromyographic analysis of gluteus medius and gluteus maximus during rehabilitation exercises," *International Journal of Sports Physical Therapy* 6, no.3(2011): 206-23.

[75] T.M. Parkhurst and C.N. Burnett, "Injury and proprioception in the lower back," *Journal of Orthopaedic and Sports Physical Therapy* 19, no.5(1994): 282-95; K.P. Gill and M.J. Callaghan, "The measurement of lumbar proprioception in individuals with and without low back pain," *Spine* 23, no.3(1998): 371-7.

[76] Indahl, Kaigle, Reikeras, and Holm, "Electromyographic response of the porcine multifidus musculature after nerve stimulation" (see note 45 above); Cohen and Raja, "Pathogenesis, diagnosis, and treatment of lumbar zygapophysial (facet) joint pain" (see note 35 above).

[77] S.M. McGill, *Low Back Disorders: Evidence Based Prevention and Rehabilitation*, 2nd Edition (Champaign, IL: Human Kinetics Publishers, 2007).

[78] McGill, *Ultimate Back Fitness and Performance* (see note 13 above).

[79] M. Olfat, J. Perry, and H. Hislop, "Relationship between wire EMG activity, muscle length, and torque of the hamstrings," *Clinical Biomechanics* 17, no.8(2002): 569-79.

[80] C.J. Durall, B.E. Udermann, D.R. Johansen, B. Gibson, D.M. Reineke, and P. Reuteman, "The effect of preseason trunk muscle training of low back pain occurrence in women collegiate gymnasts," *Journal of Strength and Conditioning Research* 23, no.1(2009): 86-92.

[81] S.M. McGill, "Stability: from biomechanical concept to chiropractic practice," *Journal of the Canadian Chiropractic Association* 43, no.2(1999): 75-88.

[82] McGill, Back Mechanic (see note 44 above).

[83] E. Nelson-Wong, B. Alex, D. Csepe, D. Lancaster, and J.P. Callaghan, "Altered muscle recruit- ment during extension from trunk flexion in low back pain developers," *Clinical Biomechanics* 27, no.10(2012): 994-8.

[84] McGill, *Ultimate Back Fitness and Performance* (see note 13 above).

[85] D. Diggin, C. O'Regan, N. Whelan, S. Daly, V. McLoughlin, L. McNamara, and A. Reilly, "A biome-chanical analysis of front versus back squat: injury implications," *Portuguese Journal of Sport Sciences* 11, Suppl 2(2011): 643-6; H. Hartmann, K. Wirth, and M. Klusemann, "Analysis of the load on the knee joint and vertebral column with changes in squatting depth and weight load," *Sports Medicine* 43, no.10(2013): 993-1008.

[86] D.A. Hackett and C.M. Chow, "The Valsalva maneuver: its effect on intra-abdominal pressure and safety issues during resistance exercise," *Journal of Strength and Conditioning Research* 27, no.8(2013): 2338-45.

[87] Cholewicki, McGill, and Norman, "Lumbar spine loads during the lifting of extremely heavy weights" (see note 20 above).

[88] R.M. Enoka, "The pull in Olympic weightlifting," *Medicine & Science in Sports & Exercise* 11, no.2(1979): 131-7.

[89] C.M. Fenwick, S.H. Brown, and S.M. McGill, "Comparison of different rowing exercises: trunk muscular

activation and lumbar spine motion, load, and stiffness," *Journal of Strength and Conditioning Research* 23, no.2(2009): 350-8.

[90] S.M. McGill, L. Marshall, and J. Anderson, "Low back loads while walking and carrying: comparing the load carried in one hand or in both hands," *Ergonomics* 56, no.2(2013): 293-302.

[91] S. Luoto, H. Aalto, S. Taimela, H. Hurri, I. Pyykkö, and H. Alaranta, "One-footed and externally disturbed two-footed postural control in patients with chronic low back pain and healthy control subjects. A controlled study with follow-up," *Spine* 23, no.19(1998): 2081-9; S. Taimela, M. Kankaanpää, and S. Luoto, "The effect of lumbar fatigue on the ability to sense a change in lumbar position: a controlled study," *Spine* 24, no.13(1999): 1322-7.

[92] Fenwick, Brown, and McGill, "Comparison of different rowing exercises" (see note 89 above).

[93] Dreisinger and Nelson, "Management of back pain in athletes" (see note 1 above).

[94] J. Cholewicki, K. Juluru, A. Radebold, M.M. Panjabi, and S.M. McGill, "Lumbar spine stability can be augmented with an abdominal belt and/or increased intra-abdominal pressure," *European Spine Journal* 8, no.5(1999): 388-95.

[95] J.E. Lander, J.R. Hundley, and R.L. Simonton, "The effectiveness of weight-belts during multiple repetitions of the squat exercise," *Medicine & Science in Sports & Exercise* 24, no.5(1992): 603-9; J.E. Lander, R.L. Simonton, and J.K. Giacobbe, "The effectiveness of weight-belts during the squat exercise," *Medicine & Science in Sports & Exercise* 22, no.1(1990): 117-26; S.M. McGill, R.W. Norman, and M.T. Sharratt, "The effect of an abdominal belt on trunk muscle activity and intra-abdominal pressure during squat lifts," *Ergonomics* 33, no.2(1990): 147-60; E.A. Harman, R.M. Rosenstein, P.N. Frykman, and G.A. Nigro, "Effects of a belt on intra-abdominal pressure during weight lifting," *Medicine & Science in Sports & Exercise* 21, no.12(1989): 186-90.

[96] Lander, Hundley, and Simonton, "The effectiveness of weight-belts during multiple repetitions of the squat exercise" (see note 95 above); A.J. Zink, W.C. Whiting, W.J. Vincent, and A.J. McLaine, "The effect of a weight belt on trunk and leg muscle activity and joint kinematics during the squat exercise," *Journal of Strength and Conditioning Research* 15, no.2(2011): 235-40.

[97] B.C. Clark, T.M. Manini, J.M. Mayer, L.L. Ploutz-Snyder, and J.E. Graves, "Electromyographic activity of the lumbar and hip extensors during dynamic trunk extension exercise," *Archives of Physical Medicine and Rehabilitation* 83, no.11(2002): 1547-52; J.P. Callaghan, J.L. Gunning, and S.M. McGill, "The relationship between lumbar spine load and muscle activity during extensor exercises," *Physical Therapy* 78, no.1(1998): 8-18.

[98] E. Nelson-Wong, B. Alex, D. Csepe, D. Lancaster, and J.P. Callaghan, "Altered muscle recruitment during extension from trunk flexion in low back pain developers," *Clinical Biomechanics* 27, no.10(2012): 994-8.

[99] Andersson, "Epidemiological features of chronic low-back pain" (see note 2 above).

[100] P.W. McClure, M. Esola, R. Schreier, and S. Siegler, "Kinematic analysis of lumbar and hip motion while rising from a forward, flexed position in patients with and without a history of low back pain," *Spine* 22, no.5(1997): 552-8; M.A. Esola, P.W. McClure, G.K. Fitzgerald, and S. Siegler, "Analysis of lumbar spine and hip motion during forward bending in subjects with and without a history of low back pain," *Spine* 21, no.1(1996): 71-8.

[101] W. Alston, K.E. Carlson, D.J. Feldman, Z. Grimm, and E. Gerontinos, "A quantitative study of muscle factors in the chronic low back syndrome," *Journal of the American Geriatrics Society* 14, no.10(1966): 1041-7; G. Hultman, H. Saraste, and H. Ohlsen, "Anthropometry, spinal canal width, and flexibility of the spine and hamstring muscles in 45-55-year-old men with and without low back pain," *Journal of Spinal Disorders* 5, no.3(1992): 245-53; G. Mellin, "Correlations of hip mobility with degree of back pain and lumbar spinal mobility in chronic low-back pain patients," *Spine* 13, no.6(1988): 668-70; D.E. Feldman, I. Shrier, M. Rossignol, and L. Abenhaim, "Risk factors for the development of low back pain in adolescence," *American Journal of Epidemiology* 154, no.1(2001): 30-6.

[102] J.P. Halbertsma and L.N. Göeken, "Stretching exercises: effect on passive extensibility and stiffness in short hamstrings of healthy subjects," *Archives of Physical Medicine and Rehabilitation* 75, no.9(1994): 976-81.

[103] Halbertsma and Göeken, "Stretching exercises" (see note 102 above); B.S. Killen, K.L. Zelizney, and X. Ye, "Crossover effects of unilateral static stretching and foam rolling on contralateral hamstring flexibility and strength," *Journal of Sports Rehabilitation* 28, no.6(2018): 533-9; G. Hatano, S. Suzuki, S. Matsuo, S. Kataura, K. Yokoi, T. Fukaya, M. Fujiwara, Y. Asai, and M. Iwata, "Hamstring stiffness returns more rapidly after static stretching than range of motion, stretch tolerance, and isometric peak torque," *Journal of Sports Rehabilitation* 28, no.4(2017): 325-31; T. Haab and G. Wydra, "The effect of age on hamstring passive properties after a 10-week stretch training," *Journal of Physical Therapy Science* 29, no.6(2017): 1048-53; N. Ichihashi, H. Umegaki, T. Ikezoe, M. Nakamura, S. Nishishita, K. Fujita, J. Umehara, S. Nakao, and S. Ibuki, "The effects of a 4-week static stretching programme on the individual muscles comprising the hamstrings," *Journal of Sports Sciences* 34, no.23(2016): 2155-9; S.R. Freitas, B. Mendes, G. Le Sant, and R. J. Andrade, "Can chronic stretching change the muscle-tendon mechanical properties? A review," *Scandinavian Journal of Medicine & Science in Sports* 28, no.3(2018): 794-806; M.P. McHugh and C.H. Cosgrave, "To stretch or not to stretch: the role of stretching in injury prevention and performance," *Scandinavian Journal of Medicine & Science in Sports* 20, no.2(2010): 169-81; A.D. Kay and A.J. Blazevich, "Effect of acute static stretch on maximal muscle performance: a systematic review," *Medicine & Science in Sports & Exercise* 44, no.1(2012): 154-64; American College of Sports Medicine, *ACSM's Resource Manual for Guidelines for Exercise Testing and Prescription*, 8th Edition (Philadelphia: Lippincott, Williams & Wilkins, 2010), 173; P. Magnusson and P. Renstrom, "The European College of Sports Sciences position statement: the role of stretching exercises in sports," *European Journal of Sport Science* 6, no.2(2006): 87-91; D. Kundson, P. Magnusson, and M. McHugh, "Current issues in flexibility fitness," *President's Council on Physical Fitness and Sports Research Digest* 3, no.10(2000): 1-8.

[104] S. G. Spernoga, L. H. Timothy, B. L. Arnold, and B. M. Gansneder, "Duration of maintained hamstring flexibility after one-time, modified hold-relax stretching protocol," Journal of Athletic Training 36, no.1(2001): 44-8.

[105] M. Moller, J. Ekstrand, B. Oberg, and J. Gillquist, "Duration of stretching effect on range of motion in lower extremities," *Archives of Physical Medicine and Rehabilitation* 66, no.3(1985): 171-3.

[106] S.P. Magnusson, P. Aagaard, and J.J. Nielson, "Passive energy return after repeated stretches of the hamstring muscle-tendon unit," *Medicine & Science in Sports & Exercise* 32, no.6(2000): 1160-4.

[107] C.H. Weppler and S.P. Maggnusson, "Increasing muscle extensibility: a matter of increasing length or modifying sensation?" *Physical Therapy* 90, no.3(2010): 438-49.

[108] J.C. Tabary, C. Tabary, C. Tardieu, G. Tardieu, and G. Goldspink, "Physiological and structural changes in the cat's soleus muscle due to immobilization at different lengths by plaster casts," *Journal of Physiology* 224, no.1(1972): 231-44.

[109] Tabary, Tabary, Tardieu, Tardieu, and Goldspink, "Physiological and structural changes in the cat's soleus muscle" (see note 108 above); M. R. Gossman, S.A. Sahrmann, and S.J. Rose, "Review of length-associated changes in muscle. Experimental evidence and clinical implications," *Physical Therapy* 62, no.12(1992): 1799-808.

[110] K. Weimann and K. Hahn, "Influences of strength, stretching and circulatory exercises on flexibility parameters of the human hamstrings," *International Journal of Sports Medicine* 18, no.5(1997): 340-6; D. Knudson, "The biomechanics of stretching," *Journal of Exercise Science & Physiotherapy* 2(2006): 3-12; S.P. Magnussson, E.B. Simonsen, P. Aagaard, H. Sørensen, and M. Kjaer, "A mechanism for altered flexibility in human skeletal muscle," *Journal of Physiology* 497, Pt 1(1996): 291-8; Weppler and Maggnusson, "Increasing muscle extensibility" (see note 107 above).

[111] Magnussson, Simonsen, Aagaard, Sørensen, and Kjaer, "A mechanism for altered flexibility in human

skeletal muscle" (see note 110 above).

[112] J.P. Halbertsma, L.N. Göeken, A.L. Hof, J.W. Groothoff, and W.H. Eisma, "Extensibility and stiffness of the hamstrings in patients with nonspecific low back pain," *Archives of Physical Medicine and Rehabilitation* 82, no.2(2001): 232–8.

[113] V. Leinonen, M. Kankaanpaa, O. Airaksinen, and O. Hannien, "Back and hip extensor activities during trunk flexion/extension: effects of low back pain and rehabilitation," *Archives of Physical Medicine and Rehabilitation* 81, no.1(2008): 32–7; M. Kankaanpää, S. Taimela, D. Laaksonen, O. Hänninen, O. Airaksinen, "Back and hip extensor fatigability in chronic low back pain patients and controls," *Archives of Physical Medicine and Rehabilitation* 79, no.4(1998): 312–7.

[114] M.P. McHugh and C.H. Cosgrave, "To stretch or not to stretch: the role of stretching in injury prevention and performance," *Scandinavian Journal of Medicine & Science in Sports* 20, no.2(2010): 169–81.

[115] Kay and Blazevich, "Effect of acute static stretch on maximal muscle performance"(see note 103 above); J. Kokkonen, A.G. Nelson, and A. Cornwell, "Acute muscle stretching inhibits maximal strength performance," *Research Quarterly for Exercise and Sport* 69, no.4(1998): 411–5.

[116] American College of Sports Medicine, *ACSM's Resource Manual for Guidelines for Exercise Testing and Prescription*, 8th Edition; Magnusson and Renstrom, "The European College of Sports Sciences position statement: the role of stretching exercises in sports" (see note 103 above).

[117] Kay and Blazevich, "Effect of acute static stretch on maximal muscle performance" (see note 103 above); W.D. Bandy, J.M. Irion, and M. Briggler, "The effect of time and frequency of static stretching on flexibility of the hamstring muscles," *Physical Therapy* 77, no.10(1997): 1090–6; A.D. Kay and A.J. Blazevich, "Moderate-duration static stretch reduces active and passive plantar flexor moment but not Achilles tendon stiffness or active muscle length," *Journal of Applied Physiology* 106, no.4(2009): 1249–56.

[118] Hatano, Suzuki, Matsuo, Kataura, Yokoi, Fukaya, Fujiwara, Asai, and Iwata, "Hamstring stiffness returns more rapidly after static stretching" (see note 103 above).

[119] Knudson, "The biomechanics of stretching" (see note 110 above).

[120] J.P. van Wingerden, A. Vleeming, G.J. Kleinrensink, and R. Stoeckart, "The role of the ham-string in pelvic and spinal function," in *Movement Stability and Low Back Pain: The Essential Role of the Pelvis*, eds. A. Vleeming, V. Mooney, T. Dorman, C. Snijders, and R. Stoeckart (New York: Churchill Livingstone, 1997), 207–10; S.M. Raftry and P.W. M. Marshall, "Does a 'tight' hamstring predict low back pain reporting during prolonged standing?" *Journal of Electromyography and Kinesiology* 22, no.3(2012): 407–11; M.R. Nourbakhsh and A. M. Arab, "Relationship between mechanical factors and incidence of low back pain," *Journal of Orthopaedic & Sports Physical Therapy* 32, no.9(2002): 447–60.

[121] A.L. Hellsing, "Tightness of hamstring and psoas major muscles. A prospective study of back pain in young men during their military service," *Upsala Journal of Medical Science* 93, no.3(1988): 267–76; F. Biering-Sorensen, "Physical measurements as risk indicators for low-back trouble over a one-year period," *Spine* 9, no.2(1984): 106–19.

第2章

髋关节疼痛

髋关节损伤是力量型运动员最常见的问题之一。尽管这种损伤很普遍，但是它是诊断和治疗起来最复杂的损伤之一，因为疼痛出现在围绕以及连接在股骨或骨盆上的肌肉上，如髋屈肌拉伤、腹股沟拉伤以及梨状肌综合征等。

髋关节疼痛可能来自髋关节本身，也可能是腰背部损伤中向下辐射的疼痛。出于这个原因，我们必须开展适当的筛查来找出这些症状出现的原因，而这些原因会引导你采用正确的措施来处理疼痛。

髋关节解剖学

为了理解髋关节损伤是如何发生的，我们首先需要讨论基本的髋关节解剖结构。髋关节是一个球窝关节。大腿骨（股骨）的末端形状像一个小球，它以一个微小的夹角与髋关节的关节窝（髋臼）相连接，从而使双脚在站立、行走和深蹲时可相对朝向正前方。

髋关节/骨盆解剖结构

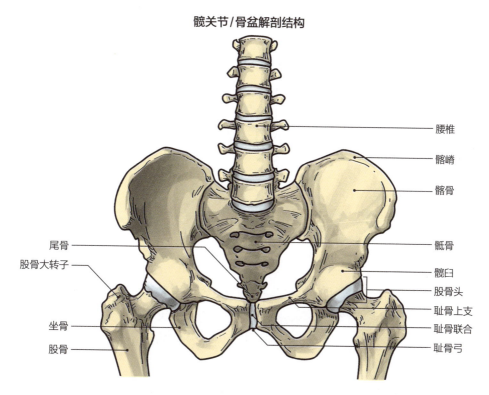

然而，并不是所有人的髋关节/骨盆都符合本书中的骨骼结构。髋关节形状上的差异会影响我们的运动方式，尤其是在我们深蹲、硬拉以及抓举时在下蹲位接铃的方式。我们必须采用适当的评估方法去评估和发现这些解剖学上的差异，因为它们在髋关节疼痛方面起着重要的作用。

2001年，日本的一组研究人员仔细研究了髋关节。虽然大多数受试者具备正常的髋臼结构，但是仍有约40%的受试者的髋臼结构异常[1]。有些人的髋臼开口朝向侧面，有些人的髋臼开口更加朝前。髋臼开口朝向的轻微变化会对身体的运动方式产生巨大的影响。

例如，在深蹲过程中，股骨头会在髋臼内旋转，并且大腿会朝着躯干运动（髋关节屈曲运动）。如果一个人的髋臼开口朝向外侧（称为髋臼后倾），那么在深蹲时，相比于髋臼开口更加朝着身体前方的情况，他的股骨将更早地触碰到髋臼的前缘。

髋臼的排列方式

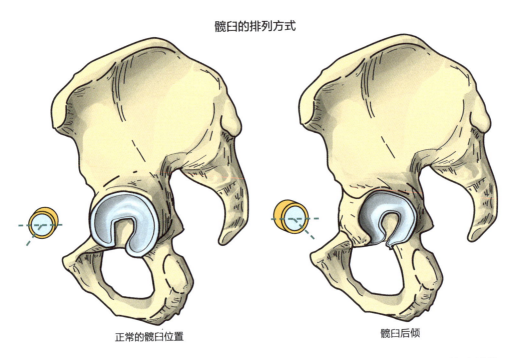

正常的髋臼位置 髋臼后倾

一个简单的测试可以让你更好地理解髋臼的排列方式和形状。呈仰卧位，将膝关节向胸部呈一条直线移动直到出现受阻挡的感觉，看看你的大腿移动了多长的距离。接下来，做同样的动作，但这次让你的脚稍微向内旋转，大腿向外侧移动（髋关节外展外旋姿势）。

研究表明，那些髋臼后倾的人可以在膝关节偏向外侧的情况下让膝关节离胸部更近[2]。

这种将膝关节移向胸部的动作还会让你更好地了解髋臼的深度。在没有髋关节屈曲受阻的情况下，无论膝关节移动时朝向哪个方向都无法让膝关节更靠近胸部，则髋臼较深。相反，如果你可以将膝关节贴近胸部且没有任何挤压感（并且腰部不会离开地面），那么你的髋臼较浅。

仰卧膝触胸（膝关节正向）

仰卧膝触胸（膝关节外斜）

想象一下股骨头与髋臼之间的连接，就好比是把一个小球放在餐具上面。如果把小球（股骨头）放在碗里，它在碰到碗边之前只能在有限的范围内移动。但是，如果把小球放在碟子里会怎样？显然，相比于碗的范围，它会有更多的滚动空间。股骨头在髋臼内的移动方式也是一样的。

髋臼深度

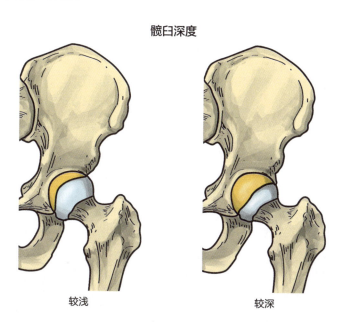

较浅   较深

不过，髋臼的深度很大程度上取决于遗传基因。例如，出生在东欧的人们，髋臼较浅的比例较高，这就是这个区域的人髋关节发育不良的发病率最高的原因。髋关节发育不良是一种髋臼较浅（髋臼的形状像一个盘子）导致关节活动过度的情况[3]。不过，在这个区域经常出现优秀的举重运动员，这在一定程度上是因为髋臼较浅，髋关节灵活性较高，有助于做更深的深蹲，从而让举重运动员在抓举和高翻时更有效率。

抓举时深蹲接铃支撑姿势

哈利勒·穆尔图（Halil Multu）（©Bruce Klemens）

髋臼较深（髋臼的形状像一个碗）的人在做深蹲时更加困难。髋臼越深，股骨可以移动和转动的范围就越小。研究表明，髋臼较深在西欧国家更为普遍，例如苏格兰[4]。虽然这并不意味着每个苏格兰人都具有较深的髋臼，深蹲都受限，但是强调了在分析举重运动与髋关节损伤之间的关系时，评估解剖结构的重要性。

有些运动员的髋关节天生就有助于蹲得很深，并且很容易采用较宽的相扑式站姿进行硬拉；有些运动员则不然。试图让举重技术与不适合该技术的解剖结构相适应，最终不会得到很好的结果。

有些人的股骨形状不同，股骨与骨盆的连接方式也存在差异。例如，有些人的股骨角更加向前或向后，这种解剖结构会影响股骨在髋关节中的排列方式。更加向前的股骨角称为髋关节前倾，而更加平缓的股骨角称为髋关节后倾[5]。

相扑式硬拉

稻羽秀明（Hideaki Inaba）（©Bruce Klemens）

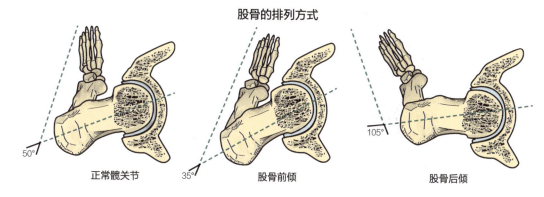

股骨的排列方式

正常髋关节　　　　股骨前倾　　　　股骨后倾

50°　　　35°　　　105°

如果你小时候很喜欢以W形姿势跪坐着（髋内旋，膝屈曲，跪坐在地上），那么你很可能有股骨前倾。股骨前倾的人，其脚往往呈内八字状；然而，总有例外情况。为了防止脚趾朝内，小腿骨（胫骨）有时会做出适应，并以向外侧的横向扭转来补偿股骨的向内扭转。

如果你有典型的"鸭子步"，即走路时双脚过度朝外，那么你可能有股骨后倾。然而，与前面一样，胫骨会随着你的成长和发育而改变形状，来"隐藏"股骨的这种排列方式。这样在你走路时，脚趾自然朝前。

如果你对此感到不能理解，请不要担心。下面是理解髋关节解剖结构的一种简单方法：由于骨盆的骨骼与股骨的排列方式，股骨前倾的人看起来有过大的髋关节内旋范围（通常大于50°）以及非常有限的髋关节外旋范围（通常小于15°）[6]。这种不对称在坐位或俯卧位时表现很明显（过度髋内旋和髋外旋受限）。相反，在坐位或俯卧位时，股骨后倾的人看起来有过大的髋关节外旋范围和非常有限的髋关节内旋范围。

过度髋内旋（坐位或俯卧位）　　　　髋外旋受限（坐位或俯卧位）

过度髋外旋（坐位）

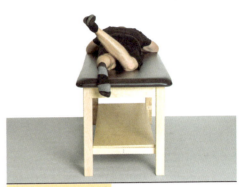

过度髋外旋（俯卧位）

髋内旋受限（坐位）

髋内旋受限（俯卧位）

股骨前倾的人使用过度外旋的技术动作进行举重（例如在相扑式硬拉中，将脚趾向外转动30°），会对髋关节前侧施加过大的压力，并最终导致疼痛。同样，股骨后倾的人深蹲时主动将脚趾朝前（这需要足够的髋关节内旋范围），将会使股骨偏离最佳的排列方式，并最终会产生髋关节前侧或者腹股沟疼痛。简而言之，在不理解解剖结构的前提下，就让运动员遵循一个特定的举重动作技术，后果不堪设想。

另一项可以让你了解髋关节解剖结构的测试是克雷格（Craig）测试。你需要一位朋友帮你完成这个筛查。

趴在椅子或者床上，一侧膝关节屈曲90°。让你的朋友用一只手去寻找你股骨大转子的位置（其位于股骨近端外侧），用另一只手转动你的小腿，让其来回靠近和远离身

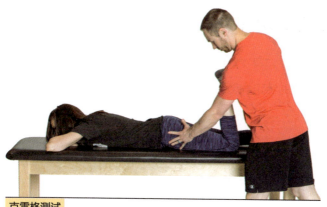

克雷格测试

体。随着小腿的移动，朋友会触摸发现股骨大转子时而突出时而不突出，当发现股骨大转子的位置最为突出时，立刻停止移动小腿。

正常的解剖结构只会让小腿轻微地偏离身体（偏离垂直姿势8°~15°）。如果你的小腿向侧面偏较大的角度，那么这是髋关节前倾的表现。如果你的小腿处于垂直姿势，或者甚至向身体中线后倾，那么这是髋关节后倾的表现。研究表明，这种髋关节解剖结构的评估方法非常可靠[7]。

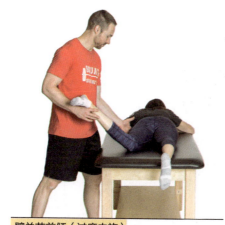

髋关节前倾（过度内旋）

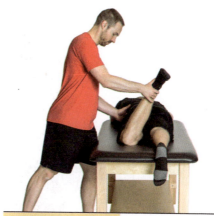

髋关节后倾（过度外旋）

克雷格测试和之前的评估的结果只是帮助你理解髋关节解剖结构的辅助性信息，不要依赖于你发现的内容而忽视了进一步筛查。虽然你可能已经发现了髋关节前倾或后倾，但是你很可能在灵活性和/或柔韧性上也受到限制，因此要先解决灵活性等问题，才能找到适合身体结构的理想的举重动作技术。记住，骨骼解剖学让我们深入了解运动方式，但是它并不能说明全部情况。

髋关节损伤解剖学基础

如果在过去，你决定寻找骨科医生通过传统的医疗方式处理髋关节疼痛，那么医生会根据你的损伤位置的特定解剖结构进行诊断。下面我们将讨论力量型运动员常见的诊断结果。

腹股沟拉伤

腹股沟拉伤可能难以诊断和治疗，主要是因为这个部位产生疼痛的原因有很多[8]。腹股沟的解剖结构非常复杂，而且多种损伤会同时出现，并表现出相似的症状。

为了简化问题，当提到腹股沟拉伤时，重点关注内收肌拉伤。实际上，任何一块内收肌的拉伤（描述的是肌肉的轻微撕裂）都被认为是腹股沟相关疼痛的最常见形式之一。在举重房以外，内收肌的损伤常出现在冰球运动员身上，因为在滑冰的蹬地发力阶段，内收肌会被拉长并承受巨大的力量[9]。在举重过程中也会出现类似的肌肉动作，从而导致腹股沟拉伤。

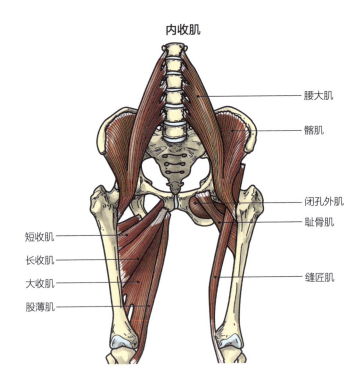

内收肌

腰大肌

髂肌

闭孔外肌

耻骨肌

短收肌

长收肌

大收肌

股薄肌

缝匠肌

从解剖学上讲，内收肌主要包括6块肌肉：

- 大收肌、长收肌和短收肌。
- 股薄肌。
- 闭孔外肌。
- 耻骨肌。

当谈到举重运动时，大收肌（大腿内侧最大的肌肉之一）是内收肌群中常被讨论的肌肉，因为在蹲举或者硬拉的上升阶段，这块肌肉在伸展髋关节方面发挥着至关重要的作用[10]。然而研究表明，长收肌（大腿内侧的另一块较大肌肉）是内收肌群中常受伤的肌肉[11]。

不管产生疼痛的具体解剖结构怎么样，大多数内收肌拉伤都会导致大腿内侧上方（即靠近连接耻骨的肌肉的位置）出现触痛感[12]。通常会在这个位置看到黑色或者紫色的瘀伤。

屈髋肌拉伤/肌腱损伤

当运动员髋关节前侧出现疼痛时，他们会自动将它定性为屈髋肌拉伤。然而，我发现这是在没有搞清楚真正的情况下就给出了这个诊断。

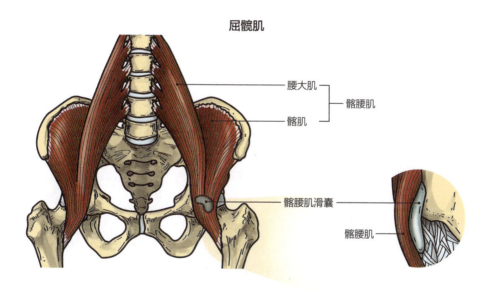

屈髋肌

大多数人说到"屈髋肌"时，他们指的是髂腰肌。髂腰肌由两块肌肉组成：髂肌和腰大肌。当你了解到髂腰肌是将脊柱直接与下半身连接到一起的唯一肌群时，你可能会大吃一惊。当髂腰肌被激活时，它有助于髋关节屈曲和侧向旋转，或者稳定核心/骨盆以及保持姿势。在仰卧起坐时，髂腰肌是向上拉动躯干的主动肌。

屈髋肌产生疼痛的方式有几种。如果承受过度的张力，肌群本身会被拉伤。如果它变得过度僵硬会压迫下面的滑囊——一种充满滑液的囊状结构，作用是防止摩擦。在下肢运动时，屈髋肌肌腱会在一个骨性隆起处来回摩擦，从而在髋关节前侧产生一种"砰砰"感。常见的屈髋肌肌腱也会出现损伤（称为肌腱病）。虽然你可能听到一些关于这个部位损伤的医学诊断——屈髋肌拉伤、髂腰肌综合征以及髋关节弹响综合征等——但是，这些损伤几乎都是过度使用导致的，而不是特定的一次撕裂导致的，肌肉撕裂这种损伤情况常见于内收肌拉伤[13]。

然而，我们不能草率地把髋关节前侧的疼痛定性为屈髋肌拉伤。虽然这个部位的疼痛可能由髂腰肌引起，但是也可能是关节内部更深处的问题导致的，例如髋臼唇撕裂、髋关节撞击综合征。因此，有必要通过适当的筛查过程找出问题，这样你才能采取正确的措施。

髋关节撞击综合征

即使你按压屈髋肌时感到疼痛，这种触痛感也有可能来自深层。髋关节撞击综合征，又称股骨髋臼撞击综合征，是腹股沟疼痛的常见原因之一。如果在你下蹲的过程中，股骨与髋臼的前缘接触，那么就会引起挤压性疼痛。如果这种挤压反复出现，并且承受足够的负荷，那么关节周围的组织便会受到刺激并产生疼痛。

髋关节撞击综合征

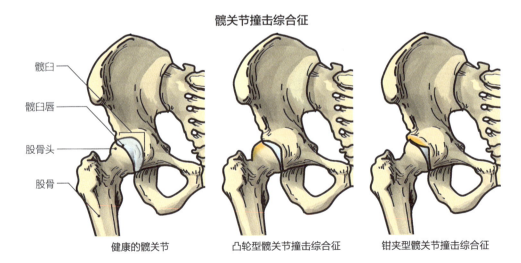

髋臼

髋臼唇

股骨头

股骨

健康的髋关节　　　　凸轮型髋关节撞击综合征　　　　钳夹型髋关节撞击综合征

如果你忽略疼痛、无视症状，则这个部位周围会形成新的骨组织作为补偿（称为凸轮型畸形或者钳夹型畸形）。这种过度的骨骼生长会进一步缩小可用的关节空间，增加骨组织之间的接触，最终导致包围髋关节的髋臼唇撕裂。

运动型疝气

运动型疝气是腹股沟管周围可能出现的几种损伤的统称。腹股沟管正好在绳状韧带上方，并与下腹部形成一个 V 形。尽管这种损伤很普遍，但是关于如何诊断和治疗运动型疝气的研究尚不明确和存在矛盾。实际上，运动型疝气不是真正的疝气，因为腹壁没有撕裂或者畸形[14]。从理论上讲，运动型疝气包括两种腹股沟损伤：腹股沟撕裂和运动性耻骨疼痛，它们的症状非常相似。

无论运动型疝气这个名称是否准确，它被普遍使用。目前，这个领域中的专家形成的共识是，运动型疝气描述的是运动时在腹股沟部位或者耻骨部位感受到的慢性疼痛[15]。

运动型疝气持续存在的确切原因尚不清楚。一些可能的原因是：

- 极速的变向和扭转运动；
- 与腹直肌/核心肌群相比，下肢力量不平衡；
- 先天性异常（身体解剖结构的问题）。

诊断运动型疝气非常困难，并且没有明确的测试可供使用。更糟糕的是，许多患有这种损伤的人的疼痛与其他形式的腹股沟疼痛相类似。例如，常见的情况是出现与内收肌拉伤类似的疼痛[16]。区分运动型疝气与内收肌拉伤的方法是，运动型疝气有时会在进行仰卧起坐、在举重时采用瓦尔萨尔瓦呼吸（屏住呼吸，利用核心肌群/横隔来产生腹内压）、咳嗽和打喷嚏时感觉到疼痛[17]。

研究人员已经总结出了可能存在运动型疝气的 5 个体征[18]：

- 腹股沟深层/腹部下方疼痛；
- 因冲刺跑、移动变向以及仰卧起坐等活动而加剧的疼痛，休息通常会缓解疼痛；
- 当按压耻骨分支周围的区域（骨盆前侧，靠近内侧腹股沟的位置）时有触痛感；
- 髋关节内收对抗性疼痛；
- 仰卧起坐时腹部产生对抗性疼痛。

如果运动员连续几个月出现腹股沟疼痛，通过休息或者传统的纠正练习后并没有好转，那么就有可能是出现了这类损伤。如果你或者你认识的人是这种情况，那么我建议去找一名骨科医生进行一次彻底的检查。

大转子滑囊炎/臀中肌拉伤

如果你的髋关节外侧感到疼痛，那么很可能是大转子滑囊炎或者臀中肌拉伤导致的。髋关节外侧的损伤通常与集中在大转子上缓慢出现的麻木或者疼痛有关，大转子是大腿外侧上方最突出的部位。你通常可以在略低于这个骨骼的位置进行按压来确定疼痛的具体部位。

股骨大转子和臀中肌

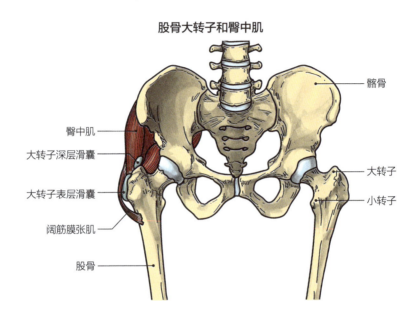

臀中肌
大转子深层滑囊
大转子表层滑囊
阔筋膜张肌
股骨

髂骨
大转子
小转子

髋关节外侧疼痛可能会出现在举重的时候，但是在晚上侧躺着睡觉时，髋关节疼痛一侧可能会被压在身下，导致疼痛加剧[19]。研究表明，具有腰部疼痛史且年龄超过40岁的女性更有可能出现这种损伤[20]。

传统医学领域中，有许多人把这种损伤称为大转子滑囊炎。滑囊炎指的是滑囊的炎症，滑囊是一种小的充满液体的缓冲垫，可以起到缓冲作用，并限制骨骼与覆盖它的肌肉/组织之间的摩擦。然而，根据2001年的一项研究，只有一小部分（大约80%）的髋关节外侧疼痛是滑囊炎导致的[21]。现在，许多人认为髋关节外侧疼痛更多时候是髋关节外侧两块肌肉的过度使用性肌腱损伤导致的，即臀小肌和臀中肌，因此这种损伤被称为肌腱病[22]。

遗憾的是，即便是学识及经验丰富的医生也很难区分大转子滑囊炎与臀肌肌腱病。实际上，这两个问题可以同时出现，而且很可能是同一个问题引起的[23]。因此，你可能会看到髋关节外侧疼痛被描述为大转子疼痛综合征[24]。

为了帮助你更好地理解这种损伤是如何发生的，让我们快速了解一下髋关节外侧的解剖结构。臀中肌是一块较大的扇形肌肉，始于骨盆外侧（髂嵴），并通过一条肌腱连接到股骨上面[25]。臀小肌是一块较小的肌肉，位于臀中肌深层，也连接在股骨上面。

在大多数解剖学教学课上，老师告诉学生这两块肌肉是髋关节的主要外展肌，当被激活时，臀中肌/臀小肌会让大腿远离身体中线。然而，这并非100%准确。这种说法起源可以追溯到20世纪中叶的研究，在这些研究中，科学家利用简化的数学模型来研究身体是如何工作的[26]。但这些模型没有考虑外侧臀肌的尺寸、形状和动作。

髋关节外侧解剖结构

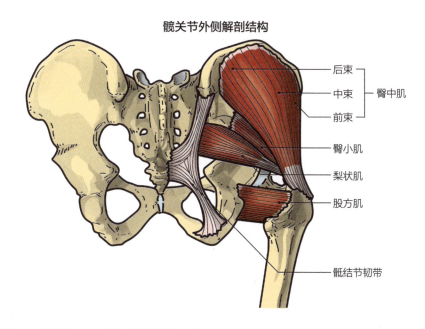

例如，虽然许多人认为臀中肌是一块较大的肌肉，但研究显示，它由三个不同的部分组成，每个部分都有各自独特的活动方式[27]。臀中肌后束与臀小肌一起将股骨拉入髋臼，以帮助稳定髋关节，保持股骨头位于髋臼中间。臀中肌中束和前束协同作用进行髋外展运动，最后由阔筋膜张肌完成整个动作。除了髋外展运动，臀中肌前束还可以产生或限制骨盆旋转。

然而，当你双脚站立时，这些肌肉发挥的作用略有不同。当你跑步、弓步蹲或者深蹲时，臀中肌和臀小肌共同作用来稳定髋关节，并防止骨盆倾斜、旋转或者左右移动，以便髋关节周围较大肌群（阔筋膜张肌、臀大肌、屈髋肌以及腘绳肌等）运动。因此，臀中肌/臀小肌的功能类似于肩关节的肩袖肌群，这两种肌群都是各自关节的稳定肌。

与在解剖课上学到的内容相反，你的外侧臀肌更大程度上是运动的稳定肌，而不是下肢的原动肌。这种认识有助于指导我们针对髋关节设计更加有效的训练和更好的纠正性练习。

大多数髋关节外侧疼痛的人都存在臀肌肌腱病。如果你查阅膝关节疼痛章，尤其是有关"髌腱/股四头肌肌腱病"的部分（参见第177~183页），那么我在那一章会谈到，肌腱损伤是这些组织相对过度地使用或者超负荷导致的。如果无训练经验的人一开始就进行高强度的练习，或者精英运动员在休假后立即回到正常的训练，那么这些人便会出现这样的损伤。在训练强度和/或频率迅速增加后，如果身体没有得到恢复，那么肌腱会变得具有抗拒性，并且很容易受伤。

臀肌肌腱病由两种主要的超负荷导致：肌腱组织过度拉伸（非常像拉伸一根橡皮筋）和/或压力过大（因肌腱被压在下层组织/骨骼上而产生）。这些分别被称为纵向拉伸和横向负荷的力有可能同时出现，并降低肌腱的整体强度，从而使得它们容易受伤[28]。

导致肌腱超负荷的一个因素是个体的解剖结构。一些研究人员认为，较宽的骨盆以及/或者更大角度的骨盆排列方式（通常见于女性）会导致外侧臀肌肌腱承受更大的压力，从而使它们更容易出现损伤[29]。

骨盆变宽时，臀中肌拉力角度的变化

单侧髂骨旋前导致髋关节内收增加

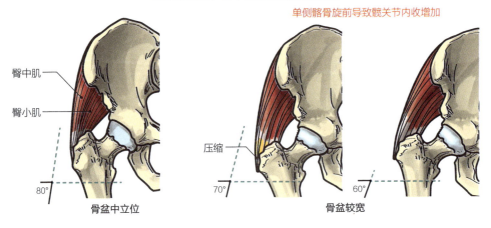

骨盆中立位 — 骨盆较宽

导致肌腱超负荷的另一个因素是动作或者姿势的错误。我将以深蹲时髋关节移动的这个常见错误动作为例子。如果一个人在蹲起时向右侧移动，那么右侧腿会向身体中线移动（髋关节内收运动）。这种侧移会导致右侧髂胫束更牢固地包裹在大腿外侧来保持骨盆稳定，使得臀肌肌腱和下层的滑囊受到过度压迫[30]。

所以，只要大腿被拉向靠近身体中线（无论是髋关节移动还是膝关节外翻），臀中肌和臀小肌肌腱都会处于不良的姿势，进而承受大量会导致损伤的压力和拉力。

髋关节侧移

梨状肌综合征

当涉及臀肌深处的疼痛时，常见的诊断是梨状肌综合征。

梨状肌是位于髋关节内侧深处的一块小肌肉，在臀大肌和臀中肌的下层。它的主要作用是使髋关节外旋，同时协助髋关节完成外展后伸运动，在深蹲时防止膝关节外翻。梨状肌还是盆底肌的一部分，有助于稳定骨盆，并协助控制骨盆前倾[31]。

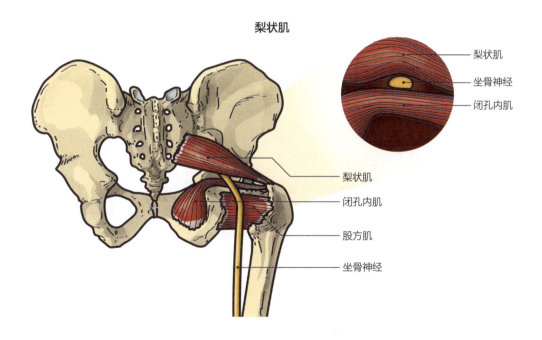

梨状肌

梨状肌

坐骨神经

闭孔内肌

梨状肌

闭孔内肌

股方肌

坐骨神经

当梨状肌受到压迫时会出现梨状肌综合征，从而刺激坐骨神经。坐骨神经通常分布在梨状肌下方。大约有12%的人群，坐骨神经分布在梨状肌内部[32]。坐骨神经从腰椎沿着大腿延伸至双脚，当受到刺激时，它会导致臀肌深处的疼痛以及从腿后侧向下辐射的麻木感和刺痛感。

以前，人们认为梨状肌综合征是肌肉痉挛或者肌肉过度紧张导致的。当缩短或者痉挛时，梨状肌会压迫坐骨神经，产生向下辐射的疼痛。然而，一些专家现在认为，当梨状肌过度拉伸或者拉长时也会导致这种损伤[33]。

梨状肌在被拉长的情况下（例如深蹲时膝关节外翻或者举重时骨盆过度前倾），髋关节的反复运动会拉伤肌肉，并引起附近坐骨神经的摩擦，从而导致炎症和疼痛[34]。

梨状肌综合征其实有两种可能的病因——长或短的梨状肌，因此，其对应两种不同的治疗方法。困难的部分是如何区分这两种病因，因为它们有一些相似的症状。

- **短梨状肌综合征**与久坐和髋关节内旋受限的疼痛有关。这种损伤通常应采取软组织拉伸和放松，而在肌肉处于缩短姿势（例如侧卧蚌式开合动作）时进行强化会重新引发症状。
- **长梨状肌综合征**与坐姿和髋关节过度内旋的疼痛有关。这种损伤通常是不良的举重动作技术（膝关节外翻和/或骨盆前倾）导致的，因此应强化肌力和纠正动作。

腘绳肌肌腱病

另一种会产生臀肌深处疼痛的常见损伤是近端腘绳肌肌腱病。在身体后侧臀大肌的下方，腘绳肌中的肌肉都有一个共同的肌腱附着点，这个附着点被称为坐骨结节。虽然腘绳肌拉伤在足球、冰球和田径这类体育运动中比较常见，但是其在力量举、奥林匹克举重和CrossFit等力量型运动中更为常见。

当髋关节屈曲至大角度时，腘绳肌肌腱被拉紧并受到骨盆的挤压。如果这种挤压出现得足够频繁，并且力量足够大，那么腘绳肌肌腱可能会处于超负荷状态，最终导致疼痛[35]。

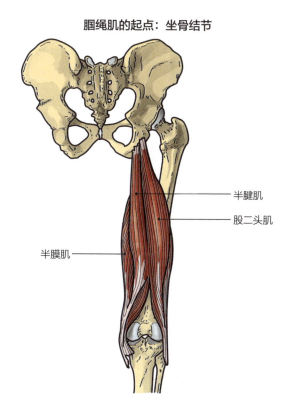

腘绳肌的起点：坐骨结节

半腱肌

股二头肌

半膜肌

引发腘绳肌肌腱病的方式主要有两种。第一种是在一个特定的训练或者一组训练中进行急性超负荷训练。在这种情况下，肌腱所承受的负荷远超它目前的承受能力。第二种是在长时间休息（例如一周的假期或者损伤后的恢复时期）之后恢复相对正常的训练。在这种情况下，停止训练会降低肌腱的负荷适应能力；快速恢复正常训练也会导致超负荷，并引发剧烈的组织细胞反应（称为反应性肌腱病）。

例如，突然将大量的冲刺跑、深蹲或者障碍练习引入运动员的训练中，可能会导致腘绳肌肌腱超负荷并引发损伤[36]。由于损伤出现在肌腱承受负荷以及受到压力时，所以腘绳肌肌腱病通常会在深蹲或者坐在坚硬的表面上时引起疼痛，但是几乎不会在平地上慢走、站立或者躺下等活动中引起疼痛。腘绳肌肌腱病不会产生沿着大腿辐射而下的疼痛［这种疼痛会在由梨状肌引起的坐骨神经刺激或者腰部损伤（例如椎间盘突出）时出现］。

腘绳肌拉伤

我们似乎总是会听到某个职业橄榄球运动员或者足球运动员腘绳肌被拉伤的消息。研究表明，在竞技体育中，腘绳肌拉伤占所有已记录损伤的8%~25%[37]。

如果你曾出现这种损伤，那么你应该知道很容易再被拉伤。实际上，一旦你出现过一次腘绳肌拉伤，那么再次遭受拉伤的可能性非常高[38]。研究表明，运动员在第一次拉伤后的8周内，再次出现拉伤的可能性是平时的2~6倍[39]。体能教练埃里克·克雷西（Eric Cressey）曾将腘绳肌拉伤夸张地比作捉摸不透的岳母："正当你认为你最终赢得了她的肯定时，她又会狠狠地打击你，并告诉你她更喜欢女儿的前男友[40]。"

虽然腘绳肌拉伤在杠铃训练、奥林匹克举重、力量举以及CrossFit等竞技运动中并不像在橄榄球、足球以及田径运动中那样普遍，但是仍然需要引起重视。

大多数专家都认同腘绳肌拉伤在冲刺跑时出现率较高。这是因为肌肉撕裂通常出现在跑步周期的摆动阶段结束的时候，此时摆动腿从身后移动或者摆动到身前[41]。在此期间，摆动腿触地后，腘绳肌从减缓膝关节向前的移动迅速过渡到向前蹬地推进。这种从离心动作（肌肉在张力作用下拉长）到向心动作（肌肉在张力作用下缩短）的迅速转变被认为是肌肉容易出现损伤的时候。在摆动阶段末期，腘绳肌在承受较大的力量的同时会被大幅度拉长。

一旦这种损伤出现，你会立即感受到触痛感和疼痛感的准确位置——通常是肌肉与肌腱连接的位置（肌肉上较厚的绳状部分）。

腘绳肌拉伤分为以下3个等级。

- **一级：** 只有少数肌肉/肌腱撕裂，伴随少量的肿胀和不适感。这种情况下，通常肌肉会损失一小部分肌力。出现损伤后还能够行走，但短跑/冲刺跑会引发疼痛。
- **二级：** 部分肌纤维撕裂。在这种情况下，肌力会有明显的损失，并且有大量疼痛。行走时有可能会感到一定程度的疼痛。
- **三级：** 肌肉/肌腱的完全断裂。这种情况下，肌肉功能完全丧失。通常因疼痛而无法行走，并且在大腿后侧出现严重瘀伤。

人们认为与腘绳肌拉伤相关的五个主要风险因素是柔韧性、力量、年龄、运动方式以及损伤史。让我们快速讨论一下这些因素是否合理。

- **柔韧性。** 没有研究表明柔韧性不足是导致肌肉拉伤的一个重要风险因素。因此，频繁地拉伸腘绳肌并不能降低腘绳肌拉伤的概率。但有证据表明，股四头肌的柔韧性能够在预防肌肉拉伤上起到一定作用。

- **力量**。力量是另一个没有大量研究支撑的因素。一些研究人员认为，腘绳肌肌力较弱或者大腿前后肌肉力量不平衡（腘绳肌与股四头肌）可能会有一定的影响。他们的想法是，如果股四头肌比腘绳肌强壮很多，那么在跑步周期的摆动腿阶段会有大量力驱动腿向前摆动，由于腘绳肌要对快速摆动的腿进行减速缓冲，所以这会增加腘绳肌的负荷，进而有可能导致腘绳肌受伤。但是，支持这种想法的研究并不多。不过，强化腘绳肌力量很有必要，大多数运动员的股四头肌都很发达，反而臀肌/腘绳肌没有得到充分训练。总的来说，对于腘绳肌力量这个因素，人们有不同看法[42]。
- **年龄**。年龄已被证明是导致腘绳肌拉伤的一个重要的风险因素[43]。研究表明，25岁以上的运动员出现腘绳肌拉伤的可能性是其他运动员的2.8~4.4倍[44]。基本上，年龄越大，腘绳肌拉伤的风险就越高。
- **运动方式（包括短跑/冲刺跑）**。正如前面提到的，绝大多数腘绳肌拉伤出现在跑步的时候[45]。这就是为什么参加举重和力量举这类杠铃运动项目的运动员很少会出现这种损伤。目前，CrossFit比较流行，由于其训练课和比赛项目涉及短跑或冲刺跑，因此，腘绳肌拉伤在CrossFit人群中并不罕见。
- **损伤史**。与大多数损伤一样，曾经出现腘绳肌拉伤的运动员再次拉伤的可能性要比常人高出2~6倍[46]。这是目前最大的风险因素。

如何筛查髋关节疼痛

到目前为止，你已经了解髋关节会出现许多不同的损伤。前面介绍的内容有助于你了解这个部位可能出现的问题，但是诊断引起髋关节疼痛的特定解剖结构或组织并不是很容易，通常需要专业的评估技术和扫描设备。让事情变得更加困难的是，不止一个组织或结构会产生疼痛。

我们需要找出与疼痛相关的运动问题，而不是试图去诊断可能受伤的髋关节具体位置的解剖结构。要根据产生症状的特定运动或者动作来识别和划分损伤，关注错误的动作有助于在治疗过程中开拓我们的思路。

这一理论的框架被称为运动病理模型（KPM）[47]。这种运动模型不会排除或者假定一个具体的解剖学问题是疼痛的原因，相反，在决策过程中，将特定结果作为整体的一个组成部分。治疗对象是人，而不是损伤。

下面是这个理论用于实践的一个简单例子。布兰登（Brandon）是一名36岁的力量举运动员，他被诊断为右侧屈髋肌拉伤，并准备接受物理治疗。屈髋肌是疼痛的具体解剖部位，骨科医生打算从这个部位入手解决问题。我们的检查发现布兰登的臀肌协调性较差、力量较弱，以及阔筋膜张肌紧张/僵硬。在利用泡沫轴对阔筋膜张肌进行软组织松解，以及在膝关节上套一根弹力圈进行一些慢速的自重深蹲来激活臀肌之后，他便能够无痛地进行深蹲和硬拉了。

布兰登在髋关节前侧（即屈髋肌所在的位置）会感到疼痛。然而，他的疼痛原因并不是屈髋肌有问题，而是由于阔筋膜张肌僵硬和臀肌无力且不协调。这些因素导致屈髋肌超负荷，并最终出现疼痛。因此，针对疼痛部位的屈髋肌拉伸或者其他治疗方法（像干针疗法或者电刺激疗法）都不会真正地解决问题。

当你完成本章接下来所介绍的筛查过程后，我希望你思考以下哪些类别与你的髋关节疼痛相关。

- 灵活性/柔韧性受限。
- 力量不平衡/不足。
- 不良的动作/技术。

这有可能涉及一系列的问题。每一种测试都会为你提供一些线索，从而帮助你制定出一套相关损伤处理的计划方案。

动作筛查

我希望你请一位朋友录制或者你自己用视频记录以下测试的过程，这样你便可以分析自己的运动方式。

首先进行一个深蹲测试。以正常的深蹲站姿缓慢蹲至最大深度，并在底部位置保持几秒。然后缓慢回到起始姿势，重复进行5次。你注意到了什么？你是否感到疼痛？如果是，那么记下引起疼痛的深蹲位置以及疼痛的具体位置。

例如，一名患有髋关节撞击综合征的运动员可能在深蹲至最低位置时才会感到疼痛；此时髋关节屈曲角度较大，股骨会触碰到髋臼前侧，从而产生疼痛感。像这样的问题可能是关节周围肌肉的柔韧性问题、关节灵活性较差，甚至是力量不平衡导致的。

在分析深蹲的过程中，还要注意双脚的位置。一只脚是否比另一只脚向外侧旋转得更多？如果你尝试将双脚牢牢地踩在地上，那么下蹲过程中一只脚是否会向外侧旋转？当你深蹲时，你的臀部是否会偏移？如果存在这些动作问题，那么表明可能存在肌力不足/柔韧性受限。

深蹲（一侧足外旋）

如果你轻松通过了深蹲测试，那么我们就增加一些挑战性。通过视频从不同角度记录你的举重动作，以进行有效的评估。评估时，观察从轻重量到大重量举重时的运动方式。借助负荷可以发现许多动作问题，这些问题在传统的自重深蹲筛查中经常被遗漏。

增加负重后，你是否注意到了动作问题？身体承受的负荷越大，动作问题就会变得越明显。

接下来，单脚站立保持平衡30秒。你是否感受到了疼痛？对于有些人来说，长时间单腿站立会再次造成髋关节外侧疼痛（例如大转子滑囊炎或者臀中肌肌腱病）[48]。为了保持单腿站姿的稳定性，你的支撑腿自然要轻微地朝身体中线移动（这种运动称为内收）。这种运动会挤压外侧的髋关节组织，从而重新产生疼痛。

最后一个测试是单腿深蹲动作，在不摔倒或不采用东西辅助的前提下尽可能向下蹲。如果你发现在单腿深蹲时支撑腿出现异常的膝关节外翻和髋关节偏移，且很难保持平衡，那么你会发现一个在双腿深蹲时没有注意到的稳定性问题。这种动作问题通常是髋关节外侧肌肉（例如臀中肌）肌力不足/协调性较差导致的。

灵活性评估

灵活性受限会影响运动表现水平。虽然在某些体育运动（例如棒球）中，身体两侧的灵活性存在显著差异（例如右侧髋关节内旋活动受限）是一种常见的身体适应性变化，但对于力量型运动员来说，这是非常严重的问题。当你深蹲、硬拉、上推或者从地上举起一块阿特拉斯巨石时，你需要下肢具有对称的灵活性。灵活性的显著不对称既可以是损伤的原因，也可以是损伤的结果。尝试下面的测试来了解你是否有可能面临灵活性受限问题。

仰卧，双膝并拢，然后屈髋使膝关节靠向胸部。在这个过程中完全放松下肢。你注意到了什么？

FADIR 测试

在髋关节完全屈曲（膝关节移动至胸部）时，那些患有髋关节撞击综合征的人通常会在髋关节前侧感到疼痛。这是因为股骨在髋臼内的活动不当，撞到了关节囊的前侧，并导致关节周围组织产生炎症。

如果你有朋友帮助可以尝试 FADIR 测试，这是一种髋关节屈曲 - 内收 - 内旋的测试[49]。从仰卧姿势开始，让你的朋友把你的大腿推向胸部，同时把膝关节推向对侧肩膀，并把脚拉离身体中线。这是另一种常见的测试，用来确定某个人是否患有关节组织问题导致的髋关节撞击综合征。

如果你在上述测试中发现髋关节前侧出现挤压性疼痛，可以尝试本章后面会讨论到的阻力带关节松动。在关节松动后，重新进行上述测试，并观察是否有什么不同。这种测试 - 再测试的方法是一种简单的工具，你可以用它来确保你正在进行高效和有效的纠正练习。

继续进行下肢筛查。髋关节前侧的疼痛会单独出现，或者与屈髋肌肌腱病/滑囊炎同时出现。这意味着，其他问题也可能会导致疼痛（例如，屈髋肌肌力不足、阔筋膜张肌过度僵硬和/或臀肌肌力不足）。如果你跳过这些问题，只进行阻力带关节松动，那么你可能不会完全解决疼痛问题。

接下来，你将进行 FABER 测试，这是一种髋关节屈曲 - 外展 - 外旋的测试[50]。再次从仰卧姿势开始，在朋友的协助下，把一条腿搭在另一条腿上，并把脚踝放在稍高于对侧膝关节的位置。放松身体，让膝关节缓慢地落向床面。过程中，确保骨盆处于水平

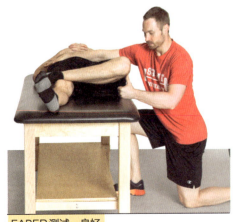

FABER 测试：良好

FABER 测试：受限

位置；当膝关节下落时，不要让对侧的臀部抬起。两侧交替测试，你发现了什么？

你的膝关节应落到距离床面两拳的位置。如果你发现了严重的不对称，或者一侧有疼痛，那么将其视为阳性测试。如果你的测试结果呈阳性，那么髋关节伸展或外旋比较困难。这种灵活性问题可能是关节力学受限导致的，有时需要借助灵活性练习进行纠正，例如辅助髋飞机练习（参见第151页）。

接下来，进行髋关节内旋评估。仰卧位，让朋友抓住你的腿，把大腿从床面上抬起至与地面呈大约60°，并屈曲膝关节。从这个姿势开始，让朋友握住你的小腿水平旋转使其远离身体中线，以评估髋内旋程度。在两条腿上进行同样的测试。

大腿抬高至与地面呈大约60°的髋关节内旋测试：良好与受限

你是否在一侧腿上发现髋关节内旋受限？这种限制可能是由于关节问题或者肌肉（例如梨状肌）柔韧性受限。如果你的疼痛位于髋关节的前面或者侧面，那么这可能是股骨在髋臼内的运动方式不当造成的。我建议你去尝试阻力带关节松动以及本章后面介绍的辅助髋飞机。

但是，如果你的疼痛位于髋关节后面（臀肌深处），那么这个测试的结果可以帮助你区分梨状肌的损伤形式。区分短梨状肌综合征与长梨状肌综合征，最简单的方法之一是评估髋关节的旋转幅度。如果你患有短梨状肌综合征，那么疼痛侧髋内旋幅度较小。在大腿抬高至与地面呈大约60°时，梨状肌会进行外旋运动，如果梨状肌较短或者出现痉挛，那么它会限制髋关节内旋。如果你患有长梨状肌综合征，那么疼痛侧髋内旋幅度较大。这是因为，你活动时施加在梨状肌上的过度张力会让其处于拉长状态，这通常导致在深蹲时膝关节出现外翻。

过去，梨状肌综合征最常见的治疗方法之一是拉伸肌肉。然而，我们现在知道这种治疗方法并不适合每个人。只有当你患有短梨状肌综合征时，你才应该拉伸梨状肌。当你患有长梨状肌综合征时，拉伸已经伸长的肌肉只会加剧损伤。我将在本章的后面讨论这个问题的其他治疗方法。

柔韧性评估

许多髋关节损伤不仅是关节囊限制引起的，还可能是大腿前侧及周围肌肉（例如阔筋膜张肌）的僵硬导致的。如果这些肌肉有过度使用和僵硬的倾向，改良的托马斯测试可以帮助你评估它们的柔韧性[51]。

坐在长凳或床的末端，臀部与边缘接触。当你轻轻地向后倒时，抓住双膝并把它们拉向胸部。躺下的同时，让一侧腿完全放松并向下悬垂。

你放松的一侧腿最终会停在哪个位置？让你的朋友拍摄放松腿的最终位置的照片或者视频会非常有帮助。筛查完一侧腿后，在另一侧进行相同的测试，你发现了什么？两侧是否存在差异？

托马斯测试：良好

托马斯测试：受限

如果你的放松腿的大腿不能完全靠在长凳上，无法与躯干、头部呈一条直线，而是稍微偏向一侧，那么你的阔筋膜张肌僵硬或较短。如果你的膝关节无法悬垂呈90°角，那么你的股直肌（股四头肌之一）较硬或较短。如果你存在这些问题中的任意一个，那么你需要使用泡沫轴或筋膜球对这些肌肉进行软组织松解以及/或者拉伸。我将在本章后面介绍这些练习。

肌力与负荷评估

当你深蹲、爬楼梯或者从较低位置跳下时，你的身体会承受一种称为负荷的力。根据多年以来的训练，身体中的每块肌肉都有一个负荷耐受临界值。如果超过了这个耐受水平，那么损伤就会出现，并且疼痛也随之而来。负荷耐受性测试可以让你了解身体对这些力的耐受情况。

如果你的髋关节前侧感到疼痛，请尝试屈髋肌抗阻测试。坐在长凳或床的边缘，并将大腿抬高。你有没有感觉到疼痛？如果没有，试着保持这个姿势，同时让你的朋友向下压大腿。你注意到了什么？

屈髋肌抗阻测试

由于用力下压大腿会对受损的组织施加过度的负荷，在这个测试中，那些出现屈髋肌损伤（例如髂腰肌肌腱病）的人通常会感到疼痛。如果你属于这种情况，那么不应该拉伸屈髋肌，而是应该将屈髋肌等长练习列入康复计划。

出现内收肌或肌腱损伤的人通常会在内收肌抗阻测试中产生疼痛。采用侧卧位进行此测试。伸直下面的腿，并将它抬高约12英寸。保持这个姿势，让你的朋友用手用力向下压这条腿，在此过程中，你应尽力与下压的力对抗并保持姿势稳定[52]。如果下压会引起疼痛，那么应将内收肌等长练习列入康复计划，逐渐提高内收肌的负荷耐受性。

内收肌抗阻测试

如果运动员出现髋关节外侧疼痛，我会采用外旋肌抗阻测试来确定是否为臀中肌肌腱病。采用仰卧位，并将一侧大腿抬至与地面呈大约90°。让你的朋友通过把你的脚推向身体中线来外旋髋关节（推的幅度不要太大，否则可能会产生疼痛）。接下来，把你的小腿旋转回竖直的位置，同时让你的朋友在脚的内侧施加轻微向外的阻力，尝试外旋对抗阻力。如果臀部外侧产生疼痛，则这个测试结果呈阳性[53]。

外旋肌抗阻测试

最后进行单腿臀桥测试。我使用这个测试有两个目的，第一个目的是评估腘绳肌的负荷耐受性。首先进行单腿臀桥，把脚抬高到椅子或者箱子上，膝关节屈曲90°。保持臀部悬空10秒，注意这个动作是否会引起疼痛。

单腿臀桥测试（脚抬高，屈膝90°）　　　　　　　单腿臀桥测试（脚抬高，膝较直）

如果大腿后侧（腘绳肌附着点）产生疼痛，那么进行相同的测试，同时伸展膝关节，但不完全伸直。这个姿势是否会加剧疼痛？伸直膝关节会轻微地拉长腘绳肌，并增加肌腱上的负荷[54]。如果你感觉疼痛，可能是腘绳肌肌腱病。如果近期训练的强度或训练量超过了肌腱的负荷耐受水平，并引发了这种损伤，那么在这种情况下，应将腘绳肌等长练习、屈膝臀桥以及单腿RDL列入康复计划。

我使用单腿臀桥测试的第二个目的是观察两侧臀肌的激活程度。当你进行单腿臀桥悬空保持10秒时，我希望你感受一下哪些肌肉在努力工作。我经常发现那些有髋关节损伤的人无法完成单腿臀桥，且难以激活臀肌。如果你是这种情况，那么进行提升臀大肌力量和协调性的练习是康复计划成功的关键。

髋关节之外的影响因素

正如我在本章开始部分提到的，髋关节疼痛有时是腰部问题引起的。因此，我建议你回顾一下腰背疼痛章的测试部分，以确保发现所有可能导致髋关节疼痛的因素。

何时去看医生

如果你有以下症状，你应该寻求医疗专业人员的帮助。

- 髋关节出现黏滞感、交锁感或者咔嗒声。
- 沿着大腿向下辐射的疼痛。
- 腿发软的感觉。

这些症状反映可能有神经问题或严重的髋关节问题（髋臼唇撕裂）。此外，如果你的症状与膀胱或者肠道问题有关，请务必就医。

重建过程

现在你已经完成了筛查过程，你应该对与疼痛或损伤相关的内容有了更深入的了解。有了这些新发现的信息，你可以制定出一套针对问题部位的康复治疗方案。

软组织放松：泡沫轴滚压

如果由于阔筋膜张肌或股直肌僵硬而未能通过改良的托马斯测试（参见第144页），那么你首先应该做的是软组织放松。借助泡沫轴或者筋膜球可以降低僵硬肌肉的张力，并松解激痛点（限制柔韧性和引发疼痛）[55]。

俯卧位，把泡沫轴或者筋膜球放在髋关节一侧。在这个部位施加压力通常会有一点疼痛。缓慢地来回滚动，直到发现肌肉的激痛点。保持1~2分钟的压力，然后缓慢地用泡沫轴来回滚动这个部位。

泡沫轴滚压阔筋膜张肌

泡沫轴滚压内收肌

放松大腿内侧组织（内收肌）是另一种缓解疼痛和促进腹股沟损伤康复的好方法。依然采用俯卧位，患侧腿尽可能摆成与躯干呈90°的姿势。把泡沫轴放在腹股沟附近，垂直于患侧腿。缓慢滚动2分钟，当发现疼痛部位时，停留几秒。如果你不能忍受较硬的泡沫轴，你可以换成较软的泡沫轴，或者暂时不用泡沫轴。

筋膜球按压梨状肌

如果你在柔韧性测试中发现梨状肌过紧，可以用筋膜球放松软组织。对较短或者痉挛的肌肉施加持续的压力，有助于肌肉放松并减少张力。将一条腿交叉搭在另一条腿上，可使梨状肌更容易被按压。把筋膜球放在臀大肌中间，并缓慢地滚动它，直到你发现疼痛点为止，并在疼痛位置保持1分钟。如果这种治疗方法适合你，那么站起来后你应当感觉到症状有所缓解。

关节灵活性

软组织放松后，你应当解决可能存在的灵活性不足和造成髋关节疼痛的关节受限问题。

阻力带关节松动

我第一个想讨论的是侧向阻力带关节松动练习[56]。这一练习有助于解决髋关节囊的外侧和后侧存在的受限问题。

把一根阻力带套在大腿上，使其尽可能地靠近髋关节。进行弓步蹲，让髋关节灵活性受限一侧腿在前，同时拉紧阻力带。然后用手由外向内推动膝关节，再恢复起始姿势。

这个动作有助于拉伸髋关节外侧和后侧纤维组织。如果弹力带拉得足够用力，那么膝关节向内移动一般不会在髋关节前侧引起挤压性疼痛，而是会轻微地拉伸你的一侧髋关节。

侧向阻力带关节松动（髋关节）

接下来，你可以在四点撑式姿势下进行关节松动。阻力带仍然套在大腿上部，髋关节大约屈曲90°，沿着阻力带的拉力方向来回摆动髋关节。这种后侧－外侧的运动会在髋关节后侧和侧面产生拉伸感。每一次摆动保持大约5秒，然后恢复起始姿势。

如果你需要提升髋内旋运动能力，可以把脚轻微地伸向侧面。在这个姿势下，你还可以把脚向腹部方向移动且膝关节向外使髋关节外旋，这可能增加髋关节外侧的拉伸强度。

四点撑式阻力带关节松动

辅助髋飞机

另一个有助于改善关节灵活性的练习是辅助髋飞机练习，也称为倾斜式飞鸟。如果你的FADIR或者FABER测试（参见第142页）结果呈阳性，那么我建议你尝试这个练习，然后再次测试你的关节灵活性。

从单腿站姿开始，收紧核心肌群，锁定胸腔。双手在体前抓住立架或者固定的杠铃杆来保持平衡，在支撑腿上方向前倾斜躯干，同时另一侧腿向后摆。保持后侧腿完全伸直，且支撑腿的膝关节微屈的姿势。想象你的身体是一个跷跷板。这部分动作类似于单腿RDL。

| 辅助髋飞机准备动作 | 支撑腿髋外旋 | 支撑腿髋内旋 |

从准备动作开始，尽可能朝着天空旋转骨盆，这种髋关节外旋运动可使髋关节深处产生轻微的拉伸感，尽可能大幅度旋转，并保持5秒。然后再沿着反方向旋转，骨盆尽可能围绕支撑腿向下转，这种髋关节内旋运动可使支撑腿髋关节外侧肌肉产生轻微的拉伸感。再次保持这个姿势5秒，然后恢复起始姿势。一侧结束后在另一侧重复同样的动作。

推荐的组数/次数： 重复10次，每次在旋转最大幅度位置保持5秒。

拉伸练习

梨状肌拉伸

梨状肌拉伸（仰卧位）

正如本章前面所讨论的，梨状肌拉伸应用于短梨状肌综合征的患者。

对于短梨状肌综合征来说，4字形拉伸是一种比较容易进行的治疗方法。如果你患有长梨状肌综合征（与无痛侧相比，疼痛侧表现为过度内旋），进行4字形拉伸可能会加重你的症状。

平躺，双膝屈曲，把患侧腿的脚踝搭在对侧的大腿上。从这个姿势开始，抓住无痛侧的大腿并拉向胸部，直到你感觉到臀部深处有拉伸感。

当髋关节屈曲90°时，梨状肌会变成内旋肌。这就是当膝关节靠近胸部时，髋关节处于外旋位置，这个拉伸有助于拉长肌肉的原因。

你也可以在坐位拉伸梨状肌。双腿交叉，把疼痛侧腿的脚踝放在对侧的大腿上。背部挺直，胸部前倾，直到臀部深处有拉伸感。无论是仰卧位拉伸还是坐位拉伸，其效果都很不错。

推荐的组数/次数： 3组，每组拉伸30秒。

梨状肌拉伸（坐位）

鸽式拉伸

　　鸽式拉伸是梨状肌拉伸的进阶动作。找到一个较高的箱子、长凳或者床，并采用髋关节外旋姿势把疼痛侧腿放在上面。

　　小腿平放在箱子上，确保腰背部平直并向前倾斜躯干，直到臀部深处有轻微的拉伸感。你可以将躯干倾斜至最大角度（例如，朝向脚或者膝关节），最大限度拉伸臀部后侧。如果你没有可用的箱子或者长凳，也可以在地面上做这个拉伸动作。

鸽式拉伸

　　推荐的组数/次数： 3组，每组拉伸30秒。

　　完成前面的拉伸练习后，你可以重新进行髋关节内旋测试（髋关节屈曲至60°），看看是否能有效地改善关节受限问题。如果没有改善，我建议接下来进行阻力带关节松动练习。

壶铃负重重心转移

　　从单膝跪地姿势开始，前腿侧向外展远离身体。后腿髋关节处于外旋位置，脚朝向身体中线。保持身体直立姿势，将壶铃握在体前并置于髋关节下方。

　　接下来，将你的重心移向前腿，尽力将膝关节推过脚尖。在整个运动期间，保持背部处于伸展姿势。

壶铃负重重心转移

这个练习有助于拉伸两侧的髋关节。当身体重心移向前腿时，可以拉伸到后腿的屈髋肌和内收肌，所以在屈髋肌或者内收肌拉伤后早期应避免使用这种拉伸动作，以免加重疼痛。除此之外，只要两侧髋关节的拉伸感觉良好就可以继续做这个动作。

推荐的组数/次数： 2组，每组重复10次，每次拉伸5秒。

力量重建

在解决软组织和/或关节灵活性受限问题后，你需要解决力量问题。一个安全的力量重建的康复过程如下所示：

- 等长练习，减少疼痛和增强肌肉控制能力；
- 力量练习（等张收缩练习），提升肌肉/肌腱承受负荷的能力。

早期强化：等长练习

当你受伤出现疼痛时，要停止大重量的负重练习，但这并不是你处理损伤的唯一办法。休息1~2天后，你需要做一些事情来促进恢复。

损伤后初期，激进的强化练习会加重症状（尤其对于肌腱病）。因此，如果你在力量测试中感到疼痛，那么你应当先进行低强度的力量练习（也称为等长练习）。在静止状态下激活肌肉（等长收缩）是一种开启康复治疗的好方法。

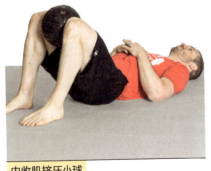

内收肌挤压小球

内收肌等长练习

仰卧位，双膝屈曲，并把一个皮球（如果在家，可以用枕头）放在双膝之间。两侧膝关节向内挤压，就像你要把球挤爆一样。当你开始练习时，使用最大努力程度的50%~75%收缩内收肌，过程中不要引发过度疼痛。保持肌肉收缩5秒，然后放松。随着练习变得更加容易，可以增加挤压的程度，或者将收缩时间增加至10~15秒。当这个练习变得更加容易时，你可以进阶至双腿伸直练习。

推荐的组数/次数： 2组，每组重复20次，每次保持5秒。

当你在进行内收肌等长收缩且不再感到疼痛时（仰卧屈膝位或者仰卧直腿位），就可以进阶至强化内侧腹股沟组织了。强化这些组织的一个好方法是哥本哈根侧平板支撑。

首先，采取侧卧姿势，并垂直于长凳或者箱子。躯干与双腿呈一条直线，就像在做侧平板支撑一样。接下来，训练的一侧腿搭在长凳上，并只用这条腿进行支撑。根据长凳的高度，下面的支撑手臂可屈曲、可伸直。

支撑腿屈膝姿势对于大多数人来说容易做到，但是只要不产生膝关节疼痛，你就可以进阶至直腿支撑姿势。与之前的等长练习一样，保持肌肉收缩10秒，然后恢复起始姿势。如果这个练习适合你，那么在练习期间或者练习之后，你不会感到疼痛。

推荐的组数/次数： 2组，每组重复10次，每次保持5~10秒。

哥本哈根侧平板支撑

屈髋肌等长练习

仰卧位，双膝屈曲90°，双脚与小腿呈90°角。在双脚上套一根弹力圈。

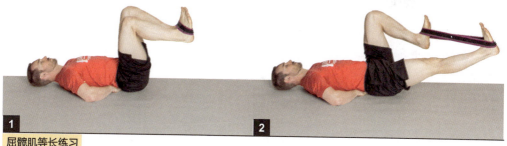

屈髋肌等长练习

收紧核心肌群，然后伸直一侧腿，另一侧腿仍处于屈曲静止状态。保持腿部伸直5秒，然后恢复起始姿势。练习时，屈髋肌需要等长收缩来防止屈曲腿移动。

弹力圈微蹲

侧向推墙

臀中肌等长练习

有两种简单的方式可进行臀中肌等长练习。第一种是弹力圈微蹲。采用与深蹲相同的站姿，把一根弹力圈套在膝关节上方并微蹲，保持这个姿势。双脚踩稳地面，双膝对抗弹力圈阻力向两侧打开，以激活外侧臀肌。保持这个姿势，直到外侧臀肌有灼热感。

在弹力圈微蹲练习中，肌肉收缩并不剧烈。实际上，研究表明在缓解疼痛方面，低强度的等长练习（大约25%的肌肉最大收缩力）要比高强度的等长练习（大约80%的肌肉最大收缩力）更加有效[57]。

推荐的组数/次数： 重复5次，每次保持10~30秒。

第二种是侧向推墙练习。侧向站在墙边，外侧脚离墙至少12英寸。将靠墙一侧大腿抬高至与小腿呈90°，并把身体靠在墙上。

用外侧腿侧向推动身体把髋关节顶在墙上。这个动作可以激活外侧腿的外侧臀肌。确保外侧腿的膝关节与脚呈一条直线，且不出现膝外翻现象。

推荐的组数/次数： 重复5次，每次保持10~30秒。

力量进阶

你要从简单的等长练习转向动态练习，以解决下肢力量和稳定性失衡问题。做下面的练习应当不会产生疼痛或者加重你的疼痛症状。如果加重了疼痛，那么我建议你去寻求医生或者物理治疗师的帮助。

臀桥

不管是哪种类型的髋关节损伤，臀桥通常都是系统的康复方案的一部分[58]。如果在进行第147页的单腿臀桥测试时你感觉臀肌收缩不足，那么这个练习会对你有所帮助。

仰卧位，双膝屈曲。收紧臀肌并抬高，尽可能用力收缩臀肌5~10秒，然后再下落。

如果你的腘绳肌开始痉挛，有两种方法可以解决。你可以让脚跟更加靠近臀部，这会缩短腘绳肌，使其主动收缩不足[59]。你也可以用力把脚趾压向地面，想象用双脚推动髋关节，这样会轻微激活股四头肌，减少腘绳肌的参与（这被称为交互抑制）。腘绳肌不再参与运动之后，剩下的可帮助髋关节伸展的唯一肌肉就是臀肌了。

双腿臀桥

推荐的组数/次数： 2组，每组重复20次，每次保持5~10秒。

为了增加练习的难度，练习时，你可以背靠一个长凳，并在髋关节上横放一根杠铃（图片未展示）。这种变式称为仰卧臀推。

仰卧臀推

推荐的组数/次数： 3组，每组重复10次，每次保持5秒。

抗阻交替收腿臀桥

抗阻交替收腿臀桥非常适合提升屈髋肌、核心肌群以及后链肌群的力量和稳定性。我建议那些正处于屈髋肌损伤康复阶段的患者（这些患者在本章前面的负荷耐受性测试中的测试结果呈阳性）练习这个动作。

仰卧，双腿伸直，脚跟放在长凳上面。将弹力圈套在双脚上。收紧核心肌群，并抬高髋关节，做出臀桥姿势，并用力收缩臀肌。接下来，将一侧腿膝关节拉向胸部，同时保持另一侧腿搭在长凳上。在整个练习过程中，保持核心稳定。两侧膝关节交替重复进行这个练习。

抗阻交替收腿臀桥

推荐的组数/次数： 2~3组，每组左右侧交替重复10次。

侧平板支撑蚌式练习

另一个你需要关注的方面是髋外侧的力量和稳定性。对于那些患有髋关节撞击综合征或者屈髋肌损伤（两种情况都与髋关节旋转力量小和协调性弱有关）的人来说，侧平板支撑蚌式练习有助于改善症状[60]。

右侧卧位，双腿屈曲，在膝关节上方套一根弹力圈。抬起臀部并保持侧平板支撑姿势，同时保持右肘和右膝始终与地面接触。

侧平板支撑蚌式练习

在保持侧平板支撑的同时，对抗弹力圈阻力外旋左腿。保持5秒，然后再恢复起始姿势。我经常提示我的患者把自己的双腿想象成蚌壳一张一合。

推荐的组数/次数： 2组，每组每侧重复10次，每次保持5秒。

动作再训练

康复过程的最后一步是通过在健身房中进行与举重类似的运动对存在协调性、平衡性和稳定性等能力不足的患者进行再训练。这是康复过程中经常被忽略的一个重要方面。

髋飞机（或倾斜式飞鸟）进阶

让我们先从辅助髋飞机（或者倾斜式飞鸟，参见第151页）的进阶动作开始。这个动作由斯图尔特·麦吉尔设计，作为臀肌的一种主动柔韧性练习，并且它也是举重人群综合性热身活动的一个重要部分[61]。为了让你的身体充分做好在训练或者比赛中举起大重量的准备，首先你必须强化控制感和平衡能力。这个练习正好能帮助你做到这一点。

但是为什么一个可以轻松完成600磅负重深蹲的人需要强化控制感和平衡能力呢？因为运动员出现的大多数损伤并不是力量不足引起的，而是其对自身力量的控制不佳引起的。这种控制感和平衡能力的不足会导致微创伤的积累，最终会发展为损伤以及出现疼痛。

我想与你们分享的不仅有髋飞机练习，还有这个练习的初始动作——超人式。为了做完整的髋飞机动作，首先你必须具有单腿平衡所需的稳定性和协调性。进行超人式练习时可以光脚，这样你可以感受脚趾抓地的感觉，使你的体重均匀地分布在整个脚面上，以便激活双脚上的小肌群。

单腿站立姿势，收紧核心肌群并锁定胸腔。双臂向身体两侧张开，躯干向前倾，同时另一侧腿向后伸直。保持后侧腿完全伸直，支撑腿膝关节微屈锁定。把你的身体想象成一个跷跷板。从肩关节到髋关节，再到膝关节和踝关节，在整个练习过程中始终保持呈一条直线。这个动作类似于单腿RDL。

在保持平衡稳定的前提下躯干尽可能向前倾斜，保持姿势10秒，然后回到单腿站立姿势。整个过程中确保用脚跟踩地，用脚趾抓地。如果动作正确，你应该能感受到支撑腿的腘绳肌和臀肌的紧张感。

超人式

推荐的组数/次数： 1~2组，每组重复10次，每次至少保持10秒。

髋飞机动作与超人式一样，只是髋飞机动作中增加了旋转。增加旋转不仅增加了保持平衡的难度，而且还要求身体在完整的关节活动范围内主动控制臀肌。麦吉尔博士把这个概念称为控制你的力量[62]。

采用单腿站立姿势，收紧核心肌群，锁定胸腔。躯干向前倾斜，保持稳定。（开始时，你的胸部不需要与地面平行。）

髋飞机

把躯干向支撑腿一侧旋转（髋内旋），然后再反向旋转躯干，远离支撑腿（髋外旋）。做这个动作时，想象肚脐向支撑腿移动，然后再将它转到侧面。每次练习进行3~5次旋转，然后再回到单腿站立姿势。练习中，你应该感受到支撑腿臀肌的刺激感。

推荐的组数/次数： 1~2组，每组重复10~20次。

我发现，髋飞机对那些患有髋关节前侧疼痛的人（尤其是髋关节撞击综合征的患者）很有帮助。当你在做旋转动作时能够很好地控制平衡和转向，那么你可以通过增加躯干倾斜幅度来增加难度。

单腿RDL（罗马尼亚硬拉）

在之前的进阶练习中能够保持一定的平衡稳定，意味着你现在具备了充分控制单腿髋关节铰链运动的能力，可以进行负重单腿RDL练习了。在支撑腿对侧的手中握一个壶铃或者哑铃，就像无负重的超人式一样做相同的动作。保证肩关节、髋关节、膝关节、踝关节在一条直线上，躯干尽可能地向前倾斜。如果动作正确，你应该感受到腘绳肌和臀肌上的张力增加。不需要在最低位保持不动，但是要确保以缓慢、可控的方式进行整个练习。

单腿RDL非常适合后链肌群（臀肌和腘绳肌）的力量重建。如果你在本章开始的测试中发现腘绳肌负荷不耐受（相比于屈膝臀桥，微直腿进行单腿臀桥时，疼痛会明显增加），可以通过此练习缓慢提升腘绳肌的力量。在练习过程中或者在第二天，你不应当感到疼痛。如果在练习期间或者在接下来的24小时内，你发现疼痛加重了，说明你使用的负荷过大，下一次练习时应减少负荷。

单腿RDL

如果你在进行单腿RDL时协调性不好且平衡性较差（例如躯干前倾速度过快，肩关节、髋关节、膝关节、踝关节不在一条直线上），那么在脚和肩膀上套一根阻力带。在整个过程中始终保持阻力带的张力，有助于提升稳定性，并且有助于你更好地围绕髋关节运动。

推荐的组数/次数： 2~3组，每组重复10~15次。

阻力带单腿RDL

RNT进阶

反应性神经肌肉训练（RNT）练习最早由物理治疗师迈克尔·沃伊特（Michael Voight）和格雷·库克（Gray Cook）提出，其目的是通过教运动员寻找运动时的感觉（本体感受）来提高运动质量[63]。

要进行这些练习，你需要用一根弹力带把身体拉入一个夸张的错误动作模式（膝关节外翻或者髋关节偏移）中。当你感知到这些错误的动作时，你的身体会本能地意识到错误，并且学习如何通过反方向对抗来纠正自己。

RNT深蹲

采取正常的深蹲站姿，并在膝关节上套一根弹力圈。在下蹲的过程中，保持膝关节与脚呈一条直线。激活外侧臀肌，从而稳定股骨和骨盆，以防止弹力圈把膝关节拉到一起。当你在对抗弹力圈阻力的过程中，确保双脚牢牢地踩在地上。

推荐的组数/次数： 2组，每组重复20次。

随着运动质量的提高和疼痛的缓解，你可以在大负重练习前把这种弹力圈深蹲作为轻重量热身的一部分。

RNT深蹲

RNT分腿蹲

采用弓步姿势（一条腿在前，另一条腿在后），后脚脚跟抬离地面。在前侧腿膝关节上套上一根弹力带，让你的朋友朝着身体中线向内拉弹力带，使你的膝关节外翻。

在分腿蹲的过程中，保持膝关节与脚呈一条直线。外侧臀肌对抗弹力带的拉力，保持膝关节处于良好、稳定的姿势。

推荐的组数/次数： 2组，每组重复20次。

同样，随着运动质量的提高和疼痛的缓解，你可以借助杠铃或者哑铃来增加挑战性。

RNT分腿蹲

触地单腿蹲

无论是哪种类型的髋关节损伤，我都建议你练习触地单腿蹲。在本书的第206~207页有这个练习的完整解释。

在髋关节外侧损伤（例如，臀中肌肌腱病或者大转子滑囊炎）的早期康复过程中，你无法进行单腿蹲练习，因为为了保持平衡，受伤一侧腿会自然地轻微内收（这意味着无法避免少量的肌腱被挤压）。正因为单腿站立时会增加压力，所以这个动作一开始被用作髋关节外侧损伤的激惹测试。如果你在单腿站立时感到髋关节外侧疼痛以及/或者在外旋测试时感到疼痛，那么在这些症状消除前暂时不要进行触地单腿蹲练习。

> **负荷考量**
>
> 在进行前面的力量练习后的24小时内，评估你的症状是出现了好转还是加重[64]。如果你的疼痛加重，那么你的纠正练习或者训练计划的负荷可能过大，需要加以调整。只要没有出现疼痛，那么你就可以重新进行常规的杠铃举重以及其他力量训练。

基于解剖学的技术考量

深蹲首先是一个动作，其次才是一项练习。当我筛查一名运动员时，我想看他光脚且脚趾朝前时的深蹲能力，以评估其动作，识别可能存在问题的部位。相比脚趾略微朝外的深蹲，双脚相对朝前的深蹲（脚趾向外偏5°~7°）要更加困难。然而，这是筛查的要点。

深蹲（双脚相对朝前）

在脚趾笔直朝前的前提下进行全幅度深蹲，你必须具备足够的踝关节和髋关节灵活性以及对骨盆/核心的控制能力，同时还需具备良好的协调性和平衡能力。向外转动脚趾可以让大多数人在挺胸的前提下完成全幅度深蹲。不过，有一些人由于异常的解剖结构而无法进行完整的深蹲，但是大多数运动员都能够实现全幅度的自重深蹲。

自重深蹲可以为其他运动动作奠定基础，例如跳跃和落地。许多膝关节损伤出现在落地时足外翻和膝外翻的时候。经常进行跳跃和变向的运动员在膝关节外翻和旋转时，前交叉韧带会撕裂。希望通过治疗，运动员可以使用良好的技术动作进行跳跃和落地，从而降低损伤概率。

如果根据前面的测试，你怀疑自己患有股骨后倾或者髋臼后倾，那么对于你的身体来说，当你进行深蹲、高翻、抓举以及硬拉时出现更大的脚趾外斜角度（大约30°）是在所难免的。这对于奥林匹克举重运动员来说也是如此，他们需要在尽可能低的位置进行抓举支撑或高翻接铃。

如果你可能患有髋臼后倾或者股骨后倾，请尝试这个测试。首先采取自重深蹲站姿，脚趾笔直朝前；然后尽可能地下蹲；接下来，脚趾稍微向外转一点，

在抓举接铃支撑时，双脚向外旋转的举重运动员

吕小军（Liu Xiaojun）抓举（©Bruce Klemens）

并做相同的下蹲动作。在脚趾朝前的深蹲中，股骨后倾的运动员通常会感到髋前侧不适和疼痛，这些感觉会限制下蹲的深度[65]。

如果你是这种情况，那么意味着你的骨骼结构会限制你在双脚笔直朝前的姿势下进行全幅度深蹲。深蹲时脚趾稍微向外转对于你的身体来说是在所难免的。即使进行再多的灵活性练习也不会带来显著的变化。

不过，这并不意味着你应该停止髋关节灵活性练习。希望你根据本章测试发现受限问题，并针对性地进行灵活性和柔韧性练习。我发现很少有运动员能够最大限度地发挥自己的灵活性。要理解：并不是每个人都有教科书式的骨骼结构；遵循一个不适合身体结构的深蹲动作技术，后果不堪设想。如果你在举重时髋关节有强烈的阻碍感或者挤压性疼痛，纠正练习无法缓解这种感觉和疼痛，并且解剖筛查显示你有潜在的股骨后倾，那么你需要换一种方式运动。

不要仅仅因为你没有标准的解剖结构就收起你的举重鞋，并彻底放弃训练。你只需要根据你的身体结构进行动作技术调整和灵活性练习，在保持无痛的情况下发挥你的潜力。如果采取了这些干预措施并进行了前面的练习，但是你的疼痛仍然持续存在或者有所加重，那么我建议你去看医生或者其他康复专家，例如物理治疗师。

参考文献

[1] M. Maruyama, J.R. Feinberg, W.N. Capello, and J.A. D'Antonio, "The Frank Stinchfield award: morphologic features of the acetabulum and femur: anteversion angle and implant positioning," *Clinical Orthopaedics and Related Research* 393(2001): 52-65.

[2] D. Reynolds, J. Lucas, and K. Klaue, "Retroversion of the acetabulum: a cause of hip pain," *Journal of Bone & Joint Surgery, British Volume* 81, no.2(1999): 281-8.

[3] R.T. Loder and E.N. Skopelja, "The epidemiology and demographics of hip dysplasia," *ISRN Orthopedics*(2011): 238607.

[4] Loder and Skopelja, "The epidemiology and demographics of hip dysplasia" (see note 3 above).

[5] M.T. Cibulka, "Determination and significance of femoral neck anteversion," *Physical Therapy* 84, no.6(2004): 550-8.

[6] R.H. Gelberman, M.S. Cohen, S.S. Desai, P.P. Griffin, P.B. Salamon, and T.M. O'Brien, "Femoral anteversion: a clinical assessment of idiopathic intoeing gait in children," *Journal of Bone & Joint Surgery*, British Volume 69, no.1(1987): 75-9.

[7] P.A. Ruwe, J.R. Gage, M.B. Ozonoff, and P.A. DeLuca, "Clinical determination of femoral anteversion: a comparison with established techniques," *Journal of Bone & Joint Surgery* 74, no.6(1992): 820-30.

[8] A. Weir, P. Brunker, E. Delahunt, J. Ekstrand, D. Griffin, K.M. Khan, G. Lovell, et al., "Doha agreement meeting on terminology and definitions in groin pain in athletes," *British Journal of Sports Medicine* 49, no.12(2015): 768-74.

[9] T.F. Tyler, H.J. Silvers, M.B. Gerhardt, and S.J. Nicholas, "Groin injuries in sports medicine," *Sports Health* 2, no.3(2010): 231-6.

[10] A.D. Vigotsky and M.A. Bryanton, "Relative muscle contributions to net joint movements in the barbell back squat," 40th Annual Meeting of the American Society of Biomechanics, Raleigh, NC, August 2-5, 2016; M.L. Benn, T. Pizzari, L. Rath, K. Tucker, and A.I. Semciw, "Adductor magnus: an EMG investigation into proximal and distal portions and direction specific action," *Clinical Anatomy* 31, no.4(2018): 535-43.

[11] P. Renstrom and L. Peterson, "Groin injuries in athletes," *British Journal of Sports Medicine* 14, no.1(1980): 30-6.

[12] Renstrom and Peterson, "Groin injuries in athletes" (see note 11 above).

[13] T.F. Tyler, T. Fukunaga, and J. Gellert, "Rehabilitation of soft tissue injuries of the hip and pelvis: invited clinical commentary," *International Journal of Sports Physical Therapy* 9, no.6(2014): 785-97.

[14] A.A. Ellsworth, M.P. Zoland, and T.F. Tyler, "Athletic pubalgia and associated rehabilitation: invited clinical commentary," *International Journal of Sports Physical Therapy* 9, no.6(2014): 774-84.

[15] C.A. Unverzagt, T. Schuemann, and J. Mathisen, "Differential diagnosis of a sports hernia in a high-school athlete," *Journal of Orthopaedic & Sports Physical Therapy* 38, no.2(2008): 63-70.

[16] Ellsworth, Zoland, and Tyler, "Athletic pubalgia and associated rehabilitation" (see note 14 above).

[17] Weir et al., "Doha agreement meeting on terminology and definitions in groin pain in athletes" (see note 8 above).

[18] A.F. Kachingwe and S. Grech, "Proposed algorithm for the management of athletes with athletic pubalgia(sports hernia): a case series," *Journal of Orthopaedic & Sports Physical Therapy* 38, no.12(2008): 768-81.

[19] A. Grimaldi and A. Rearon, "Gluteal tendinopathy: integrating pathomechanics and clinical features in its management," *Journal of Orthopaedic & Sports Physical Therapy* 45, no.11(2015): 910-22.

[20] Grimaldi and Rearon, "Gluteal tendinopathy" (see note 19 above); G. Collee, B.A.C. Dijkmans, J.P. Vandenbroucke, and A. Cats, "Greater trochanteric pain syndrome(trochanteric bursitis) in low back pain," *Scandinavian Journal of Rheumatology* 20, no.4(1991): 262-6; P.J. Tortolani, J.J. Carbone, and L.G. Quartararo, "Greater trochanteric pain syndrome in patients referred to orthopedic spine specialists," *Spine*

Journal 2, no.4(2002): 251-4; N. A. Segal, D.T. Felson, J.C. Torner, Y. Zhu, J.R. Crutis, J. Niu, M.C. Nevitt, et al., "Greater trochanteric pain syndrome: epidemiology and associated factors," *Archives of Physical Medicine and Rehabilitation* 88, no.8(2007): 988-92.

[21]   P.A. Bird, S.P. Oakley, R. Shnier, and B.W. Kirkham, "Prospective evaluation of magnetic resonance imaging and physical examination findings in patients with greater trochanteric pain syndrome," *Arthritis & Rheumatology* 44, no.9(2001): 2138-45.

[22]   A.S. Klauser, C. Martinoli, A. Tagliafico, R. Bellmann-Weiler, G.M. Feuchtner, M. Wick, and W.R. Jaschke, "Greater trochanteric pain syndrome," *Seminars in Musculoskeletal Radiology* 17, no.1(2013): 43-8.

[23]   Grimaldi and Rearon, "Gluteal tendinopathy" (see note 19 above); Klauser et al., "Greater trochanteric pain syndrome" (see note 22 above).

[24]   B.S. Williams and S.P. Cohen, "Greater trochanteric pain syndrome: a review of anatomy, diagnosis and treatment," *Anesthesia & Analgesia* 108, no.5(2009): 1662-70.

[25]   G. Gottschalk, S. Kourosh, and B. Leveau, "The functional anatomy of the tensor fasciae latae and gluteus medius and minimus," *Journal of Anatomy* 166(1989): 179-89.

[26]   Gottschalk, Kourosh, and Leveau, "The functional anatomy of the tensor fasciae latae and gluteus medius and minimus" (see note 25 above).

[27]   Gottschalk, Kourosh, and Leveau, "The functional anatomy of the tensor fasciae latae and gluteus medius and minimus" (see note 25 above).

[28]   Grimaldi and Rearon, "Gluteal tendinopathy" (see note 19 above).

[29]   Grimaldi and Rearon, "Gluteal tendinopathy" (see note 19 above); N.K. Viradia, A.A. Berger, and L.E. Dahners, "Relationship between width of greater trochanters and width of iliac wings in trochanteric bursitis," *American Journal of Orthopedics* 40, no.9(2011): E159-62; D. Woyski, A. Olinger, and B. Wright, "Smaller insertion area and inefficient mechanics of the gluteus medius in females," *Surgical and Radiologic Anatomy* 35, no.8(2013): 713-9.

[30]   Grimaldi and Rearon, "Gluteal tendinopathy" (see note 19 above).

[31]   D. Hertling and M. K. Randolph, *Management of Common Musculoskeletal Disorders: Physical Therapy Principles and Methods*(Philadelphia: J.B. Lippincott, 1996).

[32]   D.J. Magee, *Orthopedic Physical Assessment*(Philadelphia: Saunders, 2002).

[33]   F.P. Kendall, E.K. McCreary, and P.G. Provance, *Muscles: Testing and Function*, 4th Edition(Baltimore: Williams & Wilkins, 1993); S.A. Sahrmann, *Diagnosis and Treatment of Movement Impairment Syndromes*(St. Louis: Mosby, 2002).

[34]   C.M. Hall and L.T. Brody, *Therapeutic Exercise: Moving Toward Function*, 2nd Edition(Philadelphia: Lippincott Williams & Wilkins, 2005).

[35]   J.L. Cook and C. Purdam, "Is compressive load a factor in the development of tendinopathy?" *British Journal of Sports Medicine* 46, no.3(2012): 163-8.

[36]   T.S. Goom, P. Malliaras, M.P. Reiman, and C.R. Purdam, "Proximal hamstring tendinopathy: clinical aspects of assessment and management," *Journal of Orthopaedic & Sports Physical Therapy* 46, no.6(2016): 483-93; L. Lempainen, K. Johansson, I.J. Banke, J. Ranne, K. Makela, J. Sarimo, P. Niemi, and S. Orava, "Expert opinion: diagnosis and treatment of proximal hamstring tendinopathy," *Muscles, Ligaments and Tendons Journal* 5, no.1(2015): 23-8.

[37]   M. Prior, M. Guerin, and K. Grimmer, "An evidence-based approach to hamstring strain injury: a systematic review of the literature," *Athletic Training* 1, no.2(2009): 154-64.

[38]   Maruyama, Feinberg, Capello, and D' Antonio, "The Frank Stinchfield award" (see note 1 above).

[39]   A. Arnason, S.B. Sigurdsson, A. Gudmundsson, I. Holme, L. Engebretsen, and R. Bahr, "Risk factors for injuries in football," *American Journal of Sports Medicine* 32, 1 Suppl(2004): 5S-16S; K. Bennell, H. Wajswelner, P. Lew, A. Schall-Riaucour, S. Leslie, D. Plant, and J. Cirone, "Isokinetic strength testing does not predict hamstring injury in Australian Rules footballers," *British Journal of Sports Medicine* 32, no.4(1998):

309–14; B. J. Gabbe, K.L. Bennell, C.F. Finch, H. Wajswelner, and J.W. Orchard, "Predictors of hamstring injury at the elite level of Australian football," *Scandinavian Journal of Medicine & Science in Sports* 16, no.1(2006): 7–13; M. Hagglund, M. Walden, and J. Ekstrand, "Previous injury as a risk factor for injury in elite football: a prospective study over 2 consecutive seasons," *British Journal of Sports Medicine* 40, no.9(2006): 767–72.

[40]   E. Cressey, "5 reasons you have tight hamstrings," June 12, 2012.

[41]   G. Verrall, J. Slavatinek, P. Barnes, G. Fon, and A. Spriggins, "Clinical risk factors for hamstring muscle strain injury: a prospective study with correlation of injury by magnetic resonance imaging," *British Journal of Sports Medicine* 35, no.6(2001): 435–40.

[42]   Prior, Guerin, and Grimmer, "An evidence-based approach to hamstring strain injury" (see note 37 above); Bennell et al., "Isokinetic strength testing does not predict hamstring injury in Australian Rules footballers" (see note 39 above); J. Orchard, J. Marsden, S. Lord, and D. Garlick, "Preseason hamstring muscle weakness associated with hamstring muscle injury in Australian footballers," *American Journal of Sports Medicine* 25, no.1(1997): 81–5; T. Yamamoto, "Relationship between hamstring strains and leg muscle strength," *Journal of Sports Medicine and Physical Fitness* 33, no.2(1993): 194–9.

[43]   Prior, Guerin, and Grimmer, "An evidence-based approach to hamstring strain injury" (see note 37 above).

[44]   B.J. Gabbe, K.L. Bennell, C.F. Finch, H. Wajswelner, and J.W. Orchard, "Predictors of hamstring injury at the elite level of Australian football," *Scandinavian Journal of Medicine & Science in Sports* 16, no.1(2006): 7–13; B.J. Gabbe, K.L. Bennell, and C.F. Finch, "Why are older Australian football players at greater risk of hamstring injury?" *Journal of Science and Medicine in Sport* 9, no.4(2006): 327–33.

[45]   C. Woods, R. D. Hawkins, S. Maltby, M. Hulse, and A. Thomas, "The Football Association Medical Research Programme: an audit of injuries in professional football—analysis of hamstring injuries," *British Journal of Sports Medicine* 38, no.1(2004): 36–41.

[46]   Prior, Guerin, and Grimmer, "An evidence-based approach to hamstring strain injury" (see note 37 above).

[47]   S. Sahrmann, D. C. Azevedo, and L. Van Dillen, "Diagnosis and treatment of movement system impairment syndromes," *Brazilian Journal of Physical Therapy* 21, no.6(2017): 391–9.

[48]   M. Lequesne, P. Mathieu, V. Vuillemin-Bodaghi, H. Bard, and P. Djian, "Gluteal tendinopathy in refractory greater trochanter pain syndrome: diagnostic value of two clinical tests," *Arthritis & Rheumatism* 59, no.2(2008): 241–6.

[49]   M. Tijssen, R. van Cingel, L. Willemsen, and E. de Visser, "Diagnostics of femoroacetabular impingement and labral pathology of the hip: a systematic review of the accuracy and validity of physical tests," *Arthroscopy* 28, no.6(2012): 860–71.

[50]   J.J. Bagwell, L. Bauer, M. Gradoz, and T.L. Grindstaff, "The reliability of FABER test hip range of motion measurements," *International Journal of Sports Physical Therapy* 11, no.7(2016): 1101–5.

[51]   D. Harvey, "Assessment of the flexibility of elite athletes using the modified Thomas test," *British Journal of Sports Medicine* 32, no.1(1998): 68–70.

[52]   T.F. Tyler, S.J. Nicholas, R.J. Campbell, S. Donellan, and M.P. McHugh, "The effectiveness of a preseason exercise program to prevent adductor muscle strains in professional ice hockey players," *American Journal of Sports Medicine* 30, no.5(2002): 680–3; T.F. Tyler, S.J. Nicholas, R.J. Campbell, and M.P. McHugh, "The association of hip strength and flexibility with the incidence of adductor muscle strains in professional ice hockey players," *American Journal of Sports Medicine* 29, no.2(2001): 124–8.

[53]   M. Lequesne, P. Mathieu, V. Vuillemin-Bodaghi, H. Bard, and P. Djian, "Gluteal tendinopathy in refractory greater trochanter pain syndrome: diagnostic value of two clinical tests," *Arthritis & Rheumatism* 59, no.2(2008): 241–6.

[54]   Goom, Malliaras, Reiman, and Purdam, "Proximal hamstring tendinopathy" (see note 36 above).

[55]   J. Paolini, "Review of myofascial release as an effective massage therapy technique," *Athletic Therapy Today* 14, no.5(2009): 30–4.

[56] M.P. Reiman and J.W. Matheson, "Restricted hip mobility: clinical suggestions for self-mobilization and muscle re-education," *International Journal of Sports Physical Therapy* 8, no.5(2013): 729-40.

[57] M.K. Hoeger Bement, J. Dicapo, R. Rasiarmos, and S.K. Hunter, "Dose response of isometric contractions on pain perception in healthy adults," *Medicine & Science in Sports & Exercise* 40, no.11(2008): 1880-9.

[58] J.C. Tonley, S.M. Yun, R.J. Kochevar, J.A. Dye, S. Farrokhi, and C.M. Powers, "Treatment of an individual with piriformis syndrome focusing on hip muscle strengthening and movement reeducation: a case report," *Journal of Orthopaedic & Sports Physical Therapy* 40, no.2(2010): 103-11.

[59] M. Olfat, J. Perry, and H. Hislop, "Relationship between wire EMG activity, muscle length, and torque of the hamstrings," *Clinical Biomechanics* 17, no.8(2002): 569-79.

[60] C.A. Johnston, D.M. Lindsay, and J.P. Wiley, "Treatment of iliopsoas syndrome with a hip rotation strengthening program: a retrospective case series," *Journal of Orthopaedic & Sports Physical Therapy* 29, no.4(1999): 218-24; N.C. Casartelli, N.A. Maffiuletti, J.F. Item-Glatthorn, S. Staehli, M. Bizzini, F.M. Impellizzeri, and M. Leunig, "Hip muscle weakness in patients with symptomatic femoroacetabular impingement," *Osteoarthritis Cartilage* 19, no.7(2008): 816-21.

[61] S. McGill, *Ultimate Back Fitness and Performance*, 6th Edition(Waterloo, Canada: Backfitpro Inc., 2014); C. Liebenson, "Training the hip: a progressive approach," *Journal of Bodywork and Movement Therapies* 17, no.2(2013): 266-8.

[62] McGill, *Ultimate Back Fitness and Performance*(see note 61 above).

[63] G. Cook, L. Burton, and K. Fields, "Reactive neuromuscular training for the anterior cruciate ligament-deficient knee: a case report," *Journal of Athletic Training* 34, no.2(1999): 194-201.

[64] Loder and Skopelja, "The epidemiology and demographics of hip dysplasia" (see note 3 above).

[65] Sahrmann, *Diagnosis and Treatment of Movement Impairment Syndromes*(see note 33 above).

第 3 章

膝关节疼痛

在人体所有的关节中，膝关节是损伤频率最高的关节之一[1]。简单来说，膝关节损伤类型可分为两类：创伤性损伤和非创伤性损伤。

正如你想的那样，创伤性损伤常出现在球类运动中。例如，在打篮球起跳后落地时膝关节过度向内移动，很容易导致前交叉韧带撕裂，出现创伤性损伤。创伤性损伤的后果很严重，通常会导致篮球、橄榄球和足球等运动项目的运动员赛季提前结束。

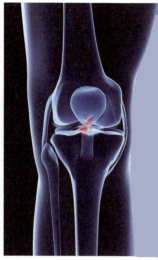

然而，极少会有人在杠铃训练时出现创伤性损伤。这并不是说创伤性损伤不会发生，而是在举重训练或者在举重/力量举比赛中不太普遍而已[2]。

研究表明，与杠铃训练相关的膝关节疼痛通常是过度使用膝关节导致的[3]。这些非创伤性损伤很难完全恢复，并会随着时间的推移使膝关节疼痛问题变得更严重，最终，这类损伤可能会影响你的训练和生活质量。

在跟踪调查一组精英奥运举重运动员6年之后，研究人员格雷格·卡尔霍恩（Gregg Calhoon）和安德鲁·弗莱（Andrew Fry）发现，51%的运动员患有慢性膝关节疼痛（持续数周），而在95%的时间内，他们没有停止训练超过一天[4]。这说明运动员在有非创伤性损伤且膝关节疼痛的情况下训练的现象比较普遍。

大多数运动员开始感到疼痛时并不会寻求帮助，直到他们的举重训练受到影响才会寻求专业人士的帮助。

膝关节损伤解剖学基础

如果你去找保健医生或者骨科专家进行诊断，你可能会得到一份基于解剖学的诊断结果。膝关节周围存在许多解剖学上的疼痛源，以下病征是常见的。

- 髌股关节疼痛综合征。
- 髂胫束综合征。
- 髌腱/股四头肌肌腱病。

髌股关节疼痛综合征（PFPS）

如果你的膝盖骨（髌骨）周围感到疼痛，你可能被诊断为患有髌股关节疼痛综合征。遗憾的是，PFPS是一个术语，它不会揭露出疼痛程度或者疼痛为什么出现在髌骨上。使用这样一个模棱两可的术语只会引起困惑。幸运的是，在解决疼痛问题时，你不需要百分之百确定是哪个特定的解剖结构出了问题。

让我们简单讨论一下膝关节的力学结构。在移动膝关节的过程中，髌骨会在股骨上的一个小凹槽内运动，这个小凹槽称为髌骨沟。在深蹲过程中，这种骨性连接会承受巨大的压力。幸运的是，人体独特的结构适合这样的运动。如果你仔细观察膝关节，你会发现，髌骨和股骨上内衬着厚厚的软骨。这种致密的组织层会分散负荷，并保持关节处于健康状态。

髌骨沟内的髌骨

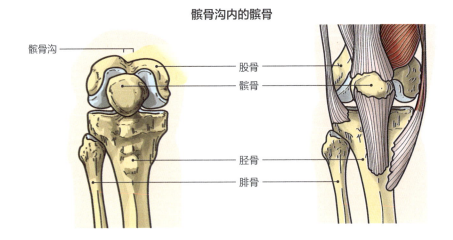

髌骨沟　股骨　髌骨　胫骨　腓骨

在膝关节屈曲和伸展过程中，围绕关节的组织（肌肉、筋膜、韧带以及支持带）会把髌骨保持在一个稳定的位置。如果你在深蹲或者在深蹲位置抓举支撑杠铃时，保持膝关节与双脚对齐，那么负荷会均匀分布在髌股关节上。然而，如果膝关节偏离了理想的对齐方式，并开始左右摇晃，那么最终就会出现问题。

力量型运动员出现髌骨周围疼痛常见的原因是缺乏控制膝关节旋转的能力（举重时表现出较差的膝关节稳定性）。如果在深蹲、高翻接铃或者在硬拉过程中，你的膝关节出现左右摇晃，那么髌骨会偏离中心轴线[5]。这种摇晃不仅会在髌骨下方的骨骼上产生不均匀的压力，还会对髌骨周围的组织施加过度的张力。

膝关节向内移动的蹲举［维多利亚·富奇（Victoria Futch）（©Bruce Klemens）］

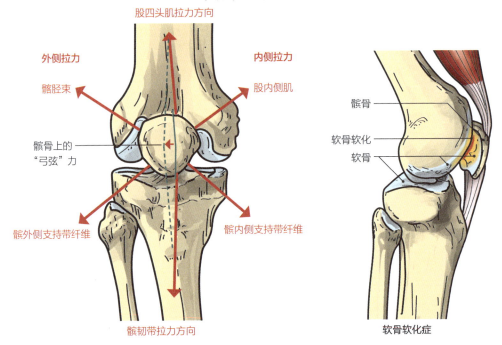

拉力不均匀的髌骨

股四头肌拉力方向

外侧拉力　　　　　　　内侧拉力

髂胫束　　　　　　　　股内侧肌

髌骨上的
"弓弦"力

髌外侧支持带纤维　　　髌内侧支持带纤维

髌韧带拉力方向

髌骨

软骨软化

软骨

软骨软化症

　　如果使关节偏离轴线的拉力经常出现，并且力量足够大，那么可能就会出现问题。这种不均匀的关节轨迹还会使膝关节产生"嘎嘎"的摩擦响声。如果不及时干预治疗，髌骨与股骨之间的摩擦会导致骨骼下方的平滑软骨出现磨损，这种损伤称为髌骨软化症。

髂胫束综合征（ITBS）

　　髂胫束是一层较厚的筋膜（致密结缔组织），从髋关节上方一直延伸到膝关节外侧。它包绕着阔筋膜张肌，并且与臀大肌、腘绳肌外侧以及股四头肌外侧相连接。阔筋膜张肌和髂胫束协同工作使下肢运动，其中包括股骨的内旋和外展。

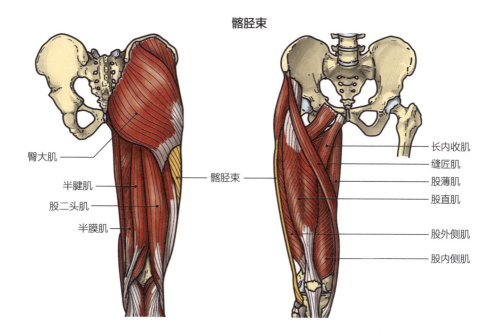

髂胫束

臀大肌

半腱肌

股二头肌

半膜肌

髂胫束

长内收肌

缝匠肌

股薄肌

股直肌

股外侧肌

股内侧肌

髂胫束综合征通常是在膝关节外侧出现疼痛时诊断的，疼痛位置一般在股骨外侧髁处。症状通常会随着时间的推移而加重，并且与特定的事件或创伤没有联系。虽然疼痛开始的时候不太剧烈，但是它会发展为刺痛，刺痛位置可以被精确定位于膝关节外侧面的特定区域，即髂胫束在此处的附着点。

以前，髂胫束综合征通常被认为是过度使用髂胫束导致的损伤，常见于跑步者，跑的时间越长，疼痛就会越严重。调查显示，在所有与跑步相关的损伤中，髂胫束综合征的发生率高达 12%[6]。然而，它也会出现在进行举重训练的人身上。引发髂胫束综合征的确切原因还存在争议，一些人归咎于过度的摩擦，另一些人则认为是挤压问题。

最初认为，当髂胫束过度紧张时，随着膝关节屈曲和伸展，髂胫束会在股骨外侧髁上反复移动[7]。这种移动会导致髂胫束下方出现摩擦，最终产生炎症和疼痛。

然而，近期的研究表明，髂胫束通过坚韧的纤维组织牢牢地附着在股骨远端，防止它在股骨外侧髁上移动。实际上，当膝关节屈曲和伸展时，许多人观察到的移动并不是真正意义上的运动，相反，它是髂胫束张力的变化。当膝关节屈曲时，张力会从髂胫束的前侧纤维转移到后侧纤维上。

出于这个原因，现在大多数专家认为，髂胫束综合征并不是髂胫束下方的摩擦导致的，而是一层高度受神经支配的脂肪（含有大量神经末梢的脂肪）受到挤压导致的[8]。因此，导致膝关节外侧疼痛的不是髂胫束本身，而是下方的组织。在医学上，这被归类为肌腱末端病。

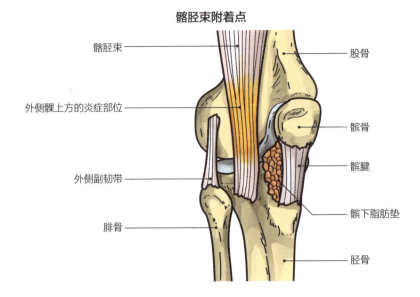

髂胫束附着点

髂胫束 —

外侧髁上方的炎症部位 —

外侧副韧带 —

腓骨 —

— 股骨

— 髌骨

— 髌腱

— 髌下脂肪垫

— 胫骨

现在，你了解了挤压才是髂胫束疼痛的主要解剖学原因。这种挤压是如何开始的？这一切都取决于你的运动方式。就像髌股关节疼痛综合征一样，研究认为，膝关节旋转的问题与髂胫束综合征具有相关性。实际上，研究表明，相比于没有疼痛的运动员，髂胫束疼痛的运动员在单腿屈膝落地时表现出了更多的膝关节向内移动（膝外翻）[9]。

单腿站立

单腿站立（膝外翻）

髌腱／股四头肌肌腱病

当涉及髌骨和股四头肌肌腱疼痛时，情况会更复杂些。我们先讨论一些解剖学知识吧。

肌腱本质上是连接骨骼和肌肉的一种致密结缔组织。髌腱从髌骨向下延伸至胫骨粗隆（胫骨上的骨突部分）。髌骨上方是连接着股四头肌的肌腱。髌腱和股四头肌肌腱共同作用，就像一根弹簧一样，不断吸收和释放跳跃等运动产生的能量。

髌腱和股四头肌肌腱

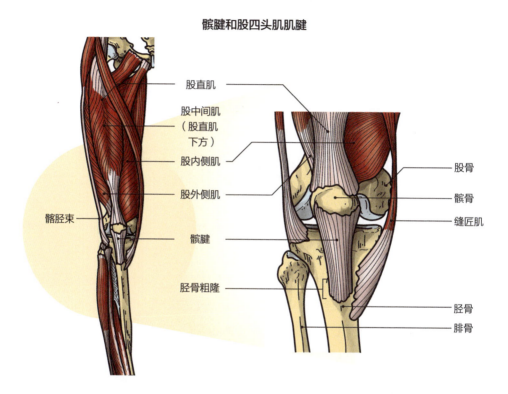

每天，你的身体组织——肌肉、肌腱甚至是骨骼——都处于不断变化的状态。每当你向身体施加压力时（例如锻炼的时候），组织都会分解后再生。随着时间的推移，你的力量也会在这种自然的补充过程中不断增强。

对于肌腱而言，这个过程很大程度上与肌腱细胞有关。肌腱细胞会对施加在肌腱上的力和负荷做出反应，并相应地调整组织的细胞结构（称为细胞外基质）。身体通过适应反应使肌腱达到力量临界值（即负荷耐受水平），这一过程受若干因素影响，例如训练强度、服用的药物以及是否患有糖尿病等。

施加在肌腱上并且未严重超过该临界值的训练负荷会在肌腱中引发细胞反应，如果恢复充足，这种反应会在2~3天内消失。这种反应可以通过超声波成像观察到[10]。但是，如果施加在肌腱上的负荷过大，或者运动员在训练后无法得到充分的恢复，这种平衡就会被打破，并且这个过程会由适应性变为病理性。

年轻运动员（30岁以下）在参与需要爆发性和多次重复的膝关节运动时，其股四头肌肌腱或者髌腱处容易出现损伤。相比于较慢的动作（例如深蹲），使用膝关节肌腱作为弹簧的运动（例如跳跃）会在肌腱上施加更多负荷。这就是为什么在篮球和排球这类涉及大量跳跃的体育运动中这类损伤的发生率如此高。

有趣的是，长跑运动员通常不会被诊断出髌腱病，因为肌腱上的负荷没有大到足以产生疼痛。相比之下，跳跃（双腿和单腿）会在髌腱上施加大量的压力[11]。

在膝关节的这两条肌腱中，髌腱出现损伤的情况更加普遍。然而，髌腱和股四头肌肌腱疼痛在举重和Crossfit等运动中出现的频率都比较高。因为在抓举和高翻这类爆发式的运动以及在像跳箱这样的自重运动中，这两条肌腱受到反复持续的高强度刺激。

在传统医学上，肌腱损伤被分为两类：肌腱炎和肌腱退化[12]。肌腱炎指的是由炎症引起的急性损伤。肌腱退化通常意味着肌腱产生了退行性病变和弱化。当提及近期出现的损伤时，医生通常会使用肌腱炎这个词，而当提及慢性的肌腱损伤时，他们通常会采用肌腱退化这个词。

然而，近期的研究对这种理念提出了挑战，认为伴随着肌腱疼痛的炎症是损伤和疼痛的主要原因[13]。此外，肌腱损伤领域的研究人员现在认为，肌腱炎和肌腱退化并不是互相排斥的，而是同一个损伤过程的不同部分。因此，当我们谈论肌腱损伤时，尽量使用肌腱病，而不要使用肌腱炎或者肌腱退化。

理解肌腱的损伤方式，实用的方法是使用专家吉尔·库克（Jill Cook）提出的肌腱病理连续体模型[14]。这个模型描述了3个相互衔接的损伤阶段。

1. 反应性肌腱病。

2. 肌腱损伤。

3. 退行性肌腱病。

从一个阶段向下一个阶段递进时，意味着恢复到之前的健康状态的能力下降。

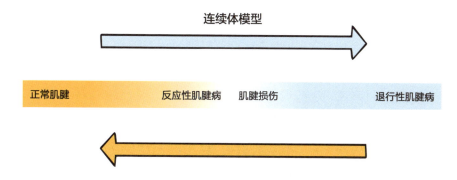

当承受超负荷时，肌腱细胞会出现短期的过度反应。具体而言，被称为蛋白聚糖的蛋白质小分子会渗入细胞外基质中，导致肌腱肿胀和疼痛。这种肿胀不是由炎症引起的——这是只进行冰敷和休息无法解决这种损伤的原因[15]。

有人认为举起的重量不超过某个量或者不要过于频繁地举重就能预防损伤，如果真这样简单，那么精英举重运动员是如何能够在不出现疼痛的情况下，每周多次参加一天两节的举重训练课，而初级运动员只是训练几周之后就可能出现这种损伤呢？这取决于个体及其肌腱的相对负荷承载能力。

人体对施加于自身的压力有很强的适应能力。根据压力的种类和大小，肌腱细胞会做出积极或者消极的反应。为了适应可以接受的训练负荷，肌腱可以通过提高刚度来变得更加强壮[16]。每天进行爆发性、大重量杠铃训练却只有少量休息时间的精英运动员可以这样做，这是因为多年以来其刻意训练自己的肌腱，使肌腱可以承受高负荷的压力。通过适当的训练计划使肌腱承受高强度的压力，精英运动员能够提高其肌腱的负荷耐受水平。

如果受训程度相对不高的运动员进行与精英运动员相同的高强度训练，他们可能会进入损伤的反应性阶段——意外的超负荷导致细胞出现的短期过度反应。这个情况常出现在运动员进行极其困难的训练或者从一周3天的训练计划突然变为每天进行举重训练的时候。

如果一名能够日复一日承受大量负荷的运动员在较长时间内（例如，两周或者两周以上）停止训练，然后突然回到相对正常的训练周期中（"相对正常"指的是他们过去习惯的训练强度），就会使肌腱承受大量的压力。这是因为在长时间的停训后，其肌腱处于一定程度的停训状态，从而导致肌腱组织的负荷承受能力降低。

没有固定的重量或者重复数可以触发这种损伤反应，这主要取决于是否超过了个人肌腱的负荷耐受水平。基本上，突然施加在肌腱上的负荷会引发反应，肌腱随之变厚并试图适应压力[17]。但此时运动员的肌腱周围可能会出现疼痛，并出现少量的肿胀。

令人高兴的是，如果处理得当，这个过程是可逆的。研究人员认为，如果最初的训练负荷显著降低，并且采取适当的康复措施，那么反应性肌腱有可能在几周的时间内恢复到健康状态[18]。然而，如果训练负荷超过反应阶段的临界点，肌腱将会进入肌腱损伤阶段，不断地增厚并试图愈合。实际上，研究人员发现，作为一种保护性反应，这种夸张的修复过程会导致髌腱的厚度增加一倍（4~8毫米）[19]。由于持续超负荷，越来越多的蛋白聚糖会涌入细胞外基质中，吸收水分，最终破坏组成肌腱的支撑结构（胶原蛋白）。同时，我们观察到肌腱内部长出新的血管和神经，这可能是产生疼痛的一个原因[20]。

如果此时未采取适当的措施来解决损伤，那么胶原蛋白进一步分解，并随着损伤进入退行性阶段，最终相继消亡。遗憾的是，很难区分肌腱是否处于肌腱损伤阶段。糟糕的是，你甚至可能都不知道肌腱损伤已经进入了第三阶段，因为肌腱退化的部分不会引起疼痛。

那么，我们如何确定肌腱损伤处于哪个阶段呢？

研究人员发现，肌腱疼痛主要是反应性阶段的症状。因此，如果你目前出现髌腱或者股四头肌肌腱疼痛，你可以采用一种简单的两阶段模型来描述损伤，即反应性或者劳损/退行性肌腱病[21]。

假设这是你第一次感受到髌腱疼痛。在一堂大负荷训练课后的第二天，你感到肌腱疼得很厉害，以致你不得不一瘸一拐地走路。由于这是一次急性肌腱疼痛发作，所以你可能在经历损伤的第一阶段，即反应性肌腱病。

假设这不是你第一次感受到髌腱疼痛。你去年就出现过，并且在几个月前又出现过一次，休息几周后疼痛最终消失了，但是它会不断地复发。由于这些症状的长期性、反复性，你可能在经历损伤的第二阶段，即劳损/退行性肌腱病。

正常、反应性以及劳损/退行性

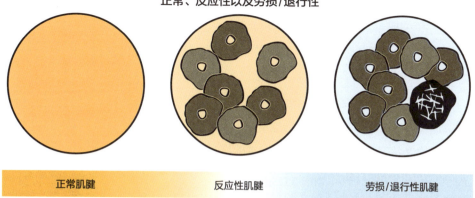

| 正常肌腱 | 反应性肌腱 | 劳损/退行性肌腱 |

当肌腱持续遭受超负荷刺激时，就会开始退化。如果你深入地观察肌腱，你会在健康的肌腱中注意到由退化的胶原蛋白组织构成的"小岛"。这些退化的组织无法承受负荷。正如库克所说的那样，它们通常会失去抗拉强度和弹性，最终处于力学失调状态[22]。

可以把退化的髌腱或股四头肌肌腱构成的小岛想象成甜甜圈上的小洞。这些小洞被健康的组织包围。研究表明，为了恢复丢失的力量，身体实际上会做出适应，并在退化组织周围长出更多健康的肌腱[23]。

具有退化组织的正常肌腱

正常肌腱

退化组织

如前所述，肌腱上的这些小洞并不会产生疼痛[24]。直到周围健康的组织处于超负荷状态进入反应性阶段，退化的肌腱才会出现疼痛。这就是有些人的肌腱可能出现了退行性变化，但是没有疼痛症状的原因[25]。

区分反应性肌腱疼痛和劳损/退行性肌腱疼痛需考虑以下因素（除了症状史）：疼痛强度、损伤机制以及恢复所需的时间。例如，反应性肌腱痛感非常强，并且肿胀严重；它是高强度的超负荷引起的，如一堂大负荷的训练课，其中包含跳箱等快速伸缩负荷练习。

另外，劳损/退行性肌腱是强度不大的超负荷活动引起的，通常不会伴随那么多的肿胀。通过适当的休息，劳损/退行性肌腱病引起的疼痛就可以得到缓解，而反应性肌腱病引起的疼痛可能需要4~8周的时间才能缓解[26]。了解你的损伤所在的阶段将极大地影响你处理损伤的方式。

患有髌腱病的人通常会感受到在髌骨和髌腱连接的位置（髌骨下方）有压痛感，在髌腱连接到胫骨的位置（胫骨前方的一个小隆起，称为胫骨粗隆）可能也会感到疼痛[27]。你通常不会在髌腱中心位置感到疼痛，除非你的膝关节受到直接撞击（例如膝关节撞到桌角）。患有股四头肌肌腱病的人通常会感受到在髌骨和股四头肌肌腱连接的位置（髌骨上方）有疼痛或压痛感。

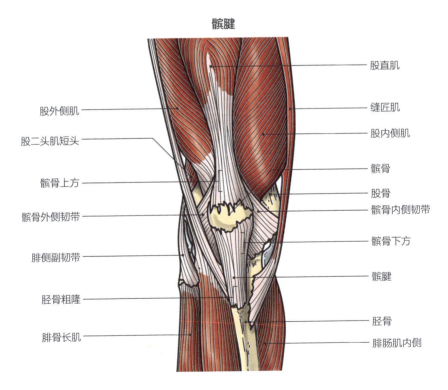

大多数人反馈在剧烈运动后会感到膝关节前侧隐隐作痛。随着膝关节的负荷逐渐增加，出现损伤的人的疼痛会逐渐加重（例如，多次重复的抱膝跳带来的疼痛感要大于缓

慢的自重深蹲），这称为与负荷相关的疼痛。

在下蹲至最低位置时，膝关节会向前移动超过脚趾，此时髌腱和股四头肌肌腱也会承受更多的负荷。因此，患有任何一种肌腱损伤的人在负重深蹲时都可能会出现疼痛，尤其是蹲至非常低的位置时。

损伤机制

最初找到的疼痛原因只是你从医生那里得到的一些基于解剖学的诊断结果，包括骨骼挫伤、半月板撕裂、脂肪垫刺激以及滑膜皱襞，甚至是滑囊刺激。但是，即便是经验丰富的临床医生也很难有百分之百的把握诊断出引起膝关节疼痛的解剖结构。要获得确切的诊断结果，需要专业的评估技术和膝关节扫描设备。

膝关节疼痛是什么引起的？疼痛是膝关节结构上的微损伤累积的结果，微损伤由两个因素引起：

- 特定动作；
- 过度的训练负荷。

身体的每一个部位（从骨骼、关节到肌肉）在力竭或断裂之前都能够承受一定的负荷。在训练时能把自己的能力推进到负荷临界点但又在身体承受范围之内的运动员通常可以提升力量和运动表现。但是，如果超过了负荷阈值，那么损伤就会出现，并且疼痛也会随之而来。

有时候损伤出现的机制比较明显，以一名力量举运动员在比赛时想要突破自己的最好成绩为例。他的一侧膝关节出现严重的外翻现象，导致膝关节周围的韧带几乎都撕裂了。另外，创伤是通过无法用肉眼看到的微小运动在数月或数年时间内缓慢产生的。例如，我曾治疗许多髋关节旋转时左右两侧不平衡导致膝关节疼痛的运动员。即便在经验丰富的教练看来，他们的举重动作技术已经非常标准。然而，教练看不到的是，一条腿上的髋关节内旋受限使得膝关节产生微损伤，这些微损伤最终会导致疼痛。

虽然疼痛可能会出现在某个特定的时刻，但是非创伤性损伤通常是疼痛累积了一段时间的结果。损伤迹象在症状出现之前往往就已经存在了。例如，大量的研究发现膝关节问题（例如髌股关节疼痛综合征、髂胫束综合征，甚至发展为骨关节炎）与动作问题（髋关节过度内收和内旋）之间存在联系[28]。

这意味着，虽然在上周的大重量深蹲后第一次感到疼痛，但是损伤的原因可能已经出现了一段时间。因此，无论是变得更加强壮并取得成功，还是由于损伤而未能取得进步，训练期间的动作技术质量以及向身体施加负荷的方式始终是重要的影响因素。

如果有人告诉你，你患有其中一种损伤，不要垂头丧气。处理损伤的第一步是筛查膝关节疼痛，进行这种筛查首先要评估运动方式。

如何筛查膝关节疼痛

不良的动作技术导致疼痛出现的观点被称为运动病理模型[29]。其背后的理论是解决疼痛的关键：要找出最初导致疼痛的动作问题。

数百年来，传统医学领域试图通过诊断可能出现损伤的具体组织或身体部位来解决疼痛问题。然而，我们不会采用传统的医学方法来分析身体，而是将通过基于动作的筛查来找出疼痛的原因。我们将会观察身体从头到脚是如何移动的。因此，我们治疗的对象是人，而不是损伤。

下面是这个观点应用的简单示例。18岁的赛琳娜（Selena）是一名举重爱好者，她已经参加了8年的比赛，并且即将参加她的第一次国际比赛。但在一场重要的全国比赛的前几周，她的右侧膝关节感到疼痛——髌骨内侧附近隐隐作痛。起初，她只在试举大重量时才会感到这种疼痛，但是这种疼痛逐渐发展到了几乎每次举重时都能感觉到的地步。尽管进行了大量的泡沫轴滚压，但是疼痛从未消失，所以她决定去看医生。听完赛琳娜的情况后，医生诊断她患有髌股关节疼痛综合征，并给她开了消炎药，告诉她近期减少举重运动。

这种情况你听起来熟悉吗？

虽然休息和药物治疗有助于减轻症状，但是它们无法从根源上解决疼痛问题。这就是许多有类似情况的人重新恢复举重运动时疼痛会再次出现的原因。

当赛琳娜来找我检查时，我让她做了一些基本动作。在自重深蹲期间，一切看起来都很棒。她从一个正确的髋关节铰链运动开始，并以最佳的技术控制身体到达最大深蹲位置，然后再恢复起始的站立姿势。

然而，当我要求她做一个简单的单腿蹲动作时，情况就出现了变化。她能很好地控制左侧膝关节，但是她的右侧膝关节向内移动并且出现疼痛。然而，通过一些适当的提示后，她能够很好地控制右侧膝关节，并反馈疼痛感减轻了。

进一步筛查显示，她的下肢（踝关节和髋关节）具有良好的灵活性，但是相比于左侧，她的右侧髋关节外侧肌肉力量薄弱。因此，她的运动问题是稳定性不足引起的。

基于引起疼痛的动作问题（膝关节控制或者生物力学功能障碍方面的问题）而进行的疼痛筛查和分类比病理解剖学诊断更有助于推动治疗过程。如果我们只关注赛琳娜的髌股关节出现损伤这一情况，我们就会忽略整体。了解了她有髌股关节损伤并不一定能告诉我她为什么出现疼痛，或者需要纠正哪些方面。

因此，我不会将赛琳娜定性为患有髌股关节损伤的病人，而是会将她的损伤归类为生物力学功能障碍以及稳定性不足导致的右侧膝关节疼痛。通过将关注点转移到动作诊断，我们可以解决她的稳定性不足问题，并纠正技术/动作问题。

在筛查过程中，我希望你考虑一下自己的膝关节疼痛最符合下面的哪个类别。虽然物理治疗师常使用其他动作诊断来对损伤进行分类，但是我发现以下情况常见于力量型运动员。

- 生物力学功能障碍。
  - » 灵活性不足。
  - » 稳定性不足。
- 负荷不耐受。

从筛查和后续测试中收集线索，以确定什么类型的动作或负荷会引发膝关节疼痛。从自我评估中得到的信息有助于控制损伤，并减轻疼痛。

动作筛查

请一位朋友观察或者用视频记录你进行以下测试的过程，这样你就可以分析自己的动作方式。

自重深蹲

进行深蹲测试。脱掉袜子和鞋子，便于发现脚/踝关节出现的问题。

在正常的深蹲站姿下，缓慢蹲至最低位置，并在最低位置保持几秒。缓慢恢复起始姿势，然后再重复5次以上动作。你注意到了什么？你是否感受到了疼痛？如果是，请记下疼痛的位置，以及按0~10级划分的疼痛强度（0表示没有疼痛，10表示最严重的疼痛）。这两类信息会在后面的筛查过程中派上用场。

在分析动作的过程中，要注意你的双脚位置。一只脚是否比另一只脚朝外斜得更多？你尽力将双脚牢牢地踩在地上，下蹲时一只脚是否会向外侧旋转？如果是这样，记住，这可能是左右两侧髋关节以及/或者踝关节的灵活性不平衡导致的。

自重深蹲（一只脚向外侧旋转）

还要观察髋关节的位置。你的髋关节是否移向一侧或者另一侧？如果从后方拍摄深蹲动作，在蹲至最低位置时，你的骨盆左右侧是否看起来不平衡，一侧要高于另一侧？

单腿蹲

如果你轻松地通过了自重深蹲测试，那么可以增加难度。在不摔倒或者不用辅助工具的情况下尽可能单腿蹲。观察一下会怎样呢？

如果你的支撑腿膝关节晃动明显并且在足弓没有塌陷（过度旋前）的情况下很难保持单腿平衡和单腿下蹲，那么说明这是一个在双腿深蹲时没有注意到的稳定性问题。根据我的经验来看，许多强壮的运动员在进行自重深蹲时都不会暴露出稳定性问题。然而，一部分运动员在进行单腿蹲时一侧良好，另一侧会有问题。通过单腿蹲评估，你可以发现一系列的稳定性或灵活性问题。

单腿蹲：良好

单腿蹲：不良

　　在保持膝关节功能良好方面，膝关节的稳定性源于足部的稳定。良好的足部稳定是身体其他部位移动的基础。当足部下陷（过度旋前）时，胫骨旋转，迫使髌骨偏离轴线移动[30]。

足部下陷导致膝关节外翻

髋关节在为膝关节提供稳定性方面也发挥着至关重要的作用。在你进行单腿蹲时，需要观察大腿的情况，如它是否会向内移动（内收），或者朝着另一条腿向内旋转（内旋）？这些问题通常是髋关节协调性较差导致的。在深蹲时，髋关节侧面和后面的肌肉（臀中肌和臀大肌）没有在恰当的时间被激活，并且没有保持足够的激活程度，导致膝关节朝着身体中线向内移动。这会增加髌骨后侧对股骨的接触压力，也会增加髂胫束对膝关节外侧的压力。

想象一下开合一扇门的情景。把门和门框连接在一起的金属铰链，其运动方式类似于膝关节。当你拉门把手时，门会顺利打开。然而，如果你同时向上提拉门把手，将会出现什么情况？门显然不会那么顺利地打开。这是因为铰链被拉得偏离轴线了。在深蹲时，当膝关节偏离理想的对齐方式时，这些不平衡力则会施加在膝关节上。

如果从侧面拍摄并观察你的单腿蹲动作，那么你发现了什么？虽然膝关节外翻是明显的错误动作，但是我们还必须考虑身体在前后运动平面（矢状面）内的移动方式。我发现许多膝关节疼痛的运动员在进行双腿或者单腿蹲时难以调动后链肌群，并且不会以最佳的方式进行髋关节铰链运动。膝关节和髋关节应当在下降的同时屈曲，一开始就过度地向前移动膝关节会增加髌骨上的压力。

膝关节前移

如果你在单腿蹲时感到膝关节疼痛，你能否通过改变运动方式来缓解疼痛？使用一面镜子，有助于获得有关踝、膝或者髋等关节运动的有用的反馈。

首先，用踇趾压住并抓住地面来产生足够的稳定性。接下来，做一个小幅度的单腿蹲动作，髋关节向后移动并且胸部向前移动进行髋关节铰链运动。在这个髋关节铰链运动中，你的膝关节会轻微屈曲，但是小腿不会过度向前移动。如果你做得正确，你的脚应保持稳定不动，身体重心应落在支撑脚中心的正上方。在继续下蹲的过程中，尽力防止膝关节晃动。你的髌骨应该直接指向第2~4脚趾。

单腿蹲（良好的髋关节铰链运动）

如果你在重新进行单腿蹲测试时，进行了正确的髋关节铰链运动和保持了膝关节良好控制，这时你的疼痛有所缓解，那么你可能存在稳定性不足导致的生物力学功能障碍问题。动作诊断优先于病理解剖诊断将会让你的治疗更加有效，恢复时间也会相应缩短。这是因为你没有执迷于疼痛部位，而是更加专注解决灵活性或者稳定性不足等问题。

灵活性筛查

虽然有时候通过像单腿蹲这类动作就可以轻松地识别出稳定性不足导致的生物力学功能障碍，但是灵活性不足通常表现得不太明显。我见过许多在治疗膝关节疼痛方面未能取得显著进展的案例，因为这些案例中的患者只解决了力量/稳定性问题，而未针对潜在的灵活性不足问题进行筛查。无论你为膝关节控制问题的改善进行了多少力量和稳定性训练，疼痛通常会持续存在，直到灵活性问题也得以解决为止。两种常见的可导致生物力学功能障碍的灵活性不足存在于膝关节正上方和正下方的关节：髋关节和踝关节。

髋关节灵活性

评估髋关节灵活性时，我喜欢使用仰卧髋关节旋转筛查。这个筛查的目的是发现髋关节两侧内旋或者外旋是否存在差异。髋关节在任意一个方向旋转不足将会导致髌骨顶在股骨上，并且移动不顺畅。随着时间的推移，这种异常的运动轨迹会导致膝关节前侧出现疼痛[31]。翻到腰背疼痛章的第52~53页，通过髋关节灵活性评估看看你发现了什么。

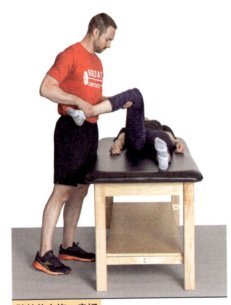

髋关节内旋：良好   髋关节内旋：不足

虽然两侧不对称在大多数人身上是正常的，但是如果你在疼痛侧和非疼痛侧的髋关节旋转上发现了显著的差异（例如两侧旋转角度差大于10°），那么表明在髋关节灵活性方面你存在需要解决的问题。请翻到髋关节疼痛章，通过一些髋关节灵活性练习来解决这些问题。

下面我介绍一种简单可重复测试的方法来评估你所选的灵活性练习是否适合你。拍摄仰卧髋关节旋转筛查过程，然后进行髋关节疼痛章中的关节灵活性练习（参见第149~151页）。之后立即重新测试，观察你的髋关节灵活性是否有显著变化。如果是，还需重新测试双腿和单腿蹲，并关注你的疼痛是否减轻。如果有缓解，那么证实了你的膝关节疼痛属于灵活性不足导致的生物力学功能障碍。

踝关节灵活性

在处理膝关节损伤时，踝关节灵活性测试也应作为筛查过程的一部分。如果腓肠肌以及/或者比目鱼肌僵硬或者过度紧张，那么在跳跃落地等类似的动作中吸收负荷的关节活动范围便较小。研究表明，跳跃落地时踝关节吸收了身体37%~50%的能量[32]。踝关节僵硬会降低身体吸收能量的能力，这意味着较高的负荷被向上传递到了膝关节上。因此，像髌腱这样的结构会承受更大的张力，因为跳跃落地或者进行高翻、抓举时，肌腱必须更快地承受更多的负荷，从而增加了肌腱病这类损伤的风险[33]。

踝关节灵活性受限会影响举重时膝关节的稳定能力[34]。在 *Anatomy for Runners* 中，物理治疗师杰伊·迪卡瑞（Jay Dicharry）用了一个比喻来描述踝关节受限是如何影响动作模式的[35]。

良好的踝关节灵活性可以让胫骨在脚上方自由移动。可以想象一辆本应该直接穿过十字路口的汽车，踝关节灵活性受限就好比是路中间的环岛。当汽车进入十字路口时，它必须绕过环岛，然后才能继续沿着自己的路线行驶。从本质上讲，小腿会偏离其正常路线，并向内移动。当小腿绕过限制时，膝关节会被向内拉，动作便会出现问题。因此，踝关节灵活性受限是导致生物力学功能障碍的一个潜在因素。

5英寸触碰墙壁测试是一个可以自己进行的简单测试[36]。面朝墙壁呈单腿跪姿，并把脚趾放在距离墙面5英寸的位置。膝关节前伸超过脚趾，尽力在不让脚跟离开地面的情况下触碰墙壁。

5英寸触碰墙壁测试

你的膝关节能否触碰到墙壁（或者你的脚跟是否先离开地面了）？如果你未能通过5英寸触碰墙壁测试，那么说明你在踝关节灵活性方面存在一个需要解决的问题。请查看踝关节疼痛章讨论的踝关节灵活性练习（小腿泡沫轴滚压和关节松动练习）。如果你希望重返举重训练，改善踝关节灵活性应当是首要任务。

与髋关节一样，务必要对踝关节进行重复测试。测量膝关节至墙面的距离，记录你的5英寸触碰墙壁测试成绩。进行推荐的踝关节灵活性练习，然后立即重新测试，看看你的踝关节灵活性是否有显著变化。此外，还需要重新进行双腿和单腿蹲测试，看看症状是否得到改善。

负荷筛查

如果你在自重深蹲时感到疼痛，重要的是要弄清楚疼痛是生物力学功能障碍导致的，还是肌腱病引起的。首先，问问自己："我是在休息时感到疼痛，还是只在运动时感到疼痛？"当你处于休息状态时，肌腱病很少会引起疼痛[37]。这是因为坐下或者躺下会减小肌腱上的负荷。

如果你只在运动时感到疼痛，那么你应当进行更多的测试来证实可能患有肌腱病的想法。连续进行10次双腿抱膝跳，尽可能往高处跳，两次跳跃之间不要休息。相比于一开始进行的自重深蹲动作筛查，体会你的疼痛强度是否增加了。

如果可以，连续进行10次单腿抱膝跳。你的膝关节疼痛是否又加重了？如果是，那么可以认为你的膝关节疼痛是负荷不耐受导致的。相比于多次重复抱膝跳动作产生的反弹力，自重深蹲施加在膝关节上的负荷非常小。相比于双腿抱膝跳，单腿抱膝跳会向髌腱和股四头肌肌腱施加更大的负荷。

负荷耐受性测试：双腿抱膝跳

负荷耐受性测试：单腿抱膝跳

如果做了前面的动作后疼痛确实加重了，那么疼痛是否只位于髌骨的下方，还是随着时间的推移，扩散到了其他部位？疼痛有时候出现在髌腱内侧，有时候出现在髌腱底部，这种在膝关节上到处转移的疼痛通常是生物力学功能障碍的症状。另外，在测试过程中，始终位于某个特定区域的疼痛是肌腱病的体征。生物力学功能障碍很少与负荷不耐受问题同时存在，所以要了解属于哪种类型的损伤，你务必要明确回答前面的每一个问题[38]。

单腿臀桥筛查

在患有膝关节疼痛的运动员身上，经常会看到臀肌被激活时存在力量不足和协调性问题。通过单腿臀桥筛查，你就可以发现以上问题。

仰卧位，一侧膝关节屈曲，另一侧膝关节伸直。抬起臀部至最高位置，保持10秒。在保持单腿臀桥动作时，你觉得哪些肌肉在用力收缩？

单腿臀桥

这个筛查的目的是识别你在进行髋关节伸展（在深蹲、高翻和抓举中从最低位置站起）时需用到的肌肉。如果你感觉除了臀肌以外的肌肉也在用力收缩，那么你存在有待解决的协调性和/或力量问题。

何时去看医生

膝关节出现绞索感或者咔嗒声，以及膝关节后侧出现明显的肿胀、刺痛、麻木或者跳动表明可能存在严重的问题，这需要医疗从业人员（例如物理治疗师或者骨科医生）评估。

重建过程

　　解决膝关节疼痛问题并没有一种万能的方法，将某方法用于一个人身上可能会缓解疼痛，但用于另一个人身上反而会加重疼痛。前文中介绍的筛查过程会帮助你明确具有稳定性问题还是灵活性问题。你可能还会发现你的髌腱或股四头肌肌腱存在负荷不耐受的问题。

首先解决灵活性问题

　　髋关节和/或踝关节灵活性受限会导致膝关节出现动作代偿。因此，如果你只进行稳定性练习，而不解决髋关节或踝关节的灵活性受限问题，那么疼痛可能仍会持续存在。

　　髋关节和踝关节灵活性练习参见本书的髋关节疼痛和踝关节疼痛章。要找到适合自己的练习（或者练习组合），要使用重复测试的方法。你的不平衡/受限的筛查结果将作为测量基线，接下来，针对特定问题部位进行灵活性练习。随后立即重新测试，观察症状是否有明显的改善。如果是，说明你发现了一个有效的练习来解决关节受限问题。我建议你根据身体需求每天进行5~10分钟的灵活性练习。

　　在进行髋关节和/或踝关节灵活性练习后，你便可以解决膝关节正上方组织上的僵硬问题。如果大腿外侧的肌肉（例如股四头肌中的股外侧肌）变得僵硬，可能会对髌骨施加过度的拉力，使其侧向偏移，导致其沿着髌骨沟的外侧移动。使用泡沫轴进行软组织放松是解决股四头肌僵硬问题的好方法。

股四头肌泡沫轴滚压

首先采取俯卧位，将泡沫轴放在股四头肌下方、髌骨上方，缓慢地上下滚动泡沫轴并寻找激痛点。当你找到一个激痛点时，请停顿一会儿，挤压疼痛处并放松肌肉。你还可以把泡沫轴放在大腿内侧、外侧以及阔筋膜张肌处进行缓慢滚压，在感到僵硬或者疼痛的位置多花一些时间松解，每次在激痛点上保持按压30~60秒[39]。

许多人会问他们是否应该用泡沫轴松解髂胫束。其实，髂胫束是一块非常厚的组织，因此，像泡沫轴滚压这类针对深层组织的练习可能不会使张力产生巨大的变化。髂胫束与胫骨上的许多肌肉有筋膜连接，这些筋膜是一张蜘蛛网状的结缔组织，包裹和连接身体上的肌群。

大腿外侧泡沫轴滚压

当进行大腿外侧泡沫轴滚压时，你不仅要滚压髂胫束，还要滚压连接至髂胫束上的肌肉组织，例如股外侧肌（股四头肌外侧）、股二头肌（腘绳肌外侧）、臀肌以及阔筋膜张肌。这些肌肉上的张力失调会导致髂胫束上产生过度的张力[40]，这些肌肉上的激痛点甚至会将疼痛范围扩大至膝关节外侧，出现类似于髂胫束综合征的症状。基于这个原因，在大腿外侧进行泡沫轴滚压来处理相关肌肉上的张力限制对于缓解膝关节外侧疼痛非常有益。但是，不要在膝关节外侧的疼痛点处滚压。因为炎症部位（髂胫束连接的位置）的压力增大可能会使症状加重。

改善膝关节稳定性

当谈到强化和稳定膝关节时，主要采用局部策略。

局部策略侧重于治疗存在症状的部位。例如，一些临床医生认为股内侧肌（股四头肌内侧）的无力可能会引起膝关节疼痛，因为在研究中，某些患有髌股关节疼痛综合征的受试者的股四头肌内侧区域受限。由于其肌纤维的分布方式，股内侧肌与股外侧肌协同工作来稳定髌骨，并保证髌骨的运动轨迹正确。因此，这块肌肉的无力与髌骨的运动轨迹问题有关。基于这一观点，一些临床医生建议应针对股内侧肌单独进行强化练习，例如坐姿膝关节伸展、直腿抬高或者靠墙静蹲（双膝间夹球）。

股四头肌解剖结构

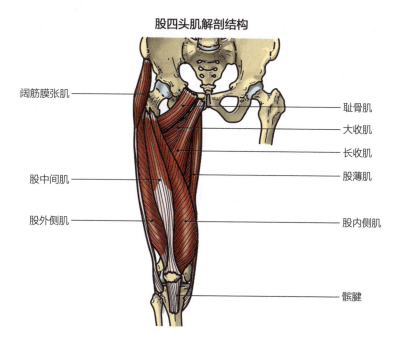

阔筋膜张肌

股中间肌

股外侧肌

耻骨肌

大收肌

长收肌

股薄肌

股内侧肌

髌腱

这个理论存在缺陷。首先，研究表明，即使股内侧肌没有被激活（相对于股四头肌的其他部分），它也无法被单独强化。而且，股内侧肌不能被单独激活[41]。当你收缩股四头肌时，整个股四头肌都会收缩。

研究表明，基于力量的练习是解决生物力学功能障碍问题的关键[42]。其本质就是要选择正确的练习方式。在不负重的情况下进行开链运动（例如坐姿膝关节伸展），在负重的情况下进行闭链运动（例如深蹲）。

与开链式练习相比，闭链式练习在解决生物力学功能障碍方面具有两个明显的优势。第一个优势，闭链式练习通常会在髌股关节上产生较少的压力和刺激。

许多人都认为，在运动过程中髌骨与股骨始终会保持接触。然而，事实并非如此。在膝关节屈曲的过程中，髌骨后侧与股骨之间的接触面不断发生变化[43]。膝关节屈曲幅度越大，这两块骨骼之间的接触面就越大，因此施加在膝关节上的力会分散在更大的接触面上。

坐姿膝关节伸展

如果你在进行坐姿膝关节伸展（开链式）练习，膝关节会从屈曲位置移动至伸展位置。这意味着，髌骨与股骨在髌骨沟内的接触面在不断地变小。股四头肌收缩，髌骨将移动至股骨上，从而产生更大的压力。因此，股四头肌的收缩会向膝关节施加更大的压力，压力分散在髌骨后侧非常小的区域。如果髌骨后侧的区域已经出现炎症和受到刺激，那么这样的练习方式只会让情况变得更糟糕。

鉴于上述原因，你在练习时，既要强化股四头肌肌力，又要将关节压力分散到髌骨后侧更大的接触面上。研究表明，相比于开链式练习，进行闭链式练习有助于获得更佳的负荷刺激，以及更好的髌骨运动轨迹，从而对患有膝关节疼痛的人产生更小的关节刺激[44]。对于大多数人来说，相比于开链式练习，闭链式练习（例如自重深蹲）是更好的选择。

如果深蹲至最低位置会让你感到疼痛，那么在康复过程初期调整下蹲深度是有必要的。注意，不要为了实现全深蹲而强忍疼痛。虽然相比于坐姿膝关节伸展练习，在深蹲时你的身体会将压力分散在更大的髌股接触面上，但是深蹲仍会向膝关节施加相当大的压力。研究表明，随着膝关节屈曲，髌骨上的压力会增加，在膝关节屈曲至90°~100°时达到最大值[45]。因此，刚开始练习时你应进行自重深蹲（蹲至无痛的深度）。当深蹲至最低位置时膝关节没有疼痛感，你可以逐渐将杠铃（或采用其他负荷形式，例如高脚杯深蹲）加入训练中。

深蹲进阶

第二个优势，闭链式练习使用功能训练方式从整体出发进行功能重建。

在进行深蹲、跳跃落地以及跑步等运动时，髋关节外侧肌肉会被激活，并控制膝关节姿势。这就是研究将髋关节外侧肌肉的无力与膝关节力学不良、髌股关节疼痛综合征和髂胫束综合征联系在一起的原因[46]。

有些人可能会觉得："如果髋关节外侧肌群力量薄弱，那么我们只要强化它们，这样就会解决膝关节控制类的问题。"基于这种想法，你经常会在运动处方中看到侧卧位的练习，例如蚌式开合和侧卧直腿抬高等。这些练习在康复过程初期（此时疼痛程度非常高）是很有帮助的，但是你最终仍然需要这样的练习强化髋关节外侧肌肉。

蚌式开合

侧卧直腿抬高

研究表明，跳跃落地时不良的膝关节力学问题有时候仅仅通过口头提示就能得以解决（例如，不要让膝关节向内移动）[47]。研究表明，运动员举重动作技术的质量和规避不良力学的能力通常不仅是一种选择性的结果，也是一种可以习得的动作模式，而不仅仅是髋关节肌肉无力的结果。

如果髋关节肌肉力量不足是膝关节控制不良的唯一原因，那么当让肌肉超负荷进行一项难度较大的练习时，我们应当会看到有问题的动作模式。但是，情况并非总是如此。例如，研究人员发现，髂胫束疼痛的运动员在跑步（一种对髋关节肌肉的要求相对较低的运动）时会出现不良的力学结构[48]。研究表明，髌股关节疼痛的人通常会在单腿跳时表现出不良的落地技术[49]。

那么这是什么意思呢？

这意味着，改善膝关节控制不仅仅涉及强化无力的肌肉。解决生物力学功能障碍需要使用可以同时增强力量（产生力量的能力）和稳定性的练习（限制过度和不必要运动的能力）。

像单腿蹲类的闭链式练习既能提高力量水平，同时也能增强稳定性。内链式练习通过可以改善本体感觉（感知和了解身体姿势的能力）和神经肌肉控制（身体保持稳定而进行的无意识的反应）的运动，将髋关节外侧肌肉力量与下肢稳定性相结合。因此，力量练习与动作再训练相结合是增强膝关节稳定性的理想方案[50]。

我想向你介绍增强膝关节稳定性的过程。

1. 从足底开始纠正深蹲技术。

2. 重新唤醒臀肌。

3. 学习单腿蹲。

4. 增强平衡性。

5. 增强下肢控制。

从足底开始纠正深蹲技术

解决膝关节不稳定问题的第一步是通过建立正确的足部姿势来纠正深蹲技术。当你进行深蹲、弓箭步、高翻或者把杠铃推举到头顶上方时，你的脚需要处于稳定状态，并维持自然的足弓形态。足弓形态可根据下肢的移动进行变化。如果踝关节、膝关节和髋关节整体向外移动，那么足弓会处于拱形姿势。如果踝关节、膝关节和髋关节整体向内移动，那么足弓会逐渐变平。这意味着，你可以在深蹲之前，让髋关节和膝关节处于良好的位置，以此来控制足部姿势。

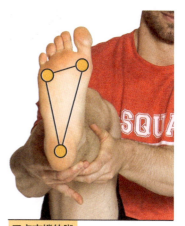

三点支撑的脚

足弓形态良好，会形成所谓的三点支撑的脚。3个支撑点是脚跟、第一脚趾的根部以及第五脚趾的根部。

脚就像是一辆三轮摩托车。你深蹲时的目标是保持足弓形态自然并均匀地承受体重——就像摩托车的三个轮子一样。如果所有的轮子都与地面接触，你将获得更多的动力。如果一个轮子被抬离地面，那么动力会被削弱，车子就会发生故障。类似地，当脚的位置不正确时（例如足弓塌陷），稳定性和力量就会被削弱。

脱掉鞋子，采用深蹲站姿，注意双脚的姿势。身体重量是否在3个支撑点上均匀分布？你的足弓形态自然，还是已经塌陷了？

从起始姿势开始，收缩臀肌，将膝关节向两侧移动，同时保持踇趾与地面接触。再次注意双脚的姿势，是否有变化？保持膝关节稳定，自然会让双脚处于良好的姿势。

在下蹲过程中，尽量保持脚的三点支撑。保持脚处于稳定有力的状态，避免足弓塌陷。注意感受这种感觉，你在深蹲时应当感觉更加稳定。

教练常用的一个提示是"把膝关节向外移动"，这个提示会引导运动员在下蹲过程中正确地移动髋关节，避免膝关节向内移动（膝外翻）。然而，这个提示后面必须加上"保持双脚牢牢地踩在地上"。因为我发现一些运动员对这个提示的反应过于激进，从而将膝关节向外移动得过远，同时未能保持脚的三点支撑（身体重量转移至脚的外侧，使得蹈趾的根部脱离地面）。请记住，务必让蹈趾牢牢地压住地面。

深蹲（膝关节向外移动）　　　　　　　　深蹲（膝关节向外移动过度，双脚支撑会不稳定）

在保持良好的足部姿势后，稳定性增强，在运动时身体自然会表现出更好的姿势。这样做不仅可以提高运动质量，还可以减少疼痛、提升运动表现。

对于大多数运动员来说，我建议每天进行2~3组，每组20次的自重深蹲（蹲至无痛深度）。随着症状的缓解和下蹲深度的增加，你可以增加负重。

如果你可以无痛地进行自重深蹲，甚至是轻负荷的杠铃深蹲，你就可以继续练习，但是要注意动作技术和症状。请记住，举重时强忍着疼痛只会让情况变得更加糟糕。

重新唤醒臀肌

臀肌（尤其是臀大肌）有两个主要功能：伸展髋关节和保持姿势稳定。回想一下第194页的单腿臀桥筛查。你是否感觉到两侧的臀肌都在用力收缩，还是感觉到了两侧的差异？你的右侧股四头肌或者腘绳肌表现出良好的发力感，你的左侧臀肌是否也有这种感觉呢？如果你的两侧表现出明显的差异，那么说明你存在一个问题，即没有在恰当的时间激活目标肌群。

如果你感觉腘绳肌痉挛，那么说明腘绳肌正在过度用力收缩使髋关节伸展，因为你的臀肌没有被激活。如果你感觉股四头肌过度用力收缩，那么说明在运动时你可能没有充分激活后链肌群。

当身体没有按照正确的顺序激活肌肉时，则会导致低效的运动，这种运动会使身体的某些部位承受超负荷，从而产生微损伤。随着时间的推移，这种微损伤会导致严重的损伤。这就是一些运动员会出现疼痛的原因。我建议使用双腿臀桥练习来解决低效的臀肌激活问题。翻到本书的第74页，并根据指示进行臀桥练习。一旦你掌握了双腿臀桥动作，你就可以进阶至单腿臀桥。

双腿臀桥

单腿臀桥

就像双腿深蹲一样，许多运动员在练习双腿臀桥时不会暴露臀肌激活方面的问题。如果身体一侧存在明显的问题，那么在训练之前进行15~20次单腿臀桥练习，同时要在最高位置保持5~10秒，并尽可能用力收缩臀肌，以使每侧臀肌的激活程度相同。

多年以前，我经历过一次膝关节疼痛，直到使用了这个动作才得以解决。疼痛所在的位置刚好在髌骨上方，我尝试了能想到的所有方法：改进下蹲技术、单腿蹲和西班牙深蹲、干针疗法以及软组织刮痧等。直到我进行单腿臀桥，问题才暴露出来。在我的健侧腿上，我可以很容易地感觉到臀肌的良好发力感。然而，当我用疼痛侧腿进行单腿臀桥时，我注意到了臀肌和股外侧肌的激活程度较低。在我进行一周的单腿臀桥练习，并将训练重点放在臀肌上后，我的疼痛消失了，我又重新开始举重训练了。

侧向弹力圈行走

正如前面所讨论的，髋关节外侧肌肉（主要是臀中肌）在稳定膝关节方面发挥着重要作用。在你深蹲、跳跃落地或者跑步时，髋关节外侧肌肉有助于让膝关节与脚呈一条直线并且不会向内移动。我最喜欢的一个强化髋关节外侧肌肉的练习是侧向弹力圈行走。

该如何进行这个练习呢？首先，把弹力圈套在膝关节或者踝关节上。（弹力圈套在膝关节上会让练习易于进行。）双脚紧贴地面，身体呈微蹲姿势。接下来，横向行走。注意：弹力圈保持恒定的张力；移动步幅要小。这个练习可以锻炼髋关节外侧肌肉，这些肌肉有助于稳定骨盆和髋关节。

侧向弹力圈行走

行走15~20英尺（1英尺=30.48厘米，其余不再标注）后，停下来，往回走。最终，你会感受到髋关节外侧肌肉上的疲劳感。

单侧髋外展

虽然侧向弹力圈行走对于在双脚站立时解决髋关节力量/稳定性问题来说是一项很好的练习，但是你还需要解决在单腿站立时出现的类似问题。要想在解决单腿稳定性问题的同时强化臀中肌力量，那么单侧髋外展是一项不错的练习。

在踝关节上套一根弹力圈。单腿站立，支撑腿呈微蹲姿势，臀部向后移动，同时胸部向前移动，这有助于激活后链肌群，保持身体平衡。

单侧髋外展

起始姿势正确后，便可以以缓慢、可控的方式将悬空腿向一侧外展。腿移动的距离不是你的主要关注点。在整个练习期间，要专注于保持支撑腿处于稳定状态。在保持骨盆水平的同时尽可能将悬空腿向外侧外展。支撑腿的稳定是由髋关节外侧肌肉（臀中肌）与核心稳定肌群的协同工作控制的。如果动作正确，你会感觉到支撑腿的髋关节外侧肌肉上有灼热感。你也会感受到外展腿肌肉的发力感。

推荐的组数/次数： 2~3组，每组重复15~20次。

学习单腿蹲

在尝试深蹲的最大重量之前，你应当具备高质量单腿蹲的技术。如果你忽视单侧训练，你有可能会在灵活性/力量/稳定性方面表现出不对称性，而且容易出现损伤。在训练中加入单腿蹲练习是保持健康体态的好方法，单腿蹲有助于识别出膝关节控制方面的问题。

并不是每个人都有能力进行全幅度的单腿蹲，这对灵活性的要求非常高。但是，每个人都应该有能力进行垫高高度为8~12英寸的高质量单腿蹲，这个动作被称为触地单腿蹲。

如果你在健身房中，那么你可以将1~2块杠铃片叠在一起。在杠铃片上面单腿站立，向后移动臀部，向前移动胸部，这有助于激活你的后链肌群。如果你做得正确，你应当在臀肌和腘绳肌上感受到轻微的张力。在向后移动臀部的同时向前移动胸部将会使你保持平衡，重心会在支撑腿的脚中心上方。

触地单腿蹲（2块杠铃片）

保持膝关节与脚呈一条直线，下蹲至悬空腿的脚跟轻轻碰到地面为止，然后恢复起始姿势。我喜欢用的一个提示是："想象你在用脚跟轻轻地敲鸡蛋壳，不要弄破它。"如果动作正确，你会在几次重复后感觉臀肌在用力收缩。整个过程中你不应当在膝关节上感到疼痛或者僵硬。如果你确实感到疼痛，请尝试使用较薄的支撑物。

在下蹲过程中，不仅要关注膝关节姿势，还要关注髋关节的姿势。刚开始练习时可以在镜子前进行，这样你就可以看到骨盆的情况。大多数膝关节疼痛（无论疼痛是在膝关节前面，还是在髂胫束附着点）的人在下蹲时都无法保持髋关节处于水平状态，并且悬空腿的髋关节下垂，这通常是支撑腿臀中肌协调性/力量不足的表现。

运动过程中，经常会看到膝关节向内移动（膝外翻）。所以在进行单腿蹲时，需保持髋关节处于水平状态，同时膝关节与第三~四脚趾呈一条直线。

触地单腿蹲（4块杠铃片）

当在较薄的支撑物上下蹲对你来说变得越来越容易时，可以通过叠加杠铃片来增加难度。在较高的杠铃片上运动，对膝关节控制能力的要求更高。最终目标是至少在8英寸的高度（如果无法更高的话）进行高质量的单腿蹲。

推荐的组数/次数： 2~3组，每组重复15~20次。

增强平衡性

虽然触地单腿蹲是必不可少的，但它只是增强膝关节稳定性计划中的一部分。你必须让身体处于不同运动平面，以不同的姿势移动，以此提高对膝关节稳定性的要求。平衡与点触练习是增强平衡性的一个好方法。

用胶带在地面上贴出如图所示的样式。站在T形的中间，单腿站立，就像触地单腿蹲那样。然而，不要向触地单腿蹲动作那样直接下蹲，而是在下蹲的同时沿着胶带的方向伸出悬空腿。在保持膝关节不外翻的情况下，尽可能向一侧移动。保持最终姿势（脚尖刚好悬停在地面上方而不落地）几秒，然后恢复起始姿势。在下蹲过程中，悬空腿远离身体会提高对不同运动平面内核心肌群/髋关节

地面上的胶带样式

的要求。重点是在不同运动平面内保持良好的膝关节控制和足部姿势。沿着每个方向重复进行几次。

平衡与点触

增强下肢控制

人体具有识别熟悉的动作并对其做出反应的能力，这被称为肌肉记忆。通过足够多的重复练习，用来增强协调性和控制能力的纠正练习最终会教身体在实际情况中正确地做出反应，从而减少疼痛并降低未来损伤的风险。

反应性神经肌肉训练（RNT）有助于增强协调性和控制能力。RNT练习最早由物理治疗师迈克尔·沃伊特（Michael Voight）和格雷·库克（Gray Cook）提出，旨在通过教授运动员寻找运动时的感觉（本体感觉）来提高运动质量[51]。

RNT中较简单的一种练习是在膝关节上套着弹力圈进行自重深蹲。采用一个自然的深蹲站姿，并形成脚的三点支撑。将蹞趾压在地上，将膝关节向外侧移动，对抗弹力圈的阻力。在下蹲过程中，弹力圈会试图向内拉膝关节（膝外翻运动）。请不要让这种情况出现。

为了防止膝关节向内移动，所以在下蹲和站起时你必须激活臀肌（臀中肌和臀大肌）[52]。

1 **2** **3**

RNT弹力圈深蹲

我建议在进行这个深蹲练习时动作节奏应非常缓慢。对抗弹力圈的阻力，用5~10秒的时间下降至深蹲的最低位置，并保持1秒。确保身体重心位于双脚正中间。如果你的胸部过度向前倾、臀部过度向后顶，那么你会感觉到身体重量转移到了脚趾或者脚跟上。起身站立几秒。如果你以合适的强度进行这个练习，那么你的髋关节外侧肌肉会因疲劳而颤抖。

然后，再下蹲至深蹲的最低位置。重复进行以上动作3次。在下蹲过程中，易出现膝关节外翻，而这个练习会使你的身体在下蹲时保持身体平衡以及控制性/协调性。

推荐的组数/次数： 3~5次的慢速深蹲动作。

接下来要介绍的是RNT分腿蹲。要进行这个练习，你需要一位朋友和一根轻型阻力带的帮助。（如果你找不到可以帮忙的人，你可以把阻力带绑在固定立架上。）练习时采用弓步姿势，一条腿在另一条腿前面，后侧腿脚跟抬离地面。你应当光脚，这将会让你专注于感受脚在三个支撑点（即三点支撑的脚）上保持稳定性的程度。

在前侧腿膝关节处套一根阻力带，并让你的朋友向内拉阻力带。为了进行高质量的分腿蹲（膝关节与脚呈一条直线），你的身体必须抵抗阻力带的拉力。这种阻力带把身体拉至不良姿势的过程会刺激身体在下蹲运动中对膝关节的感知，并自然地激活臀肌来防止膝关节外翻。

RNT分腿蹲

推荐的组数/次数： 3组，每组重复10次。

提高负荷耐受性，步骤1：平衡法则

如果你的膝关节疼痛类似于肌腱病，而不是生物力学功能障碍，那么首先应考虑调整负荷。我理解大多数人强忍着疼痛进行训练的动机。与医生的建议相反，并不是每个人都需要停止训练来解决肌腱病问题。

如果你目前患有肌腱疼痛，那么你有可能处于第一个反应性阶段，也有可能处于后面的劳损/退行性阶段。疼痛是超负荷导致的。疼痛出现的原因是在髌腱或者股四头肌肌腱上施加了过多的压力，并且超过了它当前的负荷耐受水平。

无论真正的原因是什么，或者疼痛处在哪个病理阶段，要想缓解症状，首先要调整负荷。你的肌腱组织突然承受了超负荷，产生疼痛反应。你需要了解为什么会出现这种情况，并且采取措施缓解疼痛。

调整训练强度和训练量并不意味着你要远离健身房，并在接下来的一周一直坐在沙发上。

肌腱力量遵循着简单的法则："如果你不使用它，你就会失去它[53]。"只是休息几周，疼痛仍会再次出现。肌腱病之所以会发生，是因为训练负荷超过了当前的负荷耐受水平。如果你让身体处于完全休息状态，你的身体将会产生适应，并且髌腱和/或股四头肌肌腱的负荷耐受水平会降低（因为其所承受的负荷很小），所以当你重返训练时，肌腱很容易出现负荷不耐受。

另外，你不应该忽视疼痛，更不能继续忍受疼痛进行练习。如果你这样做，损伤只会持续加重，并且肌腱最终会出现结构性变化。你必须找到有助于损伤康复的、恰当的负荷；从长远来看，负荷过小或者过大只会让情况变得更加糟糕。

根据我的经验，许多运动员在重要的举重或者力量举比赛之前就已开始出现疼痛。然而停止训练对于每个人来说是不切实际的，所以你必须调整你的训练计划（同时还要加入一些随后讨论的练习）。目前出现的疼痛是你的肌腱在告诉你，它无法承受你施加的负荷了。疼痛是有原因的，请倾听身体的反应。

尝试在你的训练计划中改变一个变量，观察你的肌腱的反应如何。例如，如果你目前一周训练七天，可以减少一天的训练来降低训练频率。如果你无法放弃一个训练日，那么你可以调整负荷或者总训练量。无论你选择哪个变量，一次只改变一个变量，并观察身体出现什么反应。

如果进行一些纠正练习后，你的身体没有出现良好的反应，或者疼痛仍持续数月以上（意味着你的损伤可能处于退行性阶段），那么我建议你停止训练，并咨询物理治疗师或者骨科专家。

提高负荷耐受性，步骤2：康复计划

运动是不同类型肌腱损伤的理想治疗方法。如果你的医生建议把注射、电针疗法或者刮痧技术等其他被动疗法作为主要的治疗方式，那么你找错人了。虽然这类疗法可能会在短期内缓解你的疼痛，但是长期来看，它们并没有帮助，因为没有从根源上解决你的肌腱损伤问题。你必须强化肌腱，并提升其耐受负荷的能力。

阶段1：通过等长练习缓解疼痛

在针对肌腱病的所有力量练习中，耐受性最好的是等长练习。这是一种肌肉收缩但关节不动的练习。研究表明，等长练习后的45分钟内可减轻疼痛，还可以恢复股四头肌激活的能力，因为疼痛会抑制股四头肌的力量输出（称为皮质性抑制）[54]。想象一下：如果你每次跳跃时都会感到疼痛，你的大脑会告诉你："别再跳了！"这就是长期遭受肌腱疼痛的人会出现运动表现水平下滑的原因。大重量的等长练习已被证明可以改变这种情况。

进行等长练习应当是相对无痛的。虽然一开始时你可能会感觉有点痛，但是到第三或第四次重复时，疼痛感应该会显著减轻。

为了确保等长练习有效，练习必须具有一定难度。研究表明，你如果找到一个合适的负荷，这个负荷能够将你的肌肉收缩到其最大能力的70%。虽然没有办法自测这种合适的负荷水平，但是可以使用让等长练习难以保持45秒的强度和负荷组合来估计负荷水平。

针对髌腱和股四头肌肌腱的难度较低的等长练习是靠墙静蹲。腰背部靠墙，双脚向前移动，躯干沿着墙面下滑，同时膝关节大约屈曲至60°。每次保持45秒，每组重复5次。如果这个练习过于简单，可以尝试进行单腿靠墙静蹲。

如果你在靠墙静蹲（双腿或者单腿）练习后，感觉至少还可以保持30秒，那说明你的肌腱没有承受足够的负荷。这是常见的一种反应。这意味着靠墙静蹲的负荷刺激不足以产生预期的效果，此时你可以尝试西班牙深蹲[55]。

靠墙静蹲

把一根带子套在深蹲架或者立柱上，再把带子套在膝关节后侧的小腿上，脚趾指向带子方向。接下来，尽可能下蹲，同时保持脊柱直立（可以把这个动作想象成反向靠墙静蹲）。不要像正常的深蹲练习那样进行髋关节铰链运动，这样会将股四头肌上的力量传递到臀部。相比于传统的靠墙静蹲练习，西班牙深蹲对股四头肌的要求更高，它会在髌腱和股四头肌肌腱上施加更多的负荷。每次下蹲保持45秒，每组重复5次，每天2~3次，每次重复间歇1~2分钟，保证最大限度的恢复时间。

西班牙深蹲

有趣的是，像西班牙深蹲这样的等长练习，有助于诊断髌腱和股四头肌肌腱病。如果进行这些练习后你的膝关节疼痛没有缓解，反而症状加重了，那么你需要重新进行本章前面的筛查过程，从而确定损伤类型。

如果你要带着损伤继续训练，可以在训练之前进行西班牙深蹲。保持等长练习可以减轻疼痛、提升举重时的神经肌肉控制能力。此时，要注意身体对负荷量的反应。

阶段2：通过等张练习提升力量

研究表明，肌腱在力量训练计划设定的递增负荷练习中会变得越来越坚硬[56]。例如，1986年，研究人员针对体重为242磅的力量举运动员深蹲550磅的重量开展了一项研究。在这种大重量深蹲中，研究人员估计运动员髌腱和股四头肌肌腱上的负荷分别达到了6000牛顿和8000牛顿[57]。

深蹲大重量的力量举运动员［稻羽秀明（Hideaki Inaba）深蹲，©Bruce Klemens］

牛顿（N）是衡量力的国际单位。研究人员估计，髌腱可以承受10 000~15 000牛顿的力，这部分力对应着2300~3400磅的重量，对于体型较小、体重为176磅的运动员来说，这是体重的13~19倍[58]。但是，估算股四头肌肌腱的负荷临界点要更加困难。科学家发现，股四头肌肌腱比髌腱厚30%~40%，因此，它能承受的力要远远大于髌腱，这就是相比于髌腱，股四头肌肌腱出现超负荷和病变更少的原因[59]。

为什么这一点如此重要？正如我所提到的，常规的递增负荷可以增强肌腱的刚度，使其具有更强的承载能力。虽然等长练习非常适合通过皮质性抑制的改变来暂时减轻疼痛和提升力量，但是它们几乎不会提升肌腱承受大负荷的能力。因此，你的康复训练计划既要包括等长练习，也要包括传统力量练习。

在健身房中进行的大多数练习都具有两个阶段：离心阶段和向心阶段。离心阶段是运动的下降部分，此时肌纤维在张力的作用下被拉长。向心阶段是肌纤维在张力作用下缩短的阶段。例如，在传统的深蹲中，股直肌在下降时（离心阶段）会拉长，在站起来时（向心阶段）会缩短。

过去，物理治疗师通过离心练习治疗膝关节的肌腱病[60]。一个常见的练习是在斜板上进行单腿蹲，每天2次，每次3组，每组重复15次。运动员站在斜板（通常倾斜25°）上，在保持胸部挺直的同时进行缓慢的单腿蹲。下蹲时用单腿进行离心练习，非支撑侧腿悬空，站起时用双腿。相比于在平地上进行这个练习，将身体置于斜面上会将对髌腱的刺激程度提高25%～30%[61]。

进行这个练习时存在两个问题。首先，支持该练习的研究有限[62]。其次，这个练习动作存在一定的风险。疼痛是斜板单腿蹲的正常反应，在进行举重练习的运动员身上增加这个练习可能会引起过度的刺激并加重损伤。

如果你仔细想想，身体其实在同时使用离心和向心的肌肉动作运动。仅把力量训练集中在运动的某个阶段，并不会强化身体，也不会把功能性延伸到日常活动和训练中。当你在赛道上冲刺时，你的肌肉并

斜板单腿蹲

非只是在离心收缩。离心收缩非常有用，但是为什么要忽略向心收缩呢？

近期的研究表明，在促进肌腱病的愈合过程方面，收缩类型无关紧要[63]。最终，促进受损组织恢复正常状态的因素是施加在肌腱上的负荷。

在21世纪早期，出现了一些有关大重量慢速阻力（HSR）训练在肌腱损伤康复中的应用的研究。HSR描述的是通过向心和离心肌肉收缩慢速进行的传统练习，称为等张运动。研究表明，在肌腱病的康复过程中，这些大重量、速度慢的练习与离心练习一样有效[64]。在这一阶段的康复练习中，HSR练习可以很好地锻炼负荷耐受性，同时又不会把肌腱当作弹簧使用，因为这种用法可能会超过组织当前的负荷耐受能力，并加重症状。在正常的日常活动中，你的疼痛程度若是降到了3级（最高10级），我建议你进行HSR练习。

箱式深蹲

深蹲是向髌腱和股四头肌肌腱施加负荷的好方法。如果你可以无痛地进行全幅度深蹲，那就要增加练习难度。但是，如果疼痛限制了你全幅度深蹲的能力，那么有必要限制下蹲的深度。

例如，箱式深蹲可以让你在下蹲时更好地控制动作幅度。首先，可以通过设定箱子的高度来控制下蹲深度并限制疼痛。为了在下降至全幅度深蹲过程中保持平衡，你的膝关节必须朝着脚趾方向向前移动（有时候要超过脚趾）。虽然对于膝关节健康的人来说，这种膝关节向前的姿势并没有什么危险性，但是胫骨过度倾斜会增加髌腱和股四头肌肌腱上的负荷，从而产生疼痛。使大腿达到与地面平行的箱式深蹲会限制膝关节向前移动，使你能够无痛地向肌腱施加负荷。

箱式深蹲还会减少施加在股四头肌肌腱和髌腱上的张力，因为这个练习没有用到自由深蹲至最低位置时的爆发性反弹（通过肌腱存储和释放能量）。当进行正确的箱式深蹲时，在下蹲和站起之间会有停顿。正常情况下，在大重量深蹲时，弹性势能会存储在肌腱中。停顿会消除肌腱上弹簧式的负荷加载。简而言之，患有髌腱病的运动员对箱式深蹲的耐受性比他们对常规大重量深蹲的耐受性好。

箱式深蹲的准备姿势与常规深蹲一样。双脚处于稳定的姿势。深吸一口气，收紧核心肌群，屈曲髋关节，进行深蹲。

在下蹲过程中保持平衡的同时（从侧面看时，杠铃的轨迹在足中段上方），躯干直立，坐在箱子顶部。下蹲后不要立刻站起，而是在最低位置停顿片刻。

箱式深蹲

挺身向上站起。如果动作正确，在臀部从箱子上抬起时，你的膝关节不会向前移动。同时你的膝关节仍需保持稳定，并与脚呈一条直线。

当你的康复计划进行至HSR阶段时，每隔一天进行4组，每组重复15次。（在不进行HSR练习的训练日，继续进行阶段1中的等长练习。）在进行HSR练习之前进行等长练习，因为等长练习带来的皮质性抑制好处将使你能够募集更多的运动单位以产生更强的力量刺激。

你应该使用多大的负荷

与肌肉不同，肌腱需要使用较大的负荷才能适应和愈合[65]。研究表明，当负荷为1RM的30%~90%时，肌肉围度和力量会发生积极的变化，而肌腱则需要更大的负荷（大于70%1RM）才能产生相同的适应性变化[66]。

如果你第一次进行箱式深蹲，我建议你从后深蹲1RM的50%~70%的重量开始练习。你选择的箱式深蹲的重量应当是你在每次重复时都可以通过良好的技术控制的重量，负荷应足够大，以至于你在完成第四组之后会感到疲劳，无法进行第五组练习[67]。如果你完成第四组练习后，感觉还有足够的能量进行第五组练习，那么可以增加负荷。如果你进行HSR练习时足够慢，应极少会感到疼痛。

有关HSR练习在肌腱病方面的应用，研究人员建议：第一周进行4组力量练习，每组重复15次；然后在接下来的2周内，增加练习负荷，减小训练量，即一周4组，每组重复12次[68]。最终，训练量会降低至一周4组，每组重复10次；接着是一周4组，每组重复8次；然后是一周4组，每组重复6次；每个方案的持续时间为2~3周。

你的深蹲速度应该多快

虽然杠铃负重是受损肌腱产生变化的重要因素，但是举重速度的重要性不容小觑[69]。研究人员发现，控制深蹲速度会显著改变施加在膝关节肌腱上的压力和张力。

在康复阶段初期，深蹲时快速站起可能会引发更多的疼痛。因此，练习时应缓慢地进行下蹲和站起（这是HSR训练的一个关键部分）。在理想情况下，离心阶段应用时3秒，向心阶段也应用时3秒，这意味着每次重复需要6秒来完成[70]。

大多数力量训练计划会将这样的节奏形式写成3-1-3。第一个数字指的是下蹲所需的时间（离心阶段）。第二个数字指的是深蹲时下蹲与站起动作转换时停顿的时间（0表示在深蹲的最低位置进行迅速的或者快速伸缩复合式的反弹，而1表示1秒的停顿）。第三个数字指的是站起所需的时间（向心阶段）。

我建议使用这种3-1-3的练习节奏，直到你完成"2~3周，每天4组，每组重复6次"的练习为止。最终，你可以提高站起的速度。使用慢速下蹲（大约3秒）然后爆发式地站起会增加对肌腱的需求，相比于缓慢地下蹲和站起，这种3-1-3练习节奏有助于更大限度地提升肌腱的负荷耐受能力[71]。

保加利亚分腿蹲

虽然箱式深蹲是一项很好的练习，但是很容易掩盖左右两侧力量/协调性的问题。面对疼痛时，身体通常会有意或者无意地改变运动方式——出现代偿动作。这些代偿动作不明显，即便是经验丰富的教练也难以觉察。单腿练习（例如保加利亚分腿蹲）有助于你发现不对称问题，确保你向受损的肌腱施加恰当的负荷。

进行保加利亚分腿蹲时，单腿跪在箱子或者长凳前，后侧脚放在身后的平台上面。摆好姿势，躯干角度约等于前腿的胫骨角度，可以垂直地面，也可以轻微前倾。与地面接触的膝关节稍微位于髋关节后方（从侧面看时）。如果你有机会使用带滚轮的单腿蹲支架，如图所示，那么它会让你的脚在练习期间便于移动。

保加利亚分腿蹲

拿起一个壶铃或哑铃，将其举在胸前，呈高脚杯深蹲姿势。后侧脚轻轻放在箱子、长凳或者单腿蹲支架上，竖直向上移动身体进行练习。在练习过程中，应像箱式深蹲一样，应限制膝关节过度向前移动。如果你做得正确，那么在下蹲过程中，你会感到前侧腿的肌肉在用力收缩。我喜欢用的一个提示是"将90%的体重放在前侧腿上，而后侧腿只是作为保持平衡的支架"。

壶铃保加利亚分腿蹲

与深蹲一样，建议第一周进行4组练习，每组重复15次；然后在接下来的2周，增加练习负荷，减小训练量，即一周4组，每组重复12次[72]。

最终，训练量会降低至一周4组，每组重复10次；接着是一周4组，每组重复8次；然后是一周4组，每组重复6次；每个方案持续2~3周。练习时所选择的负荷应足够大，以至于你在完成第四组之后会感到疲劳，无法进行第五组练习[73]。随着负荷的增加，若想保持标准的高脚杯深蹲姿势会很困难，你可以换成在背上负重杠铃进行练习。

测试你的进展

当你开始进行HSR训练时，在训练期间和训练之后出现轻微的疼痛（3级）是可以接受的。如果疼痛高于3级，则可能是负荷太大，或者是动作速度太快。

我会使用单腿蹲动作作为疼痛激惹测试（这个练习以前在研究中被用作康复练习）[74]。使用这个测试有助于你观察身体对纠正练习的反应情况。

在肌腱损伤的康复过程中，感受到轻微的疼痛是正常的。为了确保尽可能高效地康复，你需要在肌腱上施加适量的负荷。疼痛激惹测试有助于你确定肌腱对负荷的耐受程度；正如前面讨论的，这称为负荷耐受性。

在训练课前进行单腿蹲，并按从0到10划分疼痛等级（0表示没有疼痛，10表示最严重的疼痛）。这个数字就是你的基线分数。

每次训练后的24小时进行相同的测试，观察负荷是否合适。如果合适，你的疼痛仍会出现或者有所减轻。如果疼痛有所减轻，请在下一次训练中增加负荷。如果你的练习负荷过大，那么你的疼痛会在24小时后加重，此时你需要在下一次训练中减小负荷。

测试训练进展并没有固定的方案，因此与一个具有举重/力量举背景的体能教练和/或物理治疗师合作将是找到适合你身体的训练进展方案的关键。

重返快速伸缩复合训练

除了进行强化肌肉/肌腱的HSR练习，你还需要增强肌腱吸收和存储负荷的能力。当肌腱被当作弹簧进行所谓的拉伸缩短周期（SSC）的练习时，髌腱和股四头肌肌腱承受的负荷最大。

反复跳跃这类爆发性的动作利用肌腱来存储和释放能量并产生爆发力。强调负荷存储的练习（例如，从箱子上跳下来后呈微蹲姿势）是肌腱全面恢复能量存储和释放能力的关键。

站在一个小箱子（6~8英寸高）上面（图中我使用的是一摞杠铃片）。从箱子上迈下来，双脚落地呈微蹲姿势。落地时关节不要僵硬，确保关节充分吸收冲击力。进行2组，每组20次。然后根据身体的反应情况，可以进阶至从较高的箱子上跳下，最终进阶至单腿落地。

跳深练习

在快速伸缩复合练习中，肌腱被用作弹簧来存储和释放能量。开始这种练习之前，你的肌肉力量必须有显著提升。患侧腿的力量应当接近健侧腿，并且在进行斜板单腿蹲时没有疼痛感。

如果通过了斜板单腿蹲测试，并且感觉双腿的力量和控制能力差异不大，那么就可以进行一个更快、更具爆发性的运动，例如单腿跳。刚开始练习时，患侧腿可能会产生疼痛并难以进行。如果准备进入康复的增强式阶段，你必须能够在单腿深蹲等慢速动作和跳跃等高负荷功能性动作中表现出对身体的良好控制并且不会感到疼痛。

这个康复阶段的目标是把肌腱当作弹簧进行练习并观察其反应情况。一个入门级快速伸缩复合训练是原地弹跳。简单进行离地几英寸的弹跳，如图所示。开始时连续重复10~20次，然后休息几分钟，共进行3~4组。

原地弹跳

注意你受损的肌腱在练习期间和接下来的24小时内对负荷的反应情况。如果你在练习期间感觉良好，并且第二天肌腱疼痛或僵硬感没有加重，就可以在下一次训练课中增加负荷。在练习的前几周，通过每组增加更多的跳跃次数来增加负荷。

记录快速伸缩复合训练计划的每个方面将会使你取得进步。例如，运动员A和运动员B都进行3组跳跃，每组重复15次。运动员A第二天感觉非常好，他可以在下次训练课中进阶至3组跳跃，每组重复20次。然而，运动员B在第二天感觉髌腱疼痛略微加重。因此，运动员B需要在下一次快速伸缩复合训练课中减少跳跃次数。

不管是增大还是减小训练量或者训练强度，要确保每次训练只调整一个变量。如果你一次改变太多的变量，那么你将无法确定是训练量的改变还是训练强度的改变超出了肌腱能够承受的范围。

开始时，每周进行2~3个初级水平的快速伸缩复合训练（每3天进行一次）。在这一康复阶段，肌腱每日承受增强式负荷可能会导致负荷累积过度。因此，可以在一周的快速伸缩复合训练中隔天穿插HSR练习。如果你的肌腱对每3天进行一次的快速伸缩复合训练反应良好，你可以继续增大训练量或者训练强度。

最终，你要进阶至中级水平的快速伸缩复合训练，包括较高的收腹跳、从中等高度的箱子（或者如图所示的一摞杠铃片）上跳深以及连续跳远。如果你是一名跑步爱好者（或者你的体育运动涉及跑步），那么这个时候加入加速和减速练习以及变向练习是一个不错的选择。

1 **2** **3**

跳深

在进行这些练习几周后，你可以进行更高级的快速伸缩复合训练，包括单腿跳以及更高箱子的跳深。最终，你可以通过每2天而不是每3天进行一次快速伸缩复合训练来调整增加负荷的频率。与往常一样，你仍需观察肌腱的反应情况并做出相应的调整。每个人都会表现出不同的反应，因此，你需要找到适合你身体的负荷。要有耐心，康复过程可能需要数周甚至数月的时间。

单腿跳

重返奥林匹克举重

高翻和抓举这类爆发式举重动作是导致膝关节肌腱损伤严重的练习，因此应在康复阶段的后期将它们引入训练中。如果你已经可以无痛地进行大重量深蹲，那么你可以重新进行举重练习了。刚开始要缓慢地推进练习，尤其是要保持较低的举重训练的频率。两次训练之间间歇48~72小时，有利于肌腱完全恢复。

下面是一个简单的可供参考的训练计划。

- **第一天：** 奥林匹克举重。
- **第二天：** 等长练习（积极休息）。
- **第三天：** 大重量慢速阻力（HSR）训练。
- **第四天：** 奥林匹克举重。

注意，没有完全休息的一天。有些运动员在经过一天的充分休息后会感觉糟糕，所以确保使用简单的等长练习向肌腱施加负荷是一个不错的主意[75]。在进行奥林匹克举重之前，继续使用等长练习作为热身活动，还可以使用斜板单腿蹲测试判断身体对新加入的举重练习的反应情况。

根据损伤位于肌腱病理连续体上的阶段，缓解疼痛的过程可能需要几天到几周甚至数月的时间。确定进阶的依据是在每次训练课后24小时的疼痛激惹测试（斜板单腿蹲）中感受到的疼痛等级。

没有两个运动员会对这些康复练习做出相同的反应。一些运动员可以在每次训练课中增加更大的重量，另一些运动员需要更加多变的负荷计划来避免疼痛。最终是由你根据自己的感受来调节负荷。如果你的膝关节在第二天疼得更厉害，请不要逞强并强忍着疼痛训练，要听从身体的反应。

一旦你恢复到无痛的训练，你应该每周继续进行等长练习、保加利亚分腿蹲以及协调性练习（如果发现协调性存在问题），以防止肌腱病的复发。这是因为即使在疼痛缓解后，因疼痛而出现的神经肌肉问题通常仍然存在[76]。若你患有肌腱病，但是你没有坚持进行负重练习，或者过快地增大练习强度，疼痛很容易再次出现。

被动治疗

我曾治疗许多患者，他们之前接受过其他康复从业人员的治疗，但都没有明显的效果。他们之前所接受的治疗通常都以某种被动治疗为主。被动治疗是指别人对你实施的治疗，而主动治疗是指你亲身参与的治疗。被动治疗包括冰敷、干针疗法以及使用刮痧技术等。

虽然冰敷已被证明有利于控制疼痛，但它不会加速损伤愈合过程（参见第7章，了解有关冰敷局限性的内容）。如果你真的想治疗损伤，那么扔掉冰袋，从根源上处理疼痛问题。

像干针疗法或者器械辅助软组织放松（IASTM）这样的被动疗法有助于解决膝关节或者髋关节灵活性不足问题。因此，它们可以作为治疗膝关节损伤的有益补充。然而，没有证据表明，被动疗法可以有效地治疗髌腱或者股四头肌肌腱病。研究表明，适当的负荷是提升力量、缓解疼痛和提高肌腱病患者生活质量的唯一方式。

髌骨带怎么样

　　髌骨带是治疗髌腱疼痛常用的护具。髌骨带由一层很厚的材料制成，紧紧地包裹着髌腱，用于减轻疼痛组织的压力。虽然一些人对髌骨带很依赖，但关于它们的功效一直不确定。我对髌骨带的看法是，如果使用它可以减轻活动带来的疼痛，你可以继续使用它。请记住，使用髌骨带只是康复练习的补充，而不是唯一的治疗方法。髌骨带不能用来掩饰疼痛，你仍然需要通过进行适当的负荷练习来解决疼痛问题。

你应该戴护膝或绑带

　　走进GrossFit训练馆、奥林匹克举重馆或力量举健身馆，你一定会发现一些运动员在锻炼时戴着护膝或者绑带。护膝和绑带是杠铃训练中常用的配件。然而，当谈到如何以及何时使用它们时，大多数人一无所知。

　　我想告诉你有关这些训练配件的一些情况。首先，从常见的问题开始：护膝和绑带有什么区别？

　　护膝是包裹在整个膝关节上的压缩护具，通常由柔软的氯丁橡胶材料制成。它们有不同的厚度，其设计可以让膝关节在训练时保暖。一些人认为，穿戴护膝的身体感觉可以让运动员在举重时更好地感知膝关节的位置，并且可以改善动作技术。

护膝

绑带由聚酯帆布与橡胶丝交织在一起制成[79]。绑带通常长78.7英寸，宽3.1英寸，它们按照螺旋形或者8字形结构尽可能紧地包裹在运动员的膝关节上。

绑带

绑带区别于护膝的力学优势是它的弹性材料（橡胶丝）在运动员深蹲的下降阶段会被拉伸。就像弹簧被拉伸一样，绑带的弹性会让其储存这种弹性能量，然后在运动员站起时将这种能量传递给运动员。实际研究表明，绑带可以使运动员从深蹲最低位置站起时的速度提高20%[80]。

现在，市场上有一些护膝可以紧紧套在膝关节上，与绑带相比，这些产品也会提供相当多的回弹力。然而，你所看到的运动员穿戴的大多数护膝并不是这样的。

绑带经常用于力量举运动中，而不是奥林匹克举重运动中，因为绑带会限制抓举和下蹲翻时运动员下降至最低位置的动作。虽然有些举重运动员缠绕的绑带类似于传统力量举所用的类型，但是通常由更软的棉花混纺材料制成，这种材料可以保持膝关节温度，但是不会为举重运动员增加力学优势。

用绑带缠绕膝关节的两种传统方法是：螺旋形和X技术（或者交叉8字形）。2015年，一项研究对比了两种缠绕方法在力学辅助程度（称为延滞效应）上是否存在显著差异。有趣的是，研究人员在两种方法之间并没有发现差异[81]。

因为护膝不会像紧紧缠绕的绑带那样直接改善运动表现，你可以随时穿戴。但是，不应该为了掩盖疼痛而穿戴护膝。运动员通常购买一对护膝来试图解决膝关节的疼痛问题，但这不是护膝存在的意义。

另外，绑带需要谨慎使用。研究表明，佩戴绑带可能会迫使你做出更加挺直的姿势来改变深蹲动作技术[82]。这意味着强有力的髋伸肌（臀肌）可能在举重练习时参与较少。因此，建议想要使用绑带的运动员尽可能在最大重量的训练课中和/或在力量举比赛期间使用。

最后，是否使用绑带或者护膝是个人的决定。许多出色的杠铃运动员不会使用这两个配件，而有些运动员则会使用绑带或者护膝，具体根据训练课的目标而定。绑带是一个可以帮助你举起大重量的配件，但是要记住，绑带或者护膝不应该当作一种掩饰膝关节疼痛的工具。

参考文献

[1] K.D. DeHaven and D.M. Lintner, "Athletic injuries: comparison by age, sport, and gender," *American Journal of Sports Medicine* 14, no.2(1986): 218-24.

[2] B.P. Hamill, "Relative safety of weightlifting and weight training," *Journal of Strength & Conditioning Research* 8, no.1(1994): 53-7; M.H. Stone, A.C. Fry, M. Ritchie, L. Stossel-Ross, and J.L. Marsit, "Injury potential and safety aspects of weightlifting movements," *Strength and Conditioning Journal* 16, no.3(1994): 15-21; D.N. Kulund, J.B. Dewy, and C.E. Brubaker, "Olympic weight-lifting injuries," *Physician and Sportsmedicine* 6, no.11(1978): 111-9; G. Calhoon and A.C. Fry, "Injury rates and profiles of elite competitive weightlifters," *Journal of Athletic Training* 34, no.3(1993): 232-8.

[3] Calhoon and Fry, "Injury rates and profiles of elite competitive weightlifters" (see note 2 above).

[4] Calhoon and Fry, "Injury rates and profiles of elite competitive weightlifters" (see note 2 above).

[5] T.Q. Lee, G. Morris, and R.P. Csintalan, "The influence of tibial and femoral rotation on patellofemoral contact area and pressure," *Journal of Orthopaedic & Sports Physical Therapy* 33, no.11(2003): 686-93.

[6] F.A. Barber and A.N. Sutker, "Iliotibial band syndrome," *Sports Medicine* 14, no.2(1992): 144-8; D.B. Clement, J.E. Taunton, G.W. Smart, and K.L. McNicol, "A survey of overuse running injuries," *Physician and Sportsmedicine* 9, no.5(1981): 47-58; G. Linderburg, R. Pinshaw, and T.D. Noakes, "Iliotibial band syndrome in runners," *Physician and Sportsmedicine* 12, no.5(1984): 118-30.

[7] M. Fredericson, M. Guillet, and L. DeBenedictis, "Quick solutions for iliotibial band syndrome," *Physician and Sportsmedicine* 28, no.2(2000): 52-68; J.W. Orchard, P.A. Fricker, A.T. Abud, and B.R. Mason, "Biomechanics of the iliotibial band friction syndrome in runners," *American Journal of Sports Medicine* 24, no.3(1996): 375-9.

[8] J. Fairclough, K. Hayashi, H. Toumi, K. Lyons, G. Bydder, N. Phillips, T.M. Best, and M. Benjamin, "The functional anatomy of the iliotibial band during flexion and extension of the knee: implications for understanding iliotibial band syndrome," *Journal of Anatomy* 208, no.3(2006): 309-16.

[9] B. Noehren, I. Davis, and J. Hamil, "ASB Clinical Biomechanics award winner 2006: prospective study of the biomechanical factors associated with iliotibial band syndrome," *Clinical Biomechanics* 22, no.9(2007): 951-6.

[10] S.D. Rosengarten, J.L. Cook, A.L. Bryant, J.T. Cordy, J. Daffy, and S.I. Docking, "Australian football

players' Achilles tendons respond to game loads within 2 days: an ultrasound tissue characterization(UTC) study," *British Journal of Sports Medicine* 49, no.3(2015): 183-7.

[11] J. Cook, E. Rio, and S. Docking, "Patellar tendinopathy and its diagnosis," *Sports Health* 32, no.1(2014): 17-20.

[12] K.M. Khan, N. Maffulli, B.D. Coleman, J.L. Cook, and J.E. Taunton, "Patellar tendinopathy: some aspects of basic science and clinical management," *British Journal of Sports Medicine* 32, no.4(1998): 346-55.

[13] J.L. Cook, E. Rio, C.R. Purdam, and S.I. Docking, "Revisiting the continuum model of tendon pathology: what is its merit in clinical practice and research?" *British Journal of Sports Medicine* 50, no.19(2016): 1187-91.

[14] Cook, Rio, Purdam, and Docking, "Revisiting the continuum model of tendon pathology" (see note 13 above).

[15] H. Alfredson and J. Cook, "A treatment algorithm for managing Achilles tendinopathy: new treatment options," *British Journal of Sports Medicine* 41, no.4(2007): 211-6.

[16] S.P. Magnusson, M.V. Narici, C.N. Maganaris, and M. Kjaer, "Human tendon behaviour and adaptation, in vivo," *Journal of Physiology* 586, no.1(2008): 71-81.

[17] J.L. Cook and C.R. Purdam, "Is tendon pathology a continuum? A pathology model to explain the clinical presentation of load-induced tendinopathy," *British Journal of Sports Medicine* 43, no.6(2009): 409-16.

[18] Cook and Purdam, "Is tendon pathology a continuum?" (see note 17 above).

[19] J.L. Cook, K.M. Khan, P.R. Harcourt, M. Grant, D.A. Young, and S.F. Bonar, "A cross sectional study of 100 athletes with jumper's knee managed conservatively and surgically: the Victorian Institute of Sport Tendon Study Group," *British Journal of Sports Medicine* 31, no.4(1997): 332-6; M. Kongsgaard, V. Kovanen, P. Aagaard, S. Doessing, P. Hansen, A.H. Laursen, N.C. Kaldau, M. Kjaer, and S.P. Magnusson, "Corticosteroid injections, eccentric decline squat training and heavy slow resistance training in patellar tendinopathy," *Scandinavian Journal of Medicine & Science in Sports* 19, no.6(2009): 790-802.

[20] A. Scott, O. Lian, R. Bahr, D.A. Hart, and V. Duronio, "VEGF expression in patellar tendinopathy: a preliminary study," *Clinical Orthopaedics and Related Research* 466, no.7(2008): 1598-604; H. Alfredson, L. Ohberg, and S. Forsgren, "Is vasculo-neural ingrowth the cause of pain in chronic Achilles tendinosis? An investigation using ultrasonography and colour Doppler, immunohistochemistry, and diagnostic injections," *Knee Surgery, Sports Traumatology, Arthroscopy* 11, no.5(2003): 334-8.

[21] Cook, Rio, Purdam, and Docking, "Revisiting the continuum model of tendon pathology" (see note 13 above).

[22] J. Cook, podcast interview, November 5, 2018.

[23] S.I. Docking, M.A. Girdwood, J. Cook, L.V. Fortington, and E. Rio, "Reduced levels of aligned fibrillar structure are not associated with Achilles and patellar tendon symptoms," *Clinical Journal of Sport Medicine*, July 31, 2018, Volume Publish Ahead of Print – Issue.

[24] Cook, Rio, Purdam, and Docking, "Revisiting the continuum model of tendon pathology" (see note 13 above).

[25] E.K. Rio, R.F. Ellis, J.M. Henry, V.R. Falconer, Z.S. Kiss, M.A. Gridwood, J.L. Cook, and J.E. Gaida, "Don't assume the control group is normal—people with asymptomatic tendon pathology have higher pressure pain thresholds," *Pain Medicine* 19, no.11(2008): 2267-73.

[26] J. Cook, podcast interview, November 5, 2018.

[27] A. Rudavsky and J. Cook, "Physiotherapy management of patellar tendinopathy (jumper's knee)," *Journal of Physiotherapy* 60, no.3(2014): 122-9.

[28] V. Graci and G.B. Salsich, "Trunk and lower extremity segment kinematics and their relationship to pain following movement instruction during a single-leg squat in females with dynamic knee valgus and patellofemoral pain," *Journal of Science and Medicine in Sport* 18, no.3(2015): 343-7; C. M. Powers, "The influence of altered lower-extremity kinematics on patellofemoral joint dysfunction: a theoretical perspective," *Journal of Orthopaedic & Sports Physical Therapy* 33, no.11(2003): 639-46; T.A. Dierks, K.T. Manal, J. Hamil,

and I.S. Davis, "Proximal and distal influences on hip and knee kinematics in runners with patellofemoral pain during a prolonged run," *Journal of Orthopaedic & Sports Physical Therapy* 38, no.8(2008): 448–56; Noehren, Davis, and Hamil, "ASB Clinical Biomechanics award winner 2006: prospective study of the biomechanical factors associated with iliotibial band syndrome" (see note 9 above); R.H. Miller, J.L. Lowry, S.A. Meardon, and J.C. Gillette, "Lower extremity mechanics of iliotibial band syndrome during an exhaustive run," *Gait Posture* 26, no.3(2007): 407–13; A. Chang, K. Hayes, D. Dunlop, D. Hurwitz, J. Song, S. Cahue, R. Genge, and L. Sharma, "Trust during ambulation and the progression of knee osteoarthritis," *Arthritis & Rheumatology* 50, no.12(2004): 3897–903; R. Cerejo, D.D. Dunlop, S. Cahue, D. Channin, J. Song, and L. Sharma, "The influence of alignment on risk of knee osteoarthritis progression according to baseline stage of disease," *Arthritis & Rheumatology* 46, no.10(2000): 2632–6; M.C. Boling, D.A. Padua, S.W. Marshall, K. Guskiewicz, S. Pyne, and A. Beutler, "A prospective investigation of biomechanical risk factors for patellofemoral pain syndrome: the joint undertaking to monitor and prevent ACL injury (JUMP-ACL) cohort," *American Journal of Sports Medicine* 37, no.11(2009): 2108–16; T.H. Nakagawa, E.T. Moriya, C.D. Maciel, and F.V. Serrao, "Trunk, pelvis, and knee kinematics, hip strength, and gluteal muscle activation during a single-leg squat in males and females with and without patellofemoral pain syndrome," *Journal of Orthopaedic & Sports Physical Therapy* 42, no.6(2012): 491–501; R.B. Souza and C.M. Powers, "Differences in hip kinematics, muscle strength, and muscle activation between subjects with and without patellofemoral pain," *Journal of Orthopaedic & Sports Physical Therapy* 39, no.1(2009): 12–9.

[29] S. Sahrmann, D.C. Azevedo, and L. Van Dillen, "Diagnosis and treatment of movement system impairment syndromes," *Brazilian Journal of Physical Therapy* 21, no.6(2017): 391–9.

[30] G.J. Sammarco, A.H. Burnstein, and V.H. Frankel, "Biomechanics of the ankle: a kinematic study," *Orthopedic Clinics of North America* 4, no.1(1973): 75–96.

[31] C.M. Powers, "The influence of altered lower-extremity kinematics on patellofemoral joint dysfunction: a theoretical perspective," *Journal of Orthopaedic & Sports Physical Therapy* 33, no.11(2003): 639–46; M.T. Cibulka and J. Threlkeld-Watkins, "Patellofemoral pain and asymmetrical hip rotation," *Physical Therapy* 85, no.11(2005): 1201–7.

[32] P. Devita and W.A. Skelly, "Effect of landing stiffness on joint kinetics and energetics in the lower extremity," *Medicine & Science in Sports & Exercise* 24, no.1(1992): 108–15.

[33] L.J. Backman and P. Danielson, "Low range of ankle dorsiflexion predisposes for patellar tendinopathy in junior elite basketball players: a 1-year prospective study," *American Journal of Sports Medicine* 39, no.12(2011): 2626–33.

[34] D.R. Bell, B.J. Vesci, L.J. DiStefano, K.M. Guskiewicz, C.J. Hirth, and D. Padua, "Muscle activity and flexibility in individuals with medial knee displacement during the overhead squat," *Athletic Training & Sports Health Care* 4, no.3(2014): 117–25; E. Macrum, D.R. Bell, and D.A. Padua, "Effect of limiting ankle-dorsiflexion range of motion on lower extremity kinematics and muscle-activation patterns during a squat," *Journal of Sport Rehabilitation* 21, no.2(2012): 144–50; A. Rabin and Z. Kozol, "Measures of range of motion and strength among healthy women with differing quality of lower extremity movement during the lateral step down test," *Journal of Orthopaedic & Sports Physical Therapy* 40, no.12(2010): 792–800; D.R. Bell, D.A. Padua, and M.A. Clark, "Muscle strength and flexibility characteristics of people displaying excessive medial knee displacement," *Archives of Physical Medicine and Rehabilitation* 89, no.7(2008): 1323–8.

[35] J. Dicharry, Anatomy for Runners(New York: Skyhorse Publishing, 2012).

[36] K. Bennell, R. Talbot, H. Wajswelner, W. Techovanich, and D. Kelly, "Intra-rater and interrater reliability of a weight-bearing lunge measure of ankle dorsiflexion," *Australian Journal of Physiotherapy* 44, no.3(1998): 175–80; "Ankle mobility exercises to improve dorsiflexion," MikeReinold.com, accessed April 30, 2020.

[37] E. Rio, L. Mosley, C. Purdam, T. Samiric, D. Kidgell, A.J. Pearce, S. Jaberzadeh, and J. Cook, "The pain of tendinopathy: physiological or pathophysiological?" *Sports Medicine* 44, no.1(2014): 9–23.

[38] Cook, Rio, and Docking, "Patellar tendinopathy and its diagnosis" (see note 11 above).

[39] R.L. Baker and M. Fredericson, "Iliotibial band syndrome in runners. Biomechanical implications and exercise interventions," *Physical Medicine and Rehabilitation Clinics of North America* 27, no.1(2016): 53–77.

[40] M. Fredericson, M. Guillet, and L. DeBenedictis, "Quick solutions for iliotibial band syndrome," *Physician and Sportsmedicine* 28, no.2(2000): 52–68.

[41] K. Cerny, "Vastus medialis oblique/vastus lateralis muscle activity ratios for selected exercises in persons with and without patellofemoral pain syndrome," *Physical Therapy* 75, no.8(1995): 672-83; R.T. Jackson and H.H. Merrifield, "Electromyographic assessment of quadriceps muscle group during knee extension with weighted boot," *Medicine & Science in Sports & Exercise* 4, no.2(1972): 116-9; F.J. Lieb and J. Perry, "Quadriceps function: An electromyographic study under isometric conditions," *Journal of Bone & Joint Surgery* 53, no.4(1971): 749-58; G.S. Pocock, "Electromyographic study of the quadriceps during resistive exercise," *Physical Therapy* 43(1963): 427-34; T.O. Smith, D. Bowyer, J. Dixon, R. Stephenson, R. Chester, and S. T. Donell, "Can vasus medialis oblique be preferentially activated? A systematic review of electromyographic studies," *Physiotherapy Theory and Practice* 25, no.2(2009): 69-98; J. Laprade, F. Culham, and B. Brouwer, "Comparison of five isometric exercises in the recruitment of the vastus medialis oblique in persons with and without patellofemoral pain," *Journal of Orthopaedic & Sports Physical Therapy* 27, no.3(1998): 197-204; C.M. Powers, "Rehabilitation of patellofemoral joint disorders: a critical review," *Journal of Orthopaedic & Sports Physical Therapy* 28, no.5(1998): 343-54.

[42] K.E. DeHaven, W. A. Dolan, and P.J. Mayer, "Chondromalacia patellae in athletes: clinical presentation and conservative management," *American Journal of Sports Medicine* 7, no.1(1995): 5–11; J. McConnell, "The management of chondromalacia patellae: a long term solution," *Australian Journal of Physiotherapy* 32, no.4(1986): 215-23; S.A. Doucette and D.D. Child, "The effect of open and closed chain exercise and knee joint position on patellar tracking in lateral patellar compression syndrome," *Journal of Orthopaedic & Sports Physical Therapy* 23, no.2(1996): 104-10.

[43] Powers, "Rehabilitation of patellofemoral joint disorders: a critical review" (see note 41 above).

[44] Doucette and Child, "The effect of open and closed chain exercise and knee joint position on patellar tracking in lateral patellar compression syndrome" (see note 42 above) ; D. Kaya, M.N. Doral, and M. Callaghan, "How can we strengthen the quadriceps femoris in patients with patellofemoral pain syndrome?" *Muscles, Ligaments and Tendons Journal* 2, no.1(2012): 25–32.

[45] R.F. Escamilla, G.S. Fleisig, N. Zheng, S.W. Barrentine, K.E. Wilk, and J.R. Andrews, "Biomechanics of the knee during closed kinetic chain and open kinetic chain exercises," *Medicine & Science Sports & Exercise* 30, no.4(1998): 556–69.

[46] M. Fredericson, C.L. Cookingham, A.M. Chaudhari, B.C. Dowdell, N. Oestreicher, and S.A. Sahrmann, "Hip abductor weakness in distance runners with iliotibial band syndrome," *Clinical Journal of Sport Medicine* 10, no.3(2000): 169-75; S.F. Nadler, G.A. Malanga, M. DePrince, T.P. Stitik, and J.H. Feinberg, "The relationship between lower extremity injury, low back pain, and hip muscle strength in male and female collegiate athletes," *Clinical Journal of Sport Medicine* 10, no.2(2000): 89-97; P.E. Niemuth, R.J. Johnson, M.J. Myers, and T.J. Thieman, "Hip muscle weakness and overuse injuries in recreational runners," *Clinical Journal of Sport Medicine* 15, no.1(2005): 14-21; S. M. Souza and C. M. Powers, "Predictors of hip internal rotation during running: an evaluation of hip strength and femoral structure in women with and without patellofemoral pain," *American Journal of Sports Medicine* 37, no.3(2009): 579-87.

[47] R.L. Minzer, J.K. Kawaguchi, and T.L. Chmielewski, "Muscle strength in the lower extremity does not predict postinstruction improvements in the landing patterns of female athletes," *Journal of Orthopaedic & Sports Physical Therapy* 38, no.6(2008): 353-61.

[48] R. Rerber, B. Noehren, J. Hamill, and I. Davis, "Competitive female runners with a history of iliotibial band syndrome demonstrate atypical hip and knee kinematics," *Journal of Orthopaedic & Sports Physical Therapy* 40, no.2(2010): 52-8.

[49] J.D. Willson, S. Binder-Macleod, and I.S. Davis, "Lower extremity jumping mechanics of female athletes with and without patellofemoral pain before and after exertion," *American Journal of Sports Medicine* 36, no.8(2008): 1587-96.

[50] D.C. Herman, J.A. Onate, P.S. Weinhold, K.M. Guskiewicz, W.E. Garrett, B. Yu, and D.A. Padua, "The effects of feedback with and without strength training on lower extremity biomechanics," *American Journal of Sports Medicine* 37, no.7(2009): 1301-8.

[51] G. Cook, L. Burton, and K. Fields, "Reactive neuromuscular training for the anterior cruciate ligament-deficient knee: a case report," *Journal of Athletic Training* 34, no.2(1999): 194-201.

[52] K.F. Spracklin, D.C. Button, and I. Halperin, "Looped band placed around thighs increases EMG of gluteal muscles without hindering performance during squatting," *Journal of Performance Health Research* 1, no.1(2017): 60-71; R.C.A. Foley, B.D. Bulbrook, D.C. Button, and M.W.R. Holmes, "Effects of a band loop on lower extremity muscle activity and kinematics during the barbell squat," *International Journal of Sports Physical Therapy* 12, no.4(2017): 550-9.

[53] K. Kubo, H. Akima, J. Ushiyama, I. Tabata, H. Fukuoka, H. Kanehisa, and T. Fukunaga, "Effects of 20 days of bed rest on the viscoelastic properties of tendon structures in lower limb muscles," *British Journal of Sports Medicine* 38, no.3(2004): 324-30.

[54] E. Rio, D. Kidgell, C. Purdam, J. Gaida, G. Lorimer Moseley, A.J. Pearce, and J. Cook, "Isometric exercise induces analgesia and reduces inhibition in patellar tendinopathy," *British Journal of Sports Medicine* 49, no.19(2015): 1277-83.

[55] E. Rio, C. Purdam, M. Girdwood, and J. Cook, "Isometric exercise to reduce pain in patellar tendinopathy in-season: is it effective 'on the road'?" *Clinical Journal of Sport Medicine* 29, no.3(2017): 188-92.

[56] S.P. Magnusson, M.V. Narici, C.N. Maganaris, and M. Kjaer, "Human tendon behaviour and adaptation, in vivo," *Journal of Physiology* 586, no.1(2008): 71-81; M. Couppe, P. Kongsgaard, P. Aagaard, J. Hansen, J. Bojsen-Moller, M. Kjaer, and S.P. Magnusson, "Habitual loading results in tendon hypertrophy and increased stiffness of the human patellar tendon," *Journal of Applied Physiology* 105, no.3(2008): 805-10.

[57] R. Nisell and J. Ekholm, "Joint load during the parallel squat in powerlifting and force analysis of in vivo bilateral quadriceps tendon rupture," *Scandinavian Journal of Sports Sciences* 8, no.2(1986): 63-70.

[58] R. Zernicke, J. Garhammer, and F.W. Jobe, "Human patellartendon rupture: a kinetic analysis," *Journal of Bone & Joint Surgery* 59, no.2(1977): 179-83; R.F. Escamilla, "Knee biomechanics of the dynamic squat exercise," *Medicine and Science in Sports and Exercise* 33, no.1(2001): 127-41.

[59] R. Nisell and J. Ekholm, "Patellar forces during knee extension," *Scandinavian Journal of Rehabilitation Medicine* 17, no.2(1985): 63-74.

[60] M. Rutland, D. O'Connell, J.M. Brismee, P. Sizer, G. Apte, and J. O'Connell, "Evidence-supported rehabilitation of patellar rehabilitation," *North American Journal of Sports Physical Therapy* 5, no.3(2010): 166-78.

[61] P. Jonsson and H. Alfredson, "Superior results with eccentric compared to concentric quadriceps training in patients with jumper's knee: a prospective randomized study," *British Journal of Sports Medicine* 39, no.11(2005): 847-50.

[62] P. Malliaras, J. Cook, C. Purdam, and E. Rio, "Patellar tendinopathy: clinical diagnosis, load management, and advice for challenging case presentations," *Journal of Orthopaedic & Sports Physical Therapy* 45, no.11(2015): 887-98.

[63] S. Bohm, F. Mersmann, and A. Arampatzis, "Human tendon adaptation in response to mechanical loading: a systematic review and meta-analysis of exercise intervention studies on healthy adults," *Sports Medicine-Open* 1, no.1(2015): 7.

[64] Malliaras, Cook, Purdam, and Rio, "Patellar tendinopathy" (see note 62 above); M. Kongsgaard, K. Qvortrup, J. Larsen, P. Aagaard, S. Doessing, P. Hansen, M. Kjaer, and S.P. Magnusson, "Fibril morphology and tendon mechanical properties in patellar tendinopathy: effects of heavy slow resistance training," *American Journal of Sports Medicine* 38, no.4(2010): 749-56; K. Kubo, T. Ilebukuro, H. Yata,

N. Tsunoda, and H. Kanehisa, "Time course of changes in muscle and tendon properties during strength training and detraining," *Journal of Strength and Conditioning Research* 24, no.2(2010): 322–31.

[65] Bohm, Mersmann, and Arampatzis, "Human tendon adaptation in response to mechanical loading" (see note 63 above).

[66] Bohm, Mersmann, and Arampatzis, "Human tendon adaptation in response to mechanical loading" (see note 63 above); R.W. Morton, S.Y. Oikawa, C.G. Wavell, N. Mazara, C. McGlory, J. Quadrilatero, B.L. Baechler, S.K. Baker, and S.M. Phillips, "Neither load nor systemic hormones determine resistance training-mediated hypertrophy or strength gains in resistance-trained young men," *Journal of Applied Physiology* 121, no.1(2016): 129–38.

[67] J. Cook, podcast interview, November 5, 2018.

[68] Kongsgaard et al., "Corticosteroid injections, eccentric decline squat training and heavy slow resistance training in patellar tendinopathy" (see note 19 above).

[69] A. Arampatzis, K. Karamanidis, and K. Albracht, "Adaptational responses of the human Achilles tendon by modulation of the applied cyclic strain magnitude," *Journal of Experimental Biology* 210, Pt 15(2007): 2743–53.

[70] Kongsgaard et al., "Corticosteroid injections, eccentric decline squat training and heavy slow resistance training in patellar tendinopathy" (see note 19 above).

[71] J.E. Earp, R.U. Newton, P. Cormie, and A. J. Blazevich, "Faster movement speed results in greater tendon strain during the loaded squat exercise," *Frontiers in Physiology* 7(2016): 366.

[72] Kongsgaard et al., "Corticosteroid injections, eccentric decline squat training and heavy slow resistance training in patellar tendinopathy" (see note 19 above).

[73] J. Cook, podcast interview, November 5, 2018.

[74] A. Rudavsky and J. Cook, "Physiotherapy management of patellar tendinopathy (jumper's knee)," *Journal of Physiotherapy* 60, no.3(2014): 122–9.

[75] Malliaras, Cook, Purdam, and Rio, "Patellar tendinopathy" (see note 62 above).

[76] J. Fairclough, K. Hayashi, H. Toumi, K. Lyons, G. Bydder, N. Phillips, T.M. Best, and M. Benjamin, "The functional anatomy of the iliotibial band during flexion and extension of the knee: implications for understanding iliotibial band syndrome," *Journal of Anatomy* 208, no.3(2006): 309–16.

[77] M. Lavagnino, S.P. Arnoczky, J. Dodds, and N. Elvin, "Infrapatellar straps decrease patellar tendon strain at the site of the jumper's knee lesion," *Sports Health* 3, no.3(2011): 296–302.

[78] M.D. Miller, D.T. Hinkin, and J.W. Wisnowski, "The efficacy of orthotics for anterior knee pain in military trainees. A preliminary report," *American Journal of Knee Surgery* 10, no.1(1997): 10–3.

[79] E. Harman and P. Frykman, "Bridging the gap-research: The effects of knee wraps on weightlifting performance and injury," *Journal of Strength Conditioning Research* 12(1990): 30–5.

[80] J.P. Lake, P.J.C. Carden, and K.A. Shorter, "Wearing knee wraps affects mechanical output and perfor-mance characteristics of back squat exercise," *Journal of Strength Conditioning Research* 26, no.10 (2012): 2844–9.

[81] P.H. Marchetti, V. de Jesus Pereira Matos, E.G. Soares, J.J. da Silva, E. Serpa, D.A. Correa, G.C. Martins, G.V. Junior, and W.A. Gomes, "Can the technique of knee wrap placement affect the maximal isometric force during back squat exercise?" *International Journal of Sports Science & Coaching* 5, no.1(2015): 16–8.

[82] Lake, Carden, and Shorter, "Wearing knee wraps affects mechanical output and performance chara-cteristics of back squat exercise" (see note 80 above).

第 4 章

肩关节疼痛

肩关节是人体中灵活且复杂的关节。当你从地上提起杠铃，或者把杠铃推举过头顶时，一个由肌肉、韧带和骨骼组成的复杂网络必须精准地协同工作来确保关节的安全。为了保证肩关节的功能正常，它必须具备足够的灵活性来使肱骨进行不同范围的运动，同时还需拥有足够的稳定性来保持良好的动作模式。

在我与运动员相处的这些年中，我发现肩关节是最容易损伤的关节之一。实际上，研究表明，无论是在专业举重中还是在业余举重中，肩关节都是受伤最严重的关节[1]。我想简单介绍一下肩关节的解剖结构以及我在举重房中看到的一些常见的肩关节损伤。

肩关节解剖学

在探讨肩关节可能出现的潜在损伤之前，我们必须了解它的结构（关节是如何构造的）和功能（不同部分是如何协同工作来产生运动的）。

肩关节（盂肱关节）被认为是球窝关节，并由3块骨头组成：肱骨、肩胛骨和锁骨。肱骨末端的形状像一个嵌在肩胛骨关节窝内的小球。与相对较深的髋关节窝不同，肩关节的关节窝非常浅，这就是肩关节连接通常被比作坐在球座上的高尔夫球的原因。

肩关节肌肉解剖结构

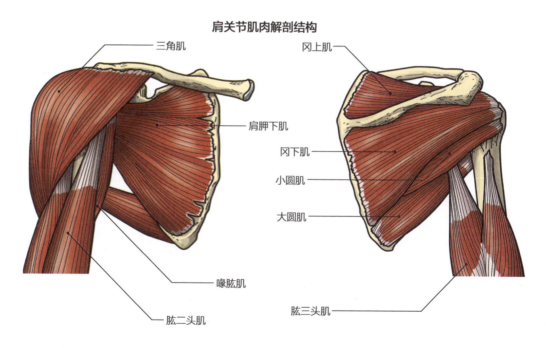

三角肌
冈上肌
肩胛下肌
冈下肌
小圆肌
大圆肌
喙肱肌
肱三头肌
肱二头肌

较浅的肩关节连接通常被比作在球座上的高尔夫球

这个"高尔夫球"由一些体积小但却非常重要的组织（韧带和关节囊）固定在肩胛骨的关节窝内。这些组织就像贴身手套一样包裹在关节周围并形成一个密闭的支撑。

肩关节周围的韧带和关节囊

斜方韧带
喙锁韧带
锥状韧带
肩锁韧带
喙肩韧带
三角肌下囊和肩峰下囊
囊韧带
肩胛上横韧带
肩胛骨
肱骨

在这些韧带和关节囊的上方分布着肩袖肌群，它包括四块从肩胛骨开始连接到肱骨的小肌肉。由于这些肌肉位于关节附近，在手臂移动时会把肱骨头压进关节窝内，所以它们被认为是主要稳定肌群。

肩袖肌群：主要稳定肌群

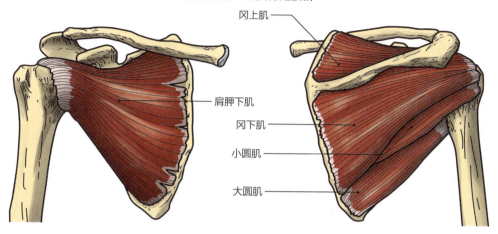

冈上肌

肩胛下肌

冈下肌

小圆肌

大圆肌

一些较大的肌肉附着在肩胛骨和/或肱骨上，帮助手臂移动，例如背阔肌、胸肌和三角肌是通常被称为肩关节主动肌的较大肌肉。走进健身房，你会看到人们（尤其是年轻人）在努力地锻炼这些肌肉，使其变得更大、更强。

背阔肌、胸大肌和三角肌：主动肌

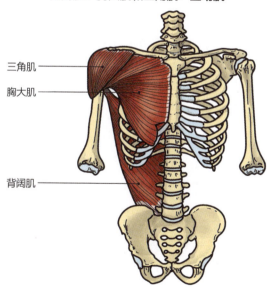

三角肌

胸大肌

背阔肌

当肱骨的"高尔夫球"始终位于"球座"的中心时，肩关节的运动效率最高。然而，这说起来容易，做起来却很难。虽然这个概念看起来似乎很简单，但是在任何时候，"高尔夫球"都只有25%~30%的面积与"球座"接触[2]。然而，在几乎所有的手臂运动中，强壮健康的肩关节会使肱骨头保持在关节窝中心周围几毫米的范围内[3]。

肩关节是如何实现这种精确运动的呢？其依赖于两个因素相互作用：静态力和动态力。

静态力和动态力

静态力是由我们无法控制的结构产生的拉力或张力，这些结构包括包围关节的韧带和关节囊等。韧带、关节囊产生的张力以及关节窝的形状共同影响着肩关节的被动稳定程度[4]。

也许你见过某个人的关节异常灵活，这种异常的灵活性在一定程度上通常是肩关节的静态稳定结构松弛导致的。我们每个人的解剖结构都略有不同，这不足为奇。有些人的韧带天生就有些僵硬。另外，肩胛骨关节盂窝（高尔夫球比喻中的球座）的形状或尺寸也因人而异。有些人的关节盂窝较深，而有些人的关节盂窝较浅，类似于盘子。这些因素都会对肩关节的稳定程度产生影响。

例如，在抓举或者挺举时，你把杠铃举到头顶上方时，肩关节囊会收紧或者绷紧，以稳定关节并防止肱骨头滑出关节窝。关节囊松弛（或者具有较浅盘状关节窝）的人，其肩关节被动稳定性较差，需要更多的主动稳定性（来自关节周围的肌肉）维持，否则肩关节就会有损伤的风险。

如果不进行手术，我们无法改变这些静态稳定结构，但是我们可以确保肩关节周围的肌肉（主动稳定结构）发挥作用。因此，动态力是由肌肉产生的拉力或张力，这是我们可以控制的部分。

正如前面所提到的，组成肩袖肌群的四块小肌肉，即肩胛下肌、冈上肌、冈下肌和小圆肌，围绕着肩关节并在手臂移动时收缩，以使高尔夫球保持在球座的中心。无论你是拎起一袋杂货，还是把杠铃举过头顶，这些肌肉会与附着在手臂和肩胛骨上的较大的肌肉协同进行安全且有力的运动。

为了理解肩袖肌群和主动肌是如何协同工作来移动肩胛骨和肱骨，可以想象为一个小男孩在帮他的父亲架梯子。男孩跪在梯子底部，把它固定在地上。然后父亲向上推梯子，使梯子斜靠在房屋的侧面。（照片中，穿红色衬衫的人代表小男孩。）

这模拟的正是你每次移动手臂时肩关节上发生的情况[5]。下面是每个部分的表现。

"小男孩"和"父亲"架梯子

- **父亲：** 主动肌（背阔肌、胸肌和三角肌）。
- **小男孩：** 主要稳定肌群（肩袖肌群）。
- **梯子：** 肱骨。
- **地面：** 肩胛骨关节窝。

小男孩（肩袖肌群）的作用是保持梯子（肱骨）在地面（肩胛骨关节窝）上处于稳定状态，而父亲（背阔肌、胸肌和三角肌）专注于把梯子移动至恰当的位置。

一个人固定梯子的底部，另一个人让梯子就位，这是动态稳定性如何形成和维持的一个很好的比喻。如果没有足够的被动和主动稳定性，我们就会出现肩袖肌腱炎、肩袖撕裂、盂唇撕裂以及肩关节不稳定的风险。

肩关节复合体就要复杂一些。我们不仅需要理解肩关节本身的力学机制，还需要考虑肩胛骨是如何运动的。当你把手臂举过头顶时，你的肩胛骨也随之移动。

我们再回到梯子的比喻情景中，想想如果父亲决定拿起梯子并把它移动到房屋的其他地方会出现什么情况。如果小男孩没有起身并与梯子一起移动来将它重新固定，那么梯子就会倾倒。正如小男孩要移动来保持梯子底部始终连接在地面上，肩胛骨也必须相应运动，才能适应肱骨姿势的变化。这个动作依靠附着在肩胛骨上的诸多肌肉的协同工作，例如菱形肌、斜方肌、大圆肌和前锯肌。

　　胸椎或中背部也是会对肩关节的稳定程度产生影响的因素。由于肩胛骨位于脊柱侧上方，所以中背部的形态会影响肩胛骨运动的效率。为了提供手臂的稳定性，肩胛骨需要在恰当的时间以恰当的方式移动至恰当的位置，即肩胛骨必须在上背部上面轻松地滑动。这需要胸椎伸展至一定程度。

肩胛骨在胸椎上方移动

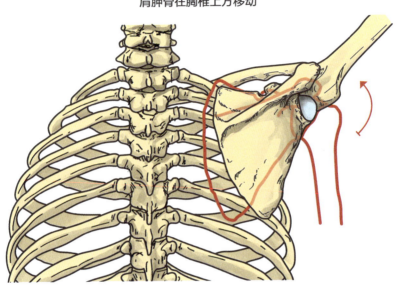

　　中背部的结构稳定且不易弯曲，因为许多与其相连的肋骨要为其间的重要器官提供保护。但是，许多人都长期存在不良姿势，这会导致上背部僵硬或者上背部弯曲。当上背部弯曲且不能完全伸展时，肩胛骨的运动就会受到限制[6]，进而影响肩关节的力学结构和稳定性。

　　为了理解这一部分，你需要记住以下有关肩关节复合体的基本知识。如果肩胛骨能够在胸椎上正常运动，那么肩袖肌群就可以发挥作用并保持关节具有足够的稳定性。基本上，如果肩关节复合体的每个部分都能够正确地发挥自己的作用，那么高尔夫球就会始终位于球座的中心，从而避免肩关节损伤发生。

肩关节损伤解剖学基础

肩关节疼痛是什么引起的？简单的答案是，疼痛通常是肩关节周围的结构承受了过度的压力或者张力的结果。某个部分的功能障碍（例如，肩袖肌群无力或者肩关节被动稳定性较差）会使正常情况下处于协调状态的肩关节复合体出现问题。对于力量型运动员，疼痛通常源自以下三种情况。

- 主动肌与稳定肌之间不平衡。
- 肩关节不稳定。
- 不良的动作技术。

一些特定损伤持续出现，例如肩袖肌腱病、盂唇撕裂以及肩关节半脱位等，受平衡性和稳定性影响。

不平衡和不稳定

让我们先从解剖学的角度讨论一下常见的问题。为了使肩关节正常工作，较小的主要稳定肌群（肩袖肌群）必须与较大的主动肌（例如三角肌）平衡工作。如果这些力不平衡，那么肩关节就会失去稳定性，其力学结构也会被打乱[7]。

这种力学不平衡导致的常见损伤是撞击。研究表明，撞击存在两种类型：外部（或肩峰下）撞击和内部撞击[8]。由于撞击出现的位置不同，所以这两种类型通常会在肩关节的不同部位引发疼痛。

当你观察肩关节的解剖结构时，你会注意到肱骨的"高尔夫球"与其上方的结构（例如肩胛骨的肩峰）并没有太多的间隙。

肩关节解剖结构与撞击

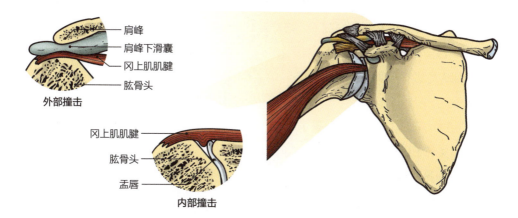

肩峰
肩峰下滑囊
冈上肌肌腱
肱骨头
外部撞击

冈上肌肌腱
肱骨头
盂唇
内部撞击

- **外部撞击**描述的是滑囊（小型且充满液体的囊状结构）或者肩袖肌腱对肩峰形成的挤压。（肩峰与肩袖或软组织结构的间隙称为肩峰下间隙。）当手臂举到头顶时，肩关节前部通常会产生疼痛。

- **内部撞击**出现在肩袖肌腱被夹在肱骨末端的"高尔夫球"与关节窝"球座"边缘（通常是后侧）之间时。在手臂抬高和外旋的过程中，肩关节后部通常会产生疼痛。

撞击损伤还可以根据疼痛的原因（或者病理机制）进行分类。肩关节出现撞击的主要原因有两个。

- 解剖结构异常（原发性撞击）。

- 动态力失衡（继发性撞击）。

第一个原因是解剖结构异常。大多数人的肩峰非常地平或者轻微地弯曲。然而，有些人的肩峰呈钩形，当肩关节运动时，其会让肩袖肌腱和滑囊的间隙变小。如果具有这种解剖结构的人在感到疼痛和不舒服后仍旧坚持运动，那么肩袖肌腱就会变得肿胀，肩峰下间隙就会变窄。更小的间隙意味着这些组织会对肩峰进行更多的夹挤。如果长时间如此，这种微创伤就会变成一个大问题，例如肩袖撕裂。

遗憾的是，如果不进行手术，我们无法改变这种解剖结构。及早发现症状是提前预防撞击损伤的关键。与物理治疗师或者教练一起调整举重技术以适应自己的解剖结构，可能会帮助你在撞击较少的前提下继续将杠铃举过头顶（例如，在抓举或挺举时采用更宽的握距抓握杠铃）。

第二个原因是动态力失衡。根据我的经验，继发性撞击在运动员中更加常见。在本章前面部分，我提到肩关节是一个球窝关节，但这种说法并不是百分之百准确。当肩关节进行活动范围大的运动时（例如，把手臂举到头顶上方时），手臂不仅会在关节处旋转，而且还会轻微地向前、向后、向上或者向下滑动。出现继发性撞击的原因并不是解剖结构异常，而是肩关节复合体的功能问题。通常，在进行过顶运动时，运动员很难保持足够的肩关节稳定性。在某些情况下，肱骨头（高尔夫球）的过度运动会导致内部挤压。

继发性撞击产生的原因如下。

- 肌肉力量不平衡。

- 灵活性受限。

- 协调性问题（肩胛骨和肱骨）。

- 肩关节不稳定。

肌肉力量不平衡是继发性撞击最常见的原因之一。如果肩袖肌群没有被激活，或者是软弱无力，那么肩关节周围较强壮的肌肉（主动肌）将会压制主要稳定肌群（肩袖肌群）。让我们回到梯子的比喻情景中，小男孩（肩袖肌群）必须稳定梯子的底部，父亲（主动肌）才能推起梯子让其固定在合适的位置。如果梯子的底部不稳定，那么梯子就会过度摇晃，父亲将会很难把梯子放在合适的位置。虽然肩袖肌群的体积较小，但它们的作用非常大。

灵活性受限，例如背阔肌、胸肌和胸椎僵硬，也会造成继发性撞击。这一因素会对肩胛骨或者肱骨的运动产生负面影响。灵活性受限会对运动员杠铃或者哑铃过顶推举产生负面影响。下面是一个例子。

为了在提铃和硬拉时保持足够的躯干张力和稳定性，身体必须激活强有力的背阔肌（分布在背部两侧，呈V形的较大肌肉）。这一强壮的肌肉不仅有助于产生足够的核心稳定性和躯干硬度/刚度，还有助于保持肩关节内旋，以便在从地面上提起杠铃时，让杠铃贴近身体。

把杠铃举至头顶上方还依赖背阔肌的柔韧性。在手臂移动至头顶上方的过程中，为保持肱骨头处于肩关节的中心位置，肱骨必须向外旋转。如果背阔肌过于僵硬，那么肱骨将无法实现足够的外旋，这可能会导致撞击。对于那些柔韧性不足导致过顶运动的灵活性受限，同时在举重时又不断使自己的肩关节处于不良位置的人来说，最终会出现微创伤，进而可能导致肩关节损伤以及/或者疼痛。

背阔肌柔韧性允许肱骨过顶运动

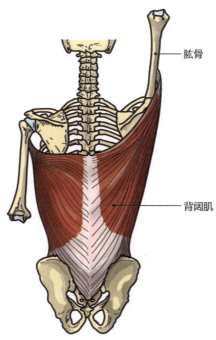

肱骨

背阔肌

肩胛骨与肱骨之间的协调性对于保持稳定性而言至关重要。正如前面所讨论的，肩胛骨必须与手臂同步运动。如果在手臂做过顶姿势时，肩胛骨向上旋转的幅度不够大，那么肱骨头就会在关节窝内过度移位，从而发生撞击。前锯肌无力或功能障碍可能是肩胛骨上回旋不足的原因。

前锯肌

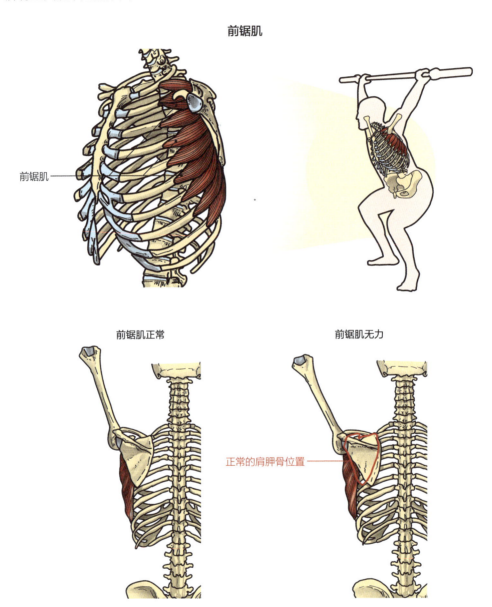

前锯肌

前锯肌正常

前锯肌无力

正常的肩胛骨位置

最后，导致继发性撞击的原因之一是肩关节不稳定，这是一种力学结构问题[9]。"肩关节不稳定"一词本身就很模糊，因为很难确定运动员所表现出的肩关节灵活性是正常的，还是有问题的。有些运动员的肩关节极其灵活，或者过度灵活，这种过度灵活可以是先天性的，也可以是后天出现的。

- **先天性**意味着与生俱来。由于结缔组织松弛，有些人天生就有较为松散的关节。通常他们在体操、啦啦操以及舞蹈等活动中表现出色。
- **后天出现**的过度灵活通常需要长时间的发展。肩关节上的较小组织结构由于持续产生的微创伤被拉伸甚至被撕裂。后天出现的过度灵活常见于那些经常反复做相同动作的运动员身上。例如，由于训练和比赛期间持续反复进行过顶运动，这种后天出现的过度灵活会在棒球运动员和游泳运动员身上较为常见。

如果力量以及/或者稳定性存在明显不足，那么不管是先天性的还是后天出现的过度灵活都会导致损伤[10]。

研究表明，5%~15%的人（更多的是女性）天生就过度灵活[11]。判断你是否属于这一类别的一个简单方法是贝顿（Beighton）测试评分[12]。

尝试下面的五项筛查。前四项筛查中，身体两侧均要测试。如果你能完成任务，给自己打1分，如果不能，打0分。

- 抓住另一只手的小指，并尽可能大幅度地将其向后弯。（不要伤到自己！）你是否可以无痛地弯曲至90°？
- 抓住另一只手的拇指，并将其拉向前臂。你是否可以无痛地用拇指碰到前臂？
- 尽可能伸直肘关节。你是否会过度伸展（超过10°）？
- 尽可能伸直膝关节。你是否会过度伸展（超过10°）？
- 双脚站立，屈髋俯身。你是否能在伸直膝关节的情况下用手掌触摸地面？

你的总分是多少？研究表明，得到2分或者更高分的人属于过度灵活，其肩关节不稳定的概率几乎是正常人的2.5倍[13]。

关节过度灵活本身并不危险。许多运动员都有关节过度灵活（不管是先天性的还是后天出现的），他们在整个运动生涯中都没有受伤。然而，如果在动态运动过程中，肩袖肌群无法控制过度灵活的肩关节，那么肩关节就会变得不稳定，就有可能受伤。

那么举重时的不稳定是如何导致损伤的呢？

在肩关节不稳定的情况下，重复多次进行过顶推举会增加肩关节损伤的风险。尽管在过顶举重（抓举、挺举以及推举等）过程中很少出现创伤性脱位，但是如果缺乏稳定性，肩关节会持续累积微创伤。

分腿挺举的精英举重运动员［安纳托利·皮萨连科（Anatoly Pisarenko），©Bruce Klemens］

由于肩关节是一个灵活的关节，所以损伤的位置和类型因人而异，并且取决于"球"（肱骨头）在"球座"（关节窝）中移动的方向。例如，在内部撞击的情况下，如果一些人的肩关节过度灵活，且没有足够的肌肉控制能力，那么在他们把手臂举过头顶时，肩袖的肌腱可能会被挤压在关节窝的后面。

肩关节不稳定也会导致盂唇损伤。盂唇是一块扩大或加深肩关节"球座"的较厚的组织，可以增加与股骨头的接触面积。类似于在山坡上停车时，在汽车轮胎下面放一个较重的障碍物来防止溜车，盂唇起到被动控制的作用以帮助稳定肩关节[14]。

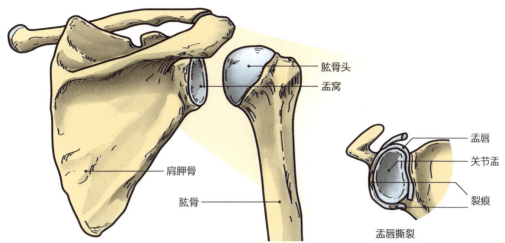

孟唇

肱骨头

孟窝

肩胛骨

肱骨

孟唇

关节孟

裂痕

孟唇撕裂

　　孟唇与关节囊一起在关节处形成一个密闭空间。如果在关节处没有保持足够的动态稳定性，则会发生过度运动，从而导致孟唇损伤并最终撕裂。孟唇撕裂，即便是轻微的撕裂，也会导致关节内压力的大幅下降，以及关节被动稳定性的降低。出现孟唇损伤的人常抱怨当将手臂移至头顶上方时，肩关节会出现让人感到疼痛的粘连或者弹响[15]。

不良的动作技术

　　使用不良的动作技术（尤其是在负重的时候）会增加损伤的风险。举重时导致肩关节疼痛的常见动作技术是杠铃过顶上举（例如，抓举、挺举/推举或者下蹲举）。让我们分析一下它是如何发生的。

　　为了使肩关节在抓举、挺举/推举或者下蹲举过程中保持安全，腕关节、肘关节、肩关节/肩胛骨以及伸展的中背部（胸椎）应当保持竖直的对齐排列方式。杠铃置于颈后正上方，肩部肌肉就会有效地工作来稳定头顶上方的重量。如果以上部位都处于正确的对齐排列状态，你应当能够下蹲至最低位置，并将杠铃垂直地举到头顶上方，控制在斜方肌顶部。此时你可以只移动双臂，并保持身体其他部位稳定不动。

下蹲举（正确的竖直对齐排列姿势）（Kanybek Osmanaliev，©Bruce Klemens）

为了保持过顶举重时的稳定性，你的肩胛骨必须处于正确的位置。对于大多数运动员来说，肩胛骨应当稍微内收（收缩至一起），并轻微向上旋转，但不要向上耸肩。

一个常见的误解是当杠铃举过头顶时，举重运动员应该耸肩。有些人似乎已经这样做了，其原因有两个。第一，自然情况下，肩胛骨必须向上旋转为肱骨提供稳定性。第二，当运动员把杠铃支撑在头顶上方时，斜方肌上束可为双臂提供张力。肩胛骨上回旋以及斜方肌上束收缩给人的印象是举重运动员正在积极地向上耸肩。然而，情况通常并非如此。过度耸肩会导致稳定关节的肌肉组织过早疲劳。简而言之，为了稳定过顶推举动作而过分强调耸肩是一个低效方法。

查德·沃恩（Chad Vaughn）为运动员解释了这个概念：想象一下过顶举着一个杠铃进行100米的弓步行走，如果向上耸肩支撑杠铃，那么不到100米你的斜方肌就会疲劳。

过顶举重弓步行进：耸起的肩关节　　　　过顶举重弓步行进：正确的肩关节姿势

　　过顶举重时导致肩关节受伤的最常见的技术错误是关节过度内旋或者外旋。当你举起手臂（或者将杠铃举过头顶）时，你的肩关节会轻微外旋，以保持"球"始终位于"球座"的中心。不良的动作技术会使肩关节过度旋转，以保持身体（以及头顶上方的杠铃）处于平衡状态。如果你在深蹲时胸部前倾，你的双臂会反射性地向后移动，以保持杠铃重心落在足中段上方。这种姿势会使肩关节处于明显的外旋状态，并使肱骨在关节窝中过度向前移动。在这种不平衡的姿势下做过顶举重动作（偏离理想的对齐排列方式）会使肩关节上较小的组织结构遭受微创伤，并可能导致疼痛。

过顶举重技术，良好（左），不良（右）[凯文·温特（Kevin Winter），©Bruce Klemens]

许多人会问，运动员做过顶姿势时教练是否会提示肩关节向内旋转。我认为这种问题是对肩关节力学结构的误解。我认为问题在于一些有训练经验的运动员给人的印象是他们在把肩胛骨挤压在一起，并当杠铃位于头顶上方时向前推动腋窝（肩胛骨内收）。虽然肩关节看上去可能处于内旋状态，但是肱骨本身始终处于外旋状态以保持在肩关节窝的中间。

不管你的教练给出什么提示，上肢必须保持平衡的对齐排列姿势，以在过顶举重时确保肩关节的安全。由于个体解剖结构的差异，运动员的过顶姿势看起来总是会有一些差异。如果我们不想让肩关节受伤，那么举重时我们必须确保安全和稳定。

如何筛查肩关节疼痛

到目前为止，你应当已经注意到了导致不同类型肩关节损伤的共同因素，即灵活性和稳定性。安全高效的运动是灵活性和稳定性共同作用的结果。如果你缺乏恰当的稳定性或者灵活性，你的关节会遭受微创伤，随着时间的推移，这些微创伤会导致严重的损伤。

筛查肩关节疼痛的方法非常简单。不要尽力去诊断可能受损的具体肩关节部位（例如盂唇），相反，你需要找出疼痛的根本原因。

例如，一名大量推举导致肩袖肌群产生炎症的运动员可能会进行一些强化肩袖肌群的康复练习，而这些强化练习可能是从网上找的或者是从健身同伴那里学来的。然而，如果炎症是胸椎伸展灵活性受限（肩胛骨无法充分向上进行滑动）引起的撞击导致的，那么进行再多针对肩袖肌群的强化练习也不会真正地解决问题。疼痛可能会在短期内消失，但是运动员一旦重新开始进行过顶举重，疼痛就可能重新出现。

大多数临床医生会通过进行一系列的测试来筛查肩关节疼痛，以确定或者排除某一具体的损伤。但是这些测试只能帮助确定损伤（例如盂唇或者肩袖撕裂）的存在，而不会帮助确定潜在的损伤机制。知道某些人出现肩袖撕裂并不代表你知道他们疼痛的原因或者需要哪些纠正练习。因此，根据引起疼痛的问题对损伤进行分类对于推动治疗过程来说更有帮助。

这并不意味着我们不参考MRI或者其他设备扫描得出的结果。实际上，基于运动的筛查模型（运动病理模型）并没有排除或者假设一个具体的解剖学问题会引起疼痛，而是把MRI得出的结果作为整个治疗决策过程的一个组成部分。观察运动员实时或者录像中的运动方式，你可以扩展筛查过程的视野。影像学报告虽然提供了有用的信息，但是它不应当作为康复/治疗的主要关注点。换句话说，治疗对象是人，而不是损伤。

思考一下，自己的肩关节疼痛最符合下面哪个类别。

- 不良的动作技术。
- 灵活性/柔韧性受限。
- 不稳定。
- 力量不平衡/无力。

你的损伤可能不止符合一个类别，因此请务必阅读下面的内容。根据每个部分提供的内容整合方案来修复损伤。

动作技术评估

评估举重动作技术的质量应是找出损伤原因的第一步。想想在健身房中锻炼时哪些重复性举重动作会产生肩关节疼痛，你能否找出这些举重动作模式或者姿势的共同特点？

例如，力量举运动员可能会在进行后深蹲时感到肩关节疼痛，因为他们的肘关节远离躯干后方，从而导致肱骨"球"在关节窝"球座"内向前滑移。如果这听上去像你的情况，那么看看当你降低肘关节位置，使得双臂与躯干近似对齐时，你的症状是否有所改善。

在评估举重动作技术时，确保观察从手腕到下背部的所有部位。每个部位都会对肩关节承受的力量产生影响（后面会有详细介绍）。如果你只有一侧肩关节感到疼痛，那么要寻找两侧的差异。寻找一名经验丰富的教练，帮助你识别可能引发症状的技术问题。

在评估期间，需要关注的一个关键部分是肩胛骨的运动。如果可以，脱掉上衣或者穿紧身衣会让背部清晰可见。伸直双臂向两侧外展，进行一次杠铃过顶推举和一次引体向上。在每次运动期间，评估疼痛侧的肩胛骨是否过度移动，以及两侧肩胛骨移动是否相同。肩胛骨上回旋受限可能是前锯肌功能不良的表现，而肩胛骨过度运动是不稳定和肩袖后侧肌群无力导致的。

肩胛骨的运动：外展，引体向上以及过顶推举

灵活性和柔韧性评估

坐姿灵活性评估

在举重和CrossFit运动中，运动员以不同的姿势进行大量的过顶举重练习，例如宽握抓举、窄握挺举或推举。如果运动员不具备足够的灵活性来正确进行这些练习，那么最终会出现损伤。

背部靠墙坐下，头、上背部和臀部都应与墙壁接触，下背部应处于中立位（意味着下背部不需要贴紧墙面）。

双臂伸直前平举，掌心朝下，然后尽可能高地将双臂举到头顶上方。也可以握一根PVC管采用与挺举或过顶推举相同的握法做此动作。保持核心肌群稳定支撑，同时肋骨不要向外张开。

靠墙筛查：掌心朝下（图1，图2）；掌心朝上（图3，图4）

你能否在双臂不弯曲的情况下让双手触碰到墙壁？如果你能够触碰到墙壁，那么是否很费力呢？

如果上面两个问题的答案都是肯定的，那么再次尝试相同的动作，但这次要掌心朝上，这是一种增加了肩关节外旋角度的姿势。你是否仍然能够触碰墙壁？你的肘关节最终弯曲了吗？你的头是否会向前移动离开墙壁，或者你的双臂是否摆出Y形姿势来让双手触碰到墙壁？如果你没有PVC管，在双臂上举的过程中，你的拇指是否会转向内侧（肩关节内旋）？

理想情况下，你的双臂应靠近耳朵，动作类似于窄握距的过顶推举。这应该是一个轻松的动作，不需要很费力就能完成。如果你是这种情况，那么你有足够的灵活性。

接下来，让双臂靠墙呈L形姿势，肘关节屈曲90°。在双臂始终接触墙壁的情况下，沿着墙壁尽可能向下滑动。

L形筛查

你的感觉如何？

这个动作类似于后深蹲时肩背支撑杠铃时的手臂姿势。如果在没有代偿（肋骨扩张或者下背部反弓）的情况下，你无法让双臂下滑至少45°，那么你的某个部位的灵活性可能不足。这可能是肩关节外旋、胸椎伸展或者胸大肌/胸小肌的灵活性或柔韧性受限导致的。

站姿灵活性评估

举重运动员和CrossFit爱好者必须具备较强的肩关节内旋能力，以在奥林匹克举重（尤其是抓举）中使杠铃贴近身体。肩关节内旋能力不足的运动员不得不通过肩关节复合体向前转动（过度移动肩胛骨）来进行代偿，以避免杠铃远离身体。

站立位，双臂呈L形姿势。在肩胛骨不向前偏移的情况下，尽可能向地面旋转双臂。理想情况下，你的前臂应与地面平行。

肩关节内旋筛查

如果你不能完成以上筛查，那么继续完成下面的评估以确定你灵活性不足的原因。

背阔肌/大圆肌柔韧性筛查

仰卧位，让你的朋友把你的手臂举到头顶上方，同时用另一只手保持肩胛骨固定不动。在进行肩关节伸展动作时，将拇指朝向天空以及将拇指朝向外侧，这样就可以在肩关节内旋和外旋姿势下评估背阔肌/大圆肌的柔韧性。

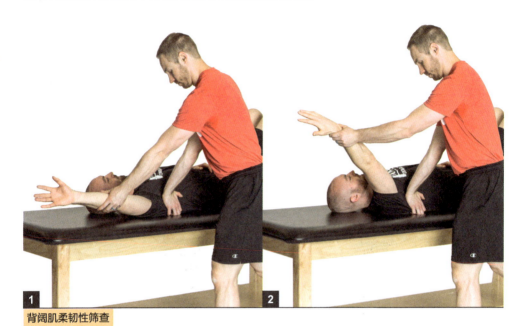

背阔肌柔韧性筛查

当你的拇指朝向天空时，你是否能把手臂向头顶上方举得更高？这种肩关节内旋姿势会使背阔肌和大圆肌放松，因此这个动作可以让这些肌肉柔韧性受限的人将手臂向头顶上方举得更高。

如果你的手臂伸展受到限制，且肩关节内旋和外旋姿势之间没有明显差异，那么灵活性受限可能源自关节更深处，例如关节囊僵硬。这需要康复专业人员来解决。

胸小肌和胸大肌柔韧性筛查

举重训练时，肩胛骨良好的力学结构需要胸小肌具备充分的的柔韧性。胸小肌柔韧性不足会导致肩胛骨移动受限，使其处于前倾的状态，并可能会导致肩关节上的较小组织结构出现撞击。

评估胸小肌的柔韧性，需采取仰卧位，双手放在腹部，肘关节弯曲。这样的手臂姿势会使喙肱肌和肱二头肌短头放松，因为这两块小肌肉附着在肩胛骨喙突处，过于紧张可能会导致这个筛查的结果呈假阳性。

胸小肌柔韧性筛查

让你的朋友把手掌放在你的肩胛骨喙突位置（感觉突出的骨头部分）并向下压。如果这些小肌肉具有足够的柔韧性，肩部应该很容易被压下去，并且上胸部不会有过度拉伸感[16]。

胸大肌和胸小肌

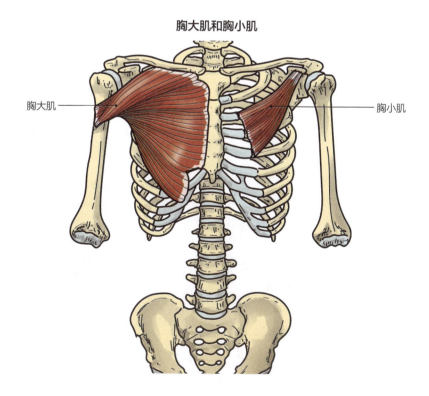

胸大肌

胸小肌

胸小肌附着在肩胛骨上，会影响肩胛骨的位置和运动。胸大肌附着在肱骨上面。这两块肌肉过度紧张会使肩关节和手臂向前转到一个不良的姿势。

评估胸大肌的柔韧性，需采取仰卧位，双手重叠置于头后方。让你的肘关节尽可能地朝向地面。如果你的肘关节不能轻松触碰到地面，那么你的胸大肌较短或过度紧张[17]。

胸大肌柔韧性筛查

胸椎灵活性筛查

评估胸椎灵活性可能较难，因为胸椎由多个脊柱关节组成。胸椎的结构硬度/刚度很高，以保护重要器官的安全。然而，这部分的硬度/刚度过高会影响肩胛骨的运动，并影响肩关节的灵活性和稳定性。

胸椎旋转

胸椎灵活性评估详见本书第55~56页。理想情况下，你的脊柱应该可以向左或向右旋转45°。这将使PVC管与地上的胶带对齐[18]。

不稳定性测试

肩关节的稳定性是由主动力量和被动力量共同创造和维持的。主动稳定性是我们可以通过增强或者减弱肌肉力量来调节，但我们无法控制被动稳定性（例如，韧带、肩关节囊、盂唇和肩关节的解剖结构）。

确定肩关节是否松弛的一个简单测试是肩沟测试。采取坐位或者站立位，双臂放松自然下垂，让朋友抓住你的肘关节并轻轻地向下拉。观察向下的拉力是否会在肱骨和肩关节顶部之间产生明显的间隙。如果这两个部分之间形成的间隙大于一个手指宽度（8~10毫米），那么这个测试的结果呈阳性[19]。

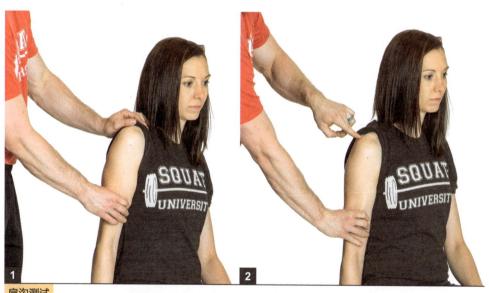

肩沟测试

尽管肩沟测试评估的是肩关节囊下方的松弛程度，但是一些研究人员指出，在这个方向不稳定的人也会在其他方向出现过度运动［称为多向不稳定（MDI）][20]。因此，肩沟测试结果呈阳性的人应进行稳定性和力量练习以提升他们对关节的控制能力。这些运动员的肩关节活动范围均属于正常，因此即便他们有紧缩感，也不应该进行拉伸；拉伸可能会加剧肩关节的不稳定。

力量不平衡测试

　　导致肩关节疼痛的最常见的力量不平衡原因之一是前侧肌肉主导。不良的姿势和训练习惯（过度锻炼胸肌和三角肌）可能会导致前侧肌肉压制较弱的背部肌肉。背部肌肉包括肩袖肌群、菱形肌、斜方肌中束/下束、大圆肌和背阔肌。

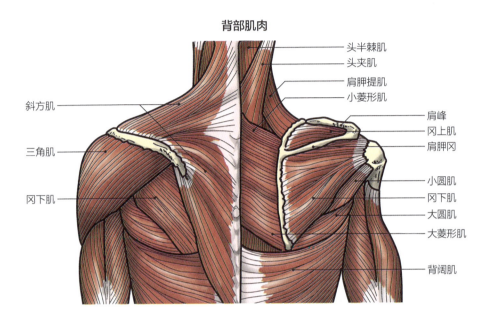

背部肌肉

头半棘肌
头夹肌
肩胛提肌
小菱形肌
斜方肌
三角肌
冈下肌
肩峰
冈上肌
肩胛冈
小圆肌
冈下肌
大圆肌
大菱形肌
背阔肌

胸部肌肉/三角肌

斜方肌
肩峰
锁骨
三角肌
胸锁乳突肌
肩胛舌骨肌
锁骨部
胸肋部　胸大肌
腹部
胸骨
腹直肌前鞘
肱二头肌　长头　短头
肱三头肌
前锯肌
背阔肌

在通常情况下，经常去健身房的人以及运动员会过度锻炼他们的胸肌和三角肌，而没有投入足够的时间去锻炼肩胛骨和背部周围肌肉。背部周围肌肉的力量可以确保肩胛骨的稳定性，并防止不良姿势（例如肩关节前倾）；肩袖肌群也可以确保肩关节保持稳定。你可以在家中进行两项简单的测试来评估这些肌群的力量，即T形测试和Y形测试。

俯卧在一个较高的平台上，或者俯卧在地上（四肢着地）。一只手臂伸直至体侧，就像字母T的一侧一样，并且掌心朝向地面。然后让你的朋友向下压伸出的手臂3秒，同时你要对抗下压力。你的手臂是轻易地下落了，还是你能够对抗下压的力量稳定手臂？

T形测试

接下来，外展伸出的手臂，并将其移动到较高的位置，就像字母Y的一侧一样。再次让你的朋友向下压伸出的手臂3秒。尽力对抗这个力量。

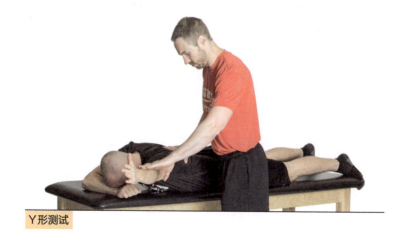

Y形测试

你感觉到了什么？如果你难以在任何姿势下阻止手臂移动，那么你的肩胛骨稳定性可能很差，因为你的肩后侧和中背部肌肉软弱无力。T形测试的目的是测试斜方肌中束是否无力，而Y形测试则用来评估斜方肌下束是否无力。斜方肌下束无力是肩关节疼痛患者的一种常见的力量不平衡状态。

如果附着在肩胛骨上的较小的肌肉软弱无力，那么肩关节周围较强的肌肉（例如三角肌）就会压制这些较小的肌肉，从而导致关节运动不良，最终使得损伤出现。如果你在这些测试中发现存在问题，那么我建议你在康复计划中加入俯卧侧平举练习（本章后面会介绍）。

肩关节外旋无力是绝大多数肩关节疼痛的原因。大多数临床医生会通过运动员的双臂来筛查这个问题。双臂屈曲呈L形姿势，让你的朋友尝试把你的双手并在一起，同时你尽力对抗朋友施加的向内的力。

外旋测试

你能保持双臂笔直朝前不动，还是你的双手会被轻易地并在一起？你的一侧肩胛骨稳定性是否比另一侧更弱？

进行另一个测试。肘关节与肩同高，且手臂呈L形姿势，仿佛你在与别人击掌。让你的朋友从后向前推你的手使肩关节内旋，同时你尽力对抗这个力量。

外旋测试（外展90°）

　　手臂抬高后是否更加难以控制？如果是这样，那么你的肩关节在抬高或者过顶姿势下更有可能受伤。手臂抬高的姿势会增加肩袖肌群稳定肩关节的难度。有趣的是，绝大多数的肩关节脱位都出现在肩关节外展、外旋时。如果你在这些测试中发现存在问题，那么我建议你在康复计划中加入肩外旋力量和稳定性练习（本章后面会介绍）。

　　评估肩袖肌群（尤其是冈上肌）力量和稳定性的一个常见筛查是满罐测试[21]。站立位，把双臂举至肩关节高度，呈Ｖ形，拇指朝上。让你的朋友向下压你的双臂，同时你需要保持这个姿势并且对抗下压的力量。如果你的肩袖肌群无力和/或受伤，你很难保持这个姿势。

满罐测试

　　下面介绍的一项力量测试是针对前锯肌的。当手臂举至头顶上方时，前锯肌与斜方肌协同工作将肩胛骨移动到一个恰当的位置来为肩关节提供稳定性，尤其是有助于肩胛骨的上回旋和后倾。如果前锯肌没有处于最佳的工作状态，那么肩胛骨将无法恰当地旋转和倾斜，这可能会限制关节在头顶上方的活动范围并产生肩关节撞击。前锯肌无力的运动员在进行杠铃过顶推举时斜方肌上束会产生过度代偿。

评估前锯肌的力量，需采取站立位。把手臂举到体前且稍微高于肩关节的位置，保持姿势不变。让你的朋友用一只手辅助你的手臂，同时用另一只手找到肩胛骨下角的位置。然后对你的手臂施加一个向下向后（朝向身体方向）的力，同时你要对抗这个力量。观察你的肩胛骨的情况。

前锯肌力量测试

如果你的前锯肌力量较弱，你的肩胛骨下角会向下旋转并且从背部突出（肩胛骨翼状突出），或者斜方肌上束会向上耸起进行代偿。另外，还可以把手臂抬高至耳朵高度进行这个测试，以在类似于杠铃过顶训练所需的姿势下评估前锯肌的力量。

如果你没有注意到肩胛骨两侧的力量差异，但是你注意到疼痛侧的肩胛骨上回旋的幅度比无痛侧要小，那么需要你在康复计划中加入一些前锯肌力量练习（本章后面会介绍）。

何时寻求专业的帮助

如果你的手臂感到疼痛或者麻木/刺痛（这些感觉会延伸到手指），那么我建议你查看肘关节疼痛章中的神经测试。这些测试会帮你确定痛感症状是否源自颈部，有助于医生进一步开展治疗。如果你没有因颈部引起的症状，那么肘关节疼痛章（参见第337~338页）中介绍的神经松动练习可能对你有所帮助。

如果你的疼痛很严重，或者肩关节明显软弱无力（例如，你无法把手臂抬到肩关节高度），那么我建议你去看医生。

重建过程

既然你已经完成了筛查，下一步就是处理你发现的问题了，首先从解决灵活性受限开始。

改善胸椎灵活性

为了在举重时发挥出出色的技术动作和降低肩关节损伤的风险，你需要足够的胸椎灵活性。

在解决躯干存在的问题时，你应首先解决胸椎灵活性受限，然后再继续解决其他部位的问题，例如背阔肌柔韧性或者肩袖肌群力量/稳定性。可以这样想一下：如果你花费时间和精力翻修一座破旧的房子，那么你首先应当解决地基裂缝的问题，然后再粉刷墙。就像支撑房屋墙壁的混凝土一样，你的中背部是整个肩关节的基础。

我想与你分享六个有助于改善胸椎灵活性的练习。我建议做完一个练习后再重新测试你的胸椎灵活性，这样做会帮助你找出哪个练习最为有效。

花生球放松

改善胸椎灵活性的最佳工具之一是花生球。

进行胸椎关节松动时，需采取仰卧位，双臂交叉于胸前。把肩胛骨向外拉至两侧，为花生球留出空间。花生球应该置于脊柱的两侧。

花生球（网球自制）

花生球位置（中背部脊柱两侧）

进行一个小幅度的卷腹，把肩关节从地面上抬起[22]。保持这个姿势几秒，然后返回至起始姿势。在整个放松过程中，不能过度伸展下背部。你应该从中背部位置开始移动。花生球充当了脊柱上的支点，类似于跷跷板中间的支点，有助于改善受限关节的灵活性。

推荐的组数/次数： 2~3组，每组重复15次（针对中背部灵活性受限的位置）。

花生球放松

如果你在放松时没有感觉到脊柱的特定部位上的僵硬感，你可以把花生球向上或者向下移动到另一个部位。胸椎某些部位的灵活性受限是正常的。

整个过程中你不应感到剧烈的疼痛。如果有，请立即停止，去找医疗专业人员弄清楚原因。

祈祷式伸展

祈祷式伸展类似于婴儿式这一瑜伽姿势。双膝跪地，随后臀部下沉，双手向前伸出，一只手放在另一只手上面。胸部向地面下沉，双臂继续在头顶上方向前延伸，同时缓慢地呼气。尝试尽可能地下沉胸部。

推荐的组数/次数： 重复3~4次，每次保持30秒（大约深呼吸5次）。

祈祷式伸展

如果你的中背部僵硬，这个练习能很好地拉伸你的脊椎。因背阔肌附着在肱骨上，位于腋窝附近，所以背阔肌柔韧性较差的人会在后背两侧感到良好的拉伸感。

若要增加拉伸的强度，可以把双手放在泡沫轴上，这样你可以进一步伸展胸椎。

泡沫轴祈祷式拉伸

箱式胸椎伸展

跪在箱子或者长凳前。双手握住一根PVC管，肘关节放在箱子上面。臀部向后坐，同时胸部向地面下沉，类似于祈祷式伸展的动作。这个动作可以很好地伸展你的中背部（背阔肌）。

推荐的组数/次数： 重复3~4次，每次保持30秒（大约深呼吸5次）。

箱式胸椎伸展

四点支撑向下旋转拉伸

因为中背部的脊柱关节在旋转和伸展过程中以类似的方式在彼此之间移动，所以你可以通过旋转练习来改善胸椎灵活性。无论目前的灵活性水平如何，四点支撑向下旋转拉伸是一个大多数人都可以进行的练习。

采取跪姿四点支撑姿势（双手与双膝着地），右手尽可能远地滑动到左臂下方。右肩向地面下落，试图穿过身体的另一侧并延伸，使中背部肌肉产生轻微的拉伸感。然后返回至起始姿势，再换左臂重复相同的动作。

推荐的组数/次数： 重复10次，每侧保持10秒。

四点支撑向下旋转拉伸

若要增加拉伸的强度，你可以使用一根阻力带。把阻力带固定在一侧支架上，在距离阻力带几英尺的地方进行拉伸。远离支架的手伸到身体下方，抓住阻力带。阻力带上应当有足够的张力，以便你产生更大幅度的旋转。

四点支撑向下旋转拉伸（阻力带辅助）

坐姿旋转和侧弯

坐在箱子或者长凳上，肩上放一根PVC管，在双膝之间夹一根泡沫轴以稳定下肢。

向右旋转，当旋转至极限位置时再向右侧弯，侧弯幅度应较小，过多的侧弯会使臀部抬起，并且让下背部出现移动。这个练习有助于很好地拉伸中背部和背阔肌。

回到起始姿势，再向左重复相同的动作。你是否注意到两侧的差异？重复3~5次后，你可能会感觉到你的活动范围比之前更大了。

推荐的组数/次数： 3~5次旋转，每次旋转连续侧弯3次。

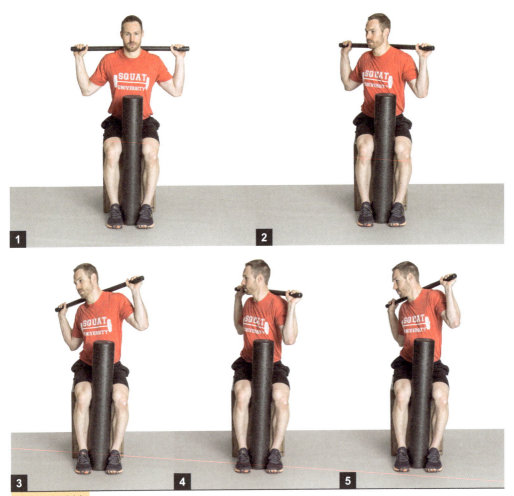

坐姿旋转和侧弯

深蹲转体

深蹲转体是我想与你分享的最后一个改善胸椎灵活性的练习，它需要你具备充分的胸椎灵活性。在自重深蹲姿势下，用左手抓住右脚，然后左肩向地面下降的同时右臂向上旋转。保持这个姿势5秒，然后换另一侧重复相同的动作。

推荐的组数/次数： 每侧旋转3~5次，每次保持5秒。

深蹲转体

腰椎锁定的胸椎灵活性练习

一旦你的胸椎灵活性有所改善、关节活动范围增大，那么你如何维持呢？建议尝试这个我最早从格雷·库克（Gray Cook）那里看到的练习——腰椎锁定的胸椎灵活性练习。从四点支撑姿势开始，臀部向后坐。下背部可以轻微弯曲以锁定，这样你可以把注意力集中在上背部。屈曲左肘置于双膝之间，把右手置于你的下背部。

四点支撑向上转体

接下来，向右旋转躯干，左侧的胸腔紧贴在左大腿上，防止下背部过度旋转。这个动作可以锻炼为中背部提供稳定性的大多数肌肉。保持这个姿势几秒后，旋转回至起始姿势，并在另一侧重复相同的动作。

推荐的组数/次数：每侧重复10~20次。

如果你的胸肌和背阔肌特别紧张，尝试把右手放在左肩上，然后再做这个动作。

在改善胸椎灵活性的过程中，要采取重复测试的方法，以了解正在进行的练习是否有效。我分享的练习并不是改善灵活性的特效药，它们不会在一次练习后就能解决僵硬问题。如果重复测试后，你注意到运动质量出现小幅度的变化，那么请考虑将这些纠正练习加入你的日常计划中。持续练习是增强灵活性的关键。

改善柔韧性

在解决了胸椎灵活性受限问题后，我们开始解决限制肩关节灵活性的肌肉（背阔肌、大圆肌以及胸大肌/胸小肌）问题。若想表现出良好的杠铃过顶推举的动作技术（或在深蹲中恰当地握住杠铃），这些肌肉需具有足够强的柔韧性。

背阔肌和大圆肌柔韧性

下面有3种简单有效的方法有助于你改善背阔肌和大圆肌的柔韧性。

软组织放松

泡沫轴软组织放松是缓解背阔肌/大圆肌僵硬的好方法[23]。采取侧卧位姿势，下侧的手臂举到头顶上方，把泡沫轴放在腋窝外侧下方。由于背阔肌和大圆肌是强有力的肩关节内旋肌，所以放松这些软组织时应把手臂置于外旋位。因此，压在泡沫轴上的手臂的手掌朝向天空。

上下滚动此处肌肉，直到你找到一个激痛点为止。在疼痛位置暂停几秒，再继续滚动。你也可以在激痛点重复屈伸移动下压的手臂，以此增大软组织放松程度。确保在泡沫轴上缓慢滚动，滚动过快对柔韧性的改善几乎没有效果。

泡沫轴放松背阔肌

你还可以使用筋膜球（曲棍球或者网球）对背阔肌和大圆肌进行软组织放松。相比于泡沫轴，筋膜球的较小接触面积有助于放松特定部位和深层组织。站在一面墙旁边，将一个筋膜球夹在腋窝外侧和墙壁之间。缓慢地移动，直到你找到一个僵硬且有压痛感的位置。在这个位置，你可以用筋膜球再次按压疼痛位置，然后缓慢地上下移动手臂。

推荐的组数/次数： 1组，滚动1~2分钟。

筋膜球放松背阔肌

箱式背阔肌拉伸

跪在一个箱子或者长凳前面。双手握住一根PVC管，双手宽握距，肘关节彼此靠近使双臂呈类似V形。肘关节放在箱子上面。

双臂V形姿势

接下来，臀部向后坐，同时屈曲上背部，使头部低于双手位置。（注意，这种箱式背阔肌拉伸的方式略微不同于箱式胸椎伸展。）

背阔肌拉伸

由于背阔肌沿着脊柱的方向分布，当臀部坐在脚跟上时，屈曲上背部会拉伸背阔肌。如果你做得正确，你应当会感受到背部外侧的拉伸感，这种拉伸感可一直延伸到外侧腋窝处；但你不应在肩关节上感受到拉伸感。保持这个伸展动作并深呼吸5次，然后回到起始姿势。

推荐的组数/次数：重复3~5次。

引体离心下落

虽然绝大多数的研究认为拉伸和软组织放松对于改善僵硬的肌肉有帮助，但是越来越多的科学研究支持使用离心练习来帮助拉伸肌肉[24]。实际上，一些研究表明，离心练习在短短6周的时间内可以明显改善肌肉柔韧性[25]。

离心收缩是指肌肉在收缩产生张力的同时被拉长的收缩。这与肌肉收缩变短的情况（向心收缩）正好相反，例如肱二头肌弯举。

一种以离心收缩方式锻炼僵硬背阔肌的方法是引体离心下落。采用反手握法握住单杠，双腿向上跳至最高位置，然后缓慢地让自己落回地面。完全伸展双臂的时间应不少于5秒。

推荐的组数/次数： 2~3组，每组重复5次，每次下降用时5秒。

离心弯举

如果你没有足够的力量进行这个练习，那么我建议采用背阔肌下拉器械。站在器械旁边，双手抓住下拉杆，用力下拉让其紧靠身体。在你向下坐的过程中始终握住下拉杆，然后对抗器械的阻力，缓慢让双臂重新升高至头顶上方，呈伸展姿势。然后站起来，再次做相同的动作。

胸肌柔韧性

下面介绍改善胸肌（胸大肌和胸小肌）柔韧性的3种方法。

软组织放松

面对墙壁站立，将一个筋膜球（曲棍球或网球）夹在胸部和墙壁之间。缓慢地移动身体使筋膜球在肌肉上滚压，直到你找到一个激痛点为止。在激痛点暂停几秒，然后继续滚压其他位置。

你可以在放松过程中加入一些主动运动。找到激痛点，把手臂伸出至体侧（远离身体）后再收回。这个动作可以增强软组织放松效果。

推荐的组数/次数： 1组，保持1~2分钟。

筋膜球胸肌放松

筋膜球胸肌放松（手臂移动）

墙角胸肌拉伸

找到一个墙角，双臂外展至体侧，双臂屈曲呈L形姿势。将双手放在墙壁上，躯干缓慢地靠向墙角，同时保持核心肌群轻微收紧，且背部平直。如果你的胸肌（尤其是胸小肌）较为僵硬，那么这个动作可以很好地拉伸你的胸部[26]。

墙角胸肌拉伸

拉伸时不要太用力，用力过度可能会造成肩关节损伤。你应该在胸肌上感受到拉伸，而不是在肩前侧感受到拉伸。

推荐的组数/次数： 重复3次，每次保持10~30秒。

泡沫轴胸肌拉伸

对于一些人而言，墙角胸肌拉伸的强度可能过大。你可以使用PVC管来调整拉伸强度。

面朝上躺在泡沫轴或者长凳上，双手握住一根PVC管并向上伸直双臂。然后保持肘关节伸直，双臂尽可能移动到头顶上方。同时收紧核心肌群，防止下背部弓起以及肋骨向外张开。

当你的双臂下降至头顶上方的最低位置时，胸部应该感到轻微地拉伸。

推荐的组数/次数： 重复3次，每次保持10~30秒。

我要提醒大家，在做这个拉伸动作时手里不要握杠铃或者其他重物，因为这会增加肩关节的压力。如果你感到手臂或手指有刺痛感或者麻木感，那么你可能拉伸过度。（如果这些症状持续存在，请务必查看肘关节疼痛章的神经测试部分。）

泡沫轴胸肌拉伸

柔韧性维持

在完成前面的练习后，下一步就是维持关节活动范围。你可以通过两种方式维持。

半俯卧天使练习

俯卧位，肘关节弯曲，双手置于肩关节两侧，掌心朝下。收紧核心肌群，确保足够的躯干稳定性。然后将双臂向前推到头顶上方。双臂完全伸展后，外旋使掌心斜向上朝向天空。

从这个姿势开始，双臂向上抬起，同时保持肘关节伸直，稳定保持3秒后再放下双臂。然后双臂旋转至最初掌心朝下的姿势，再返回至起始姿势。重复进行几次后，你会感到肩后方肌群出现明显的疲劳感。

推荐的组数/次数： 2组，每组重复5~10次。

半俯卧天使练习

靠墙倒立

倒立练习是举重训练中的很好的辅助练习项目，完成这个动作需用到的肌群与杠铃推举和挺举动作相同。倒立可以提升核心稳定性、肩关节的本体感觉以及肩部肌肉耐力等，并且有助于你发现手腕到髋部之间存在的问题。手腕伸展，双臂紧锁，与肩胛骨和躯干呈一条直线。由于大多数人缺乏无辅助倒立所需的平衡性，因此可以使用一面墙来辅助练习。

在倒立过程中，双脚沿着墙向上移动，其目的是让双手尽可能靠近墙壁，使身体处于竖直姿势，最终使手腕到躯干呈一条直线。在练习时，你的身体可以完全伸展靠近墙面，也可以使你的髋关节、膝关节屈曲靠墙，呈倒立半蹲姿势。

推荐的组数/次数： 重复3次，每次保持20~30秒。

靠墙倒立伸展；靠墙倒立半蹲

体操运动员可以很容易完成奥林匹克举重动作和CrossFit动作。因为体操运动员的肩关节稳定性、核心力量和过顶动作灵活性较强，有助于为完成抓举、挺举和推举等举重动作打下基础，以达到理想的动作技术水平。

训练计划注意事项

如果你的柔韧性受限问题比较严重，并导致了肩关节疼痛，那么你需要考虑调整训练计划。反复进行相同的练习且过度锻炼某些肌肉可能会造成肌力不平衡，从而导致灵活性问题。例如，过度进行引体向上可能会导致背阔肌僵硬，而过度进行俯卧撑或卧推可能会使胸肌僵硬。在进行过顶动作灵活性与稳定性练习时，减小以下练习的训练量和强度是关节功能重建的好方法。一旦你的过顶动作的灵活性和肩关节稳定性得到提高，你就可以逐渐将这些练习重新加入你的训练计划中。

- 硬拉。
- 抓举式硬拉（宽握距硬拉）和高翻式硬拉（窄握距硬拉）。
- 引体向上。
- 爬绳。
- 卧推或者俯卧撑。
- 吊环臂屈伸。
- 借力推举。

显然，这些练习对于举重运动员、力量举运动员和CrossFit爱好者来说都是常用的训练方式。但是，你不应该以牺牲肩关节灵活性为代价，更不应该忍受剧烈疼痛去训练。

改善上肢与躯干肌肉柔韧性不仅与练习方式有关，还与哪些练习需避免或调整有关。柔韧性的改善不会立刻见到效果，但是你如果始终坚持灵活性练习并调整训练计划，你应该能注意到肩关节灵活性的改善和疼痛的缓解。

你是否需要更大的内旋活动范围

对于肩关节，人们常问我的一个问题是："我是否需要更大的内旋活动范围？"答案是："视情况而定。"

如果你将手臂置于体侧，肘关节屈曲90°，那么内旋动作就是手朝向腹部移动。如果你将手臂举向身体一侧（就像在与朋友击掌一样），那么内旋动作就是将手向地面移动。

灵活性高并非总是好事，尤其对于经常做过顶动作的运动员而言，他们的肩关节经常过度运动。除了经常做过顶动作（例如抓举和推举）的举重运动员，过顶类型运动员还包括棒球、垒球、网球、排球等体育运动的运动员。我们不能认为内旋活动不足的人

肩关节内旋

（尤其是过顶类型运动员）需要通过拉伸来增大其内旋活动范围。我们需要评估内旋不足的原因。

在本章的筛查部分，我介绍了一项用来评估肩关节主动内旋水平的简单测试。靠墙而坐，双臂呈L形姿势，在保证肩胛骨贴紧墙壁的同时，尽可能朝向地面旋转肩关节和前臂。大多数人都具备前臂旋转至平行姿势的能力（相对于地面平行）。

如果你轻松地通过了肩关节内旋筛查，那么说明你已具备足够的肩关节内旋活动范围，不需要进行柔韧性和灵活性练习。实际上，对于你来说，通过拉伸获得更大的关节活动范围可能会导致不稳定。但是，如果你无法通过肩关节内旋筛查，那么需要问问自己："进行这个运动时，我是否有疼痛感或者僵硬感？"

肩关节内旋不足可能是多种因素导致的，例如肌肉柔韧性较差（软组织僵硬或者过度紧张）、关节囊过紧或者肩关节复合体对齐排列不良（例如姿势不良和肌力不平衡）。肩关节内旋不足还可能是对运动项目的自然适应，例如棒球中的投掷动作或者排球中的击球动作。

例如，有研究显示由于在反复的过顶投掷动作中持续承受力量，随着时间的推移，许多职业棒球运动员会出现肱骨向后扭转现象（称为肱骨后倾）[27]。就像拧毛巾一样，肱骨会在骨骺生长板上向后扭转，从而导致骨骼结构产生永久性适应。这种适应导致运动员表现出过度的肩关节外旋和非常有限的肩关节内旋。它并不是一种病理性的，也不会轻易导致损伤。

职业棒球运动员会出现肱骨向后扭转现象

肱骨后倾（肩关节过度外旋和有限内旋）

不管是什么因素限制了你的肩关节内旋活动范围，如果主动进行肩关节内旋活动会感到疼痛，那么你不要在受限位置进行拉伸。这样做只会让疼痛加重并进一步刺激有症状的组织。我建议你把注意力集中在解决导致症状的其他因素上，例如肌肉不平衡（翻到第286页）。

如果你的肩关节内旋活动受限，但是在进行L形筛查时没有感到疼痛，那么问问你自己，是否在内旋方向需要更大的活动范围。虽然内旋受限可能不会妨碍卧推、深蹲或者硬拉等动作，但是它会对你奥林匹克举重动作的质量产生影响。例如，在提铃后期进入翻铃阶段，尤其是在抓举动作中，肩关节内旋活动范围需足够大才能保持杠铃贴近身体。肩关节内旋活动范围有限的运动员通常采用以下两种方式进行代偿。

抓举（包含肩内旋动作）（Naim Süleymanoğlu，©Bruce Klemens）

　　第一种方式是在发力阶段把杠铃甩出去，使杠铃远离身体，其移动轨迹呈圆弧状，这样会影响试举的成功率，并导致大多数运动员在试举大重量时失败。为了避免这种明显的技术错误并保持杠铃贴近身体，运动员通常会采用第二种方式，即向前转动肩关节复合体（过度移动肩胛骨）来弥补内旋不足。如果你发现自己有上述任何一种技术缺陷，你可以通过增大肩关节内旋的活动范围来改变不良技术。

寻找恰当的拉伸

如果奥林匹克举重是你的主要训练内容，你发现自己的肩关节内旋受限，那么下一步是寻找恰当的练习或拉伸来解决关节活动范围受限问题。常用的改善内旋不足的拉伸之一是睡眠式拉伸。采取侧卧位，将肩关节推至内旋状态。在理想情况下，这一动作会在肩关节的后侧产生轻微的拉伸感。这个拉伸练习很受欢迎，以致一些医生专门要求我为一些患者进行这个拉伸。但是，我不是很喜欢这个拉伸动作，原因如下。

睡眠式拉伸

这个拉伸动作容易做错。我经常看到运动员过度内旋手臂，并且过分地将手臂压向地面。这样做会给关节的某些组织（关节囊后部）施加过大的压力，从而可能导致更多的问题。

睡眠式拉伸看起来非常类似一项用来确认肩关节撞击损伤的测试，即霍金斯－肯尼迪（Hawkins-Kennedy）测试。在这个位置向内旋转手臂会挤压关节中肩袖肌群和肱二头肌肌腱的可用空间，从而使某些组织结构出现撞击并引起疼痛。如果你拍一张进行这个测试的照片，并将照片旋转90°后，我们看到的就是睡眠式拉伸。物理治疗师迈克·赖诺尔德（Mike Reinold）认为，睡眠式拉伸非常类似霍金斯－肯尼迪测试，其作用在于诱导肩前侧疼痛患者产生刺激性疼痛[28]，所以他不建议运动员使用睡眠式拉伸。

霍金斯－肯尼迪测试

即便你的睡眠式拉伸动作做得很到位，但我相信其他的替代练习可能要更加有效，并且对肩关节的刺激更小。例如，在2007年发表在 *Journal of Orthopaedic & Sports Physical Therapy* 上的一项研究对比了睡眠式拉伸和简单的肩关节水平内收拉伸，发现在改善肩关节内旋方面，肩关节水平内收拉伸实际上要更为有效[29]。

在进行肩关节水平内收拉伸时，用一只手抓住另一侧手臂的肘关节，将其拉过胸部，这样做可以拉伸你的肩关节后侧。为了使拉伸更加有效，可以靠在杠铃支架或者门框处固定一侧肩胛骨，以避免肩胛骨在拉伸过程中移动。

肩关节水平内收拉伸

筋膜球肩后侧软组织放松

另一种改善肩关节内旋不足的有效方式是用筋膜球（曲棍球或者网球）进行软组织放松。站在墙壁附近，将筋膜球固定在墙壁和肩关节后侧之间。缓慢滚动小球，直至找到激痛点。在激痛点暂停片刻，同时缓慢将手臂拉至身体对侧。

关于肩内旋的最后感想

你在确定是否需要更大的肩关节内旋活动范围时，必须考虑你的个人需求、问题部位和举重目标。如果盲目地进行内旋拉伸而没有先进行适当的筛查，那么结果往往事与愿违。

运动员需要足够的灵活性满足项目需求和动作需要。关节过度的灵活性在功能正常与功能障碍之间徘徊。恰当的灵活性可以使运动表现最优化，而过分追求灵活性会导致不稳定，从而导致运动不受控制，并增加损伤风险。

问问自己下面这些问题：

- 我是否有足够的肩关节内旋活动范围？
- 如果我的肩关节内旋受限，是因为疼痛还是僵硬？
- 我参加的活动和举重是否需要更大的肩关节内旋活动范围？

如果你能解决这些简单的问题，你就能更好地回答"我是否需要更大的肩关节内旋活动范围？"这个问题。

解决肌肉不平衡

现在你已经解决了导致症状出现的灵活性和柔韧性受限问题，那么下一步是解决导致不稳定和不良的力学结构的肌肉力量、耐力和协调性等问题。如果你未能通过本章前面的任何一项稳定性测试，那么要特别关注本节内容。本节内容涵盖了一些解决这些问题的练习方式。

本节中讨论的许多练习要求练习时在一定范围内保持几秒的停顿。停顿主要强调肩关节的稳定性。请记住，力量不同于稳定性。力量是产生力的能力，而稳定性是限制过度或不必要运动的能力。如果一块肌肉很强壮，但却无法保持足够的张力，并且无法与周围的肌肉协调工作，那么关节的力学结构就会出问题，进而损伤就会出现。

稳定性还需要肌肉耐力。许多增强稳定性的纠正练习在最初练习时采用高重复训练组，这有助于塑造这些肌肉激活的能力，以及在重复训练组或在健身房以外的日常活动中保持足够的稳定性的能力。

侧卧外旋

如果你在本章的筛查部分表现出外旋力量和稳定性弱，那么对你而言侧卧外旋是一个不错的练习。研究表明，侧卧外旋对肩袖后侧肌群（冈下肌和小圆肌）的激活效果最佳[30]。在手臂移动时，这两块肌肉始终使肱骨位于关节窝中心位置（换句话说，使高尔夫球在球座中间位置）。

侧卧位，将一条毛巾卷好后夹在上侧手臂和胸腔之间，这样会让手臂处于最佳位置[31]。上侧手臂平行于地面，肩胛骨略微内收。在保持肩胛骨稳定的情况下，将手臂向上旋转（外旋运动），然后恢复起始姿势。

推荐的组数/次数： 2~3组，每组重复15~20次。

侧卧外旋

起初练习时，你可能不需要负重。一旦你可以在没有明显疲劳或疼痛的情况下完成建议的训练量，就可以增加负重。

如果你由于肩关节疼痛无法向外旋转进行完整的活动范围练习，那么你可以先在无痛范围内重复练习。这些在无痛范围内的练习并不会加重你的症状。随着疼痛的缓解，在不出现疼痛的情况下，可继续增加外旋的幅度，同时增加阻力。

弹力带W形练习

弹力带W形练习是我最喜欢的练习之一，无论是进行奥林匹克举重还是深蹲，我都会在日常热身中进行这个练习。这个练习可作为侧卧外旋练习的进阶动作，它不仅可以提升肩袖肌群力量和稳定性，还可以激活经常未被充分利用的斜方肌下束[32]。

运动员中最常见的不平衡之一是斜方肌上束与下束之间的不平衡。斜方肌上束在高翻和抓举等动作中的提拉阶段非常活跃，从而在力量分配中占据主导地位，这会导致不良的肩关节复合体力学结构。研究表明，弹力带W形练习是专注于斜方肌下束以解决这种不平衡的最佳练习[33]。

弹力带W形练习

双手握住一根弹力带，双臂位于体侧，双臂屈曲至90°呈L形姿势。你的拇指可以朝上或者朝外。双臂外旋对抗弹力带阻力，确保肘关节贴近胸腔且屈曲角度不变。在动作结束位置保持5~10秒，然后返回至起始姿势。

推荐的组数/次数： 2~3组，每组重复15~20次。

外旋推举

侧卧外旋、弹力带W形练习非常适合用于强化肩袖后侧肌群。运动员在训练中进行的许多运动都是在肩关节高度以上的位置进行，这容易导致关节出现不稳定和损伤。

这就是在筛查部分，我建议你在肩关节位于体侧位或位于外展位时测试外旋力量和稳定性的原因。因此，增强肩关节稳定性的纠正练习也必须在不同的肩关节外展角度下进行。

首先，把一根弹力带绑在固定支架上，抓住弹力带并用划船动作朝你的方向拉。动作结束时，你的手应当位于肘关节正前方，手臂平行于地面。通过激活菱形肌和斜方肌中束等肌肉，把你的肩胛骨锁定在一个良好的姿势[34]。保持这个姿势3秒。

接下来，向后旋转肩关节，即外旋运动。这样会激活肩袖后侧肌群（尤其是冈下肌），类似于抓举的翻转接铃阶段的动作[35]。你的拳头应向上并垂直于地面，肘关节屈曲90°，在这个过程中肩胛骨需保持稳定且不能移动。同样，保持动作3秒。

外旋推举

最后，把手推到头顶上方，并在这个推举动作结束位置保持3秒。随着手臂的伸直，稳定肩胛骨的肌群会对抗弹力带阻力来避免手臂向前倾斜。有趣的是，这个练习不仅可以激活肩袖肌群，还能充分激活前锯肌，有助于肩胛骨的稳定[36]。

在结束位置短暂停顿后再返回至起始姿势的过程中，同样需在每个位置停顿相同的时间。

推荐的组数/次数： 2~3组，每组重复10次。

俯卧侧平举

运动员出现的最常见的肌肉不平衡之一是斜方肌上束力量更占优势，斜方肌下束和中束力量较弱。强化斜方肌下束和中束的练习是俯卧侧平举。如果你没有通过T形测试和Y形测试（参见第261页），那么这个练习应作为你的康复计划的一部分。

趴在长凳或者床上，一只手臂在体侧悬垂。在肘关节伸直的情况下，手臂上抬，直到与地面平行，就像字母T的一半形状一样。在上抬手臂的过程中，肩胛骨同时向脊柱移动（肩胛骨内收运动）。进行这个练习时，你的手掌掌心可以朝向地面或者拇指朝上（肩关节外旋运动）。保持这个姿势5秒，然后落回至起始姿势。

推荐的组数/次数： 2~3组，每组重复10~15次。

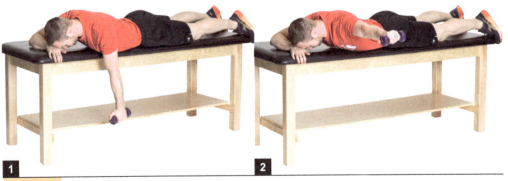

俯卧侧平举

俯卧天使练习

俯卧天使练习是半俯卧天使练习（参见第278页）的进阶练习。俯卧位，双手置于髋关节两侧，掌心朝下。肘关节伸直，双手抬离地面，同时两侧肩胛骨向脊柱移动。这个动作可以很好地激活菱形肌，有助于增强肩胛骨的控制能力[37]。

俯卧天使练习

接下来，在保持两侧肩胛骨收缩的同时屈曲肘关节，双手向上移动至肩部位置，此时动作看起来就像后深蹲时的上肢稳定杠铃的姿势。然后，把双手举到头顶上方，这类似于站立位杠铃推举的动作。当双臂完全伸直后，外旋肩关节，使拇指朝上。从这个位置开始，双臂尽可能抬离地面，并确保肘关节伸直。保持这个姿势3秒后，双臂恢复起始姿势。

推荐的组数/次数： 2~3组，每组重复10次。

悬吊划船练习

划船动作是解决肩关节后侧肌群无力的一个很不错的练习方式。你可以用悬吊训练器或者体操吊环练习。如果你以前从未做过反向划船练习，可以从一个简单的动作练起，即从划船练习结束动作位置开始。

抓住悬吊训练器的把手或者吊环，同时两侧肩胛骨向脊柱收缩，拉直悬吊绳后双脚向前移动几步，倾斜身体。当你找到一个刚好能够保持自身站立的位置时，双脚停止向前移动。此时你应从头到脚保持呈一条直线。

从这个姿势开始，伸展双臂，降低身体位置直到双臂完全伸直。在整个运动过程中，始终保持核心肌群收紧，身体呈一条直线。

悬吊划船练习

为了增加练习的难度，继续朝向地面降低身体，直到身体与地面近乎平行为止。如果你没有悬吊训练器或者体操吊环，你可以用放在支架上的杠铃进行反向划船；你还可以把双脚放在长凳或者箱子上来增加挑战性。

推荐的组数/次数： 2~3组，每组重复10次，每次在划船姿势的最高位置保持3秒。

1   **2**

悬吊划船练习（双脚抬高）

节奏稳定练习

　　肌肉疲劳会影响肩关节的稳定性，还可能对本体感觉（关节/身体意识）产生负面影响[38]。你越疲劳，你对身体的控制就越弱，并且你的姿势或动作技术就有可能出问题。这就是肌肉疲劳与稳定性差会引发一系列问题，最终导致关节不稳定并造成损伤的原因。

　　节奏稳定练习非常适合用于改善本体感觉和关节稳定性，有助于增强肌肉的协同收缩（同时激活周围的所有肌肉）能力[39]。

　　仰卧在长凳或者床上，一只手臂伸直朝向天空。让你的朋友朝着不同方向推动你的手臂，而你需要尽力对抗手臂的运动。刚开始让你的朋友轻轻地推，随着手臂控制能力提升，可以加快速度并施加更大的推力。如果推力恰当，你的肩部应该会在20秒后感到非常疲劳。

　　推荐的组数/次数： 4~5组，每组重复20秒。

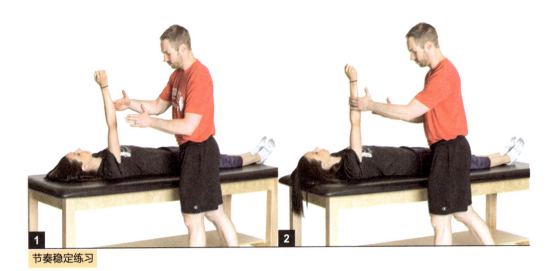

节奏稳定练习

节奏稳定练习可以在不同姿势下进行，例如把手放在瑞士球上，手臂完全伸展[40]。探索在不同的位置练习，并尝试在最不稳定的位置进行这些节奏稳定练习。

瑞士球节奏稳定练习

如果你的肩关节表现不稳定，你应在康复计划中加入节奏稳定练习。对于那些只采用标准的康复练习（弹力带练习、哑铃练习以及绳索器械练习等）时没有改善的患者来说，节奏稳定练习是一个很好的练习。

倒置壶铃推举

倒置壶铃推举是我最喜欢的一个肩关节稳定性练习，因为它适用于许多动作。

呈半跪姿势，手腕与地面垂直且肘关节屈曲90°，倒握一个壶铃。推举壶铃到头顶上方，并稳定保持5秒，然后再缓慢恢复起始姿势。推举运动在肩胛平面进行，这意味着你的手臂应与身体冠状面大约呈30°角，而不是笔直朝前或者完全外展。

相比于哑铃，壶铃倒置会使重物的重心远离手臂。如果你的肩关节不能满足保持壶铃在不平衡状态下的稳定性需求，那么壶铃就会跌落。

推荐的组数/次数： 2~3组，每组重复10次。

倒置壶铃推举

若要增加练习的难度，你可以在手腕处绑一根弹力带，把手臂拉向身体中线。你可以把弹力带固定在支架上，或者让朋友抓住弹力带的另一端。这种变式需要充分调动你的肩关节外侧和后侧肌肉，以保持壶铃的平衡。

倒置壶铃推举（有弹力带）

壶铃土耳其起立

壶铃土耳其起立是倒置壶铃推举练习的进阶动作，需要你的身体（包括肩关节复合体）完成不同的姿势。在每一次姿势转换过程中，稳定手臂的肌肉都必须充分协调配合，以防止壶铃向前或向后跌落。

首先，采取仰卧位，左腿伸直，右膝屈曲。右手握住一个壶铃，右臂朝向天空伸直。将躯干向左侧扭转，用左肘支撑身体。在这个姿势转换过程中，尽量避免左脚离开地面。

接下来，通过激活臀肌将臀部抬离地面。在此姿势转换期间停留片刻，感受肩胛骨的位置，努力保持壶铃稳定，避免向前跌落。为了更好地理解这个动作，想象自己手中正托着一杯水。如果你的手臂前倾，水会从杯子中流出来。

然后，把左脚收到身体下方，并将重心转移至左膝。在这个姿势停顿几秒。接下来，转变为稳定的半跪位姿势，同时壶铃仍然位于头顶上方，感受肩关节后侧肌肉收缩。最后起立站直，同时保持手臂稳定在头顶上方。按照动作的倒序再次进行运动。

若要增加这个练习的难度，你可以使用较重的壶铃或者杠铃，在每次姿势转换结束时停顿更长时间，或者倒着握住壶铃。

在整个运动过程中，尽量避免向上看着壶铃，因为没有哪一项练习是以你抬头盯着杠铃结束的，所以纠正练习必须反映这一点，并且应该训练你在不抬头向上看的情况下感知关节姿势位置的能力。

推荐的组数/次数： 2~3组，每组重复10次。

壶铃土耳其起立

如果无法完成完整的起立动作，那么你可以进行退阶练习，即壶铃风车。呈半跪姿势，同时手臂伸直，一手持壶铃于头顶上方；倒置壶铃效果会更好。缓慢侧弯身体，直到另一只手放在地上。在运动过程中，手臂始终伸直，壶铃始终指向天空。

壶铃风车

　　保持这个姿势几秒，感受肩关节后侧肌群收缩（以在头顶上方稳定壶铃）。然后你可以恢复起始姿势。保持肩胛骨稳定，且不要过度耸肩。

满罐和空罐

　　传统上认为，满罐和空罐是针对肩袖肌群中的冈上肌的练习。这两个练习中，手臂都处于伸展位置，并且在肩胛平面（与身体冠状面大约呈30°）移动。它们之间的区别在于手臂的位置。

　　空罐是指拇指指向地面，就像从罐子中倒出液体一样。满罐是指拇指指向天空，就像向罐子中倒入液体一样。

　　虽然医疗专业人员在临床上经常使用空罐测试来筛查肩关节撞击损伤，但使用空罐作为练习的建议可以追溯到20世纪80年代早期[41]。虽然空罐练习可以像满罐练习一样激活冈上肌，但是它在很大程度上也会激活三角肌。这是有问题的，原因有以下两个。

满罐

空罐

- 有些练习会过度激活三角肌，用这些练习强化力量软弱的肩袖肌群可能会导致不良的关节力学结构。例如，相比于满罐练习，空罐练习会在肱骨上产生更多的上拉力，导致更大的关节撞击风险[42]。这就是为什么空罐练习通常会导致肩部受伤的运动员感到疼痛。

- 相比于满罐练习，在肩关节内旋的空罐练习中经常会看到肩胛骨的翼状结构[43]。当肩胛骨移动至身体侧面（前伸和前倾运动）时，肩关节深处可用于肱骨移动的空间会缩小，从而增加撞击的风险。

相反，进行满罐练习时可将肩胛骨拉到一起（肩胛骨内收），结合拇指朝上的外旋姿势，会增加关节内空间，并让你在正确的力学结构下强化肩袖肌群。

进行满罐练习时，在肩胛平面上伸展双臂，并抬高至肩关节高度。保持这个姿势3~5秒，然后再放下。

推荐的组数/次数： 2组，每组重复15~20次。

随着力量的增强，你可以增加阻力，进行3~4组，每组重复10次。

你可以通过两种方式进行满罐进阶练习，如图所示。第一种方式是增加重量或者在手腕上套一根弹力圈；第二种方式是进行静态稳定控制，将一只手臂在肩胛平面上外展并抬高至肩关节高度，同时反复举起和放下另一只手臂。例如，你可以将右臂举至肩关节高度，同时用左臂重复进行20次满罐练习，然后左右交换练习，将左臂保持在肩关节高度，同时用右臂进行满罐练习。

满罐练习（有弹力圈）

满罐练习（静态稳定控制）

可以使用大重量

你是否曾听说过"在进行肩袖肌群纠正练习时，不要使用较大的重量，否则较大的三角肌会被激活并起主导作用"这句话？这是一种常见的误解。

上文提到的那句话的理念可能源于良好的意图。通常，肩袖肌群力量弱的运动员喜欢依赖于更强壮、更强有力的肌肉（例如三角肌和斜方肌）进行代偿，以完成他们正在努力做的动作。你为运动员提供的负重越大，他们可能表现出的代偿就越多。

研究发现，康复训练期间较小肩袖肌群和较大三角肌的激活程度随着训练负荷的逐渐增加而增加[44]。这意味着三角肌、胸肌或背阔肌这样的较大肌肉并不会因承受较大负重而压制较小的肩袖肌群。如果一名健硕的运动员可以用10~15磅的重物在满罐练习中使用良好的动作技术，那就没有什么问题。你在纠正练习中使用的负荷，应当基于你以良好的动作技术进行练习的能力以及你设定的个人康复和运动表现的目标。

无论你是一名优秀的奥林匹克举重运动员，还是一名普通的健身爱好者，如果你有肩关节疼痛，这些练习都会对你有所帮助。即使你没有疼痛，这些练习也非常适合用于训练前热身。

改善过顶动作协调性

当进行杠铃过顶推举练习时，肩胛骨与手臂之间恰当的协调性对于保持关节稳定性和预防潜在的肩部撞击至关重要。当手臂举过头顶时，肩胛骨没有及时向上旋转，那么肱骨会在关节窝内过度移动，并且可能发生撞击。如果你已经测试并排除了潜在的灵活性受限问题，那么说明你的肩胛骨协调性方面仍然存在问题，这可能与前锯肌无力或者功能障碍有关。

前锯肌收缩会使肩胛骨前伸和旋转（使其远离身体中线），也可以使肩胛骨靠近胸腔，并防止它向外侧展开[45]。如果前锯肌软弱无力或者疲劳，它会导致肩关节出现代偿动作（肱骨过度上抬和前移）、不良的力学结构，最终形成损伤，例如肩峰撞击。

一般来说，康复专家会开一个运动处方，推荐像仰卧上推或俯卧撑这样的练习来增强前锯肌的力量[46]。虽然这些练习在增强前锯肌力量和协调性方面并没有什么问题，但是我在使用时发现两个缺点。

仰卧上推

俯卧撑

首先，这两个练习都是通过远离身体的上肢推动作进行的。虽然这会强化前锯肌，但是上肢推动作也会加强过度活跃的胸肌[47]。

其次，这两个练习是在固定位置下激活前锯肌[48]。大多数运动员在手臂抬高超过这个活动范围之前不会表现出肩关节力学问题。因此，对于那些做过顶动作有问题的运动员来说，在这个活动范围强化前锯肌的效果很有限。

我想和你分享3个练习，它们旨在在完整的关节活动范围内增强前锯肌的激活能力、力量和耐力水平，并且不会加强当前过度活跃的肌肉，例如胸肌。通过这些练习，你可以恢复和改善过顶举重过程中肩胛骨与肱骨之间的协调性。

肩胛抬高

在肩胛平面举起双臂（大约与身体中线呈30°）是一个很好的强化前锯肌的练习，还有助于激活通常不活跃的斜方肌下束[49]。躺在地上，双膝屈曲。双手放在大腿上，拇指指向头部方向。肩胛骨贴紧地面并轻微向下移动。

肘关节伸直，缓慢地将双臂上抬到头顶上方，同时保持手臂与身体中线呈30°。在双臂上抬的过程中，尽量保持肩胛骨贴紧地面。轻微收紧核心肌群，不要让下背部出现移动。有些人会弓起腰背把双臂举到头顶上方，我们应避免这种错误情况，在没有下背部代偿的情况下，尽可能把手臂举到头顶上方。

肩胛抬高

当你上抬手臂时，应感觉两侧肩胛骨用相同的力量挤压地面。使用这个提示有助于你感知肩胛骨的位置，并且更好地识别一侧肩胛骨是否比另一侧肩胛骨外展得更多，或者两侧不对称地运动。

保持这个姿势（肩胛骨挤压地面）需要激活前锯肌。如果没有进行适当的肩胛骨运动，肩关节可能会出现撞击，意味着你会在肩关节的前方和后方感受到挤压性的疼痛。

为了确保肩胛骨有足够的运动，你必须将双臂抬高超过肩关节高度。但在超过肩关节高度之前，肩胛骨仍需在背部保持相对稳定的状态[50]。研究表明，当手臂从下巴移动到耳朵时（肩关节屈曲120°~150°），前锯肌活动最充分[51]。

刚开始进行这个练习时，把手臂举至头顶上方，拇指触碰地面。随着练习变得越来越轻松，把拇指收到掌心内，然后尽力让拳面触碰地面。最终，在下背部没有弓起或者肋骨外翻的情况下，张开双手（掌心朝上），手背触碰地面，并将整只手臂平放在地面上。

推荐的组数/次数： 2~3组，每组重复15~20次。

仰卧天使练习

当你掌握了肩胛抬高练习，并且掌心朝上、双臂贴向地面，那么你可以进行仰卧天使练习。

仰卧位，双膝屈曲，双臂屈曲90°呈L形姿势置于身体两侧。你的前臂和手背应与地面接触。（如果你无法实现这个姿势，我建议你先改善胸椎灵活性或背阔肌柔韧性，并激活前锯肌，然后再尝试仰卧天使练习。）

在保持双臂贴紧地面的情况下向头顶方向移动（犹如在进行过顶推举一样）。主动把双臂贴在地面上会使过度活跃的肩关节前侧肌肉（例如胸肌）紧张度下降。若要使双臂完全举到头顶上方，你的肩胛骨需要向上旋转，并向后倾斜。

推荐的组数/次数： 2~3组，每组重复10次。

仰卧天使练习

确保在整个运动中肩关节后侧始终贴紧地面。常见的情况是为了将双臂举得更高，通过耸肩（斜方肌上束过多参与）来弥补肩胛骨上回旋的不足。为了避免这个错误，当你在将双臂移动到头顶上方的过程中，应考虑向外移动和旋转肩胛骨，使其远离身体（而不是笔直向上移动）。

在仰卧姿势下进行练习可以让你更好地掌握动作技术，并且发现一些代偿动作，如果在其他姿势下进行练习可能注意不到这些代偿动作（例如靠墙站立）。正如前面的练习提到的，在将双臂移动到头顶上方时通常会弓起下背部。我们要避免这种错误。当你熟练掌握了仰卧天使练习后，你可以尝试采用其他姿势练习，例如背部靠墙坐位。

在坐位姿势下，头部、上背部和臀部与墙壁接触。你的下背部应处于中立位并轻微弓起，而不是完全平直地靠在墙上。当你在这个姿势下练习时，要注意避免下背部弓起和肋骨外翻。背阔肌僵硬的人应先进行柔韧性练习，因为双臂移动到头顶上方的过程中，柔韧性限制可能会导致代偿动作（例如下背部过度弓起）。

推荐的组数/次数： 2~3组，每组重复10次。

靠墙坐姿天使练习

墙壁滑行

墙壁滑行被认为是激活前锯肌的最佳练习方式之一[52]。与仰卧上推和俯卧撑相比，它更有助于强化前锯肌，以及改善在手臂抬到肩关节高度以上的姿势下的肩胛骨的协调性。大多数运动员反馈在手臂位于头顶上方时感到肩关节疼痛，在手臂位于肩关节高度以下时疼痛会较少（或者没有疼痛）。

进行这个练习时，将手臂抬高至肩关节高度，肘关节屈曲90°，前臂相互平行，双臂略宽于肩，靠在墙上。

沿着墙壁慢慢地向上滑动前臂。当双臂向上滑动时，肩胛骨围绕躯干向外侧延伸。这种肩胛骨的前伸动作（肩胛骨远离身体中线）会将你的上背部轻微推离墙壁。因为许多前锯肌无力的运动员的上背部比较平坦，所以提示"环绕上背部"有助于将肩胛骨紧贴躯干。

最后，想象以腋窝为轴旋转肩胛骨（上回旋运动）。如果你有朋友可以帮忙，可以让他通过推动肩胛骨的内缘来辅助你完成动作。

墙壁滑行（朋友辅助）

在练习中，双臂不需要完全伸展。如果你在斜方肌上束或者肩关节前侧感到疼痛，那么你的手臂可能抬得太高了。如果你的动作正确，你会感到腋窝外侧的肌肉有疲劳感。

练习时需保持核心肌群轻微收紧，因为双臂在向上滑动中通常会使下背部过度弓起。双脚前后交叉站立，将身体重心从后脚转移到前脚上，同时保持腰背部处于中立位。

在你上抬双臂的过程中，斜方肌上束被轻微激活是正常的。因为要向上旋转肩胛骨，需斜方肌上束与前锯肌协同工作。但是不建议过度使用斜方肌上束（被视为耸肩），因为这样会过度上提肩胛骨。如果你正面临肩关节疼痛，上提肩胛骨可能会导致撞击症状再次出现。在奥林匹克举重运动员和CrossFit健身爱好者中，出现斜方肌上束代偿动作是正常的。

传统的墙壁滑行练习存在两个局限。第一，为确保前臂与墙壁始终接触，你只能将双臂上抬至头顶上方的某个高度。但这样就会限制你在更高的高度上锻炼前锯肌的力量，而这种力量正是许多运动员在进行抓举、推举或挺举时真正需要的。第二，主动对抗墙壁摩擦力下拉手臂会强化过度活跃的胸肌，尤其是胸小肌。

出于这些原因，可以稍微修改一下这个练习。在相同的起始姿势下，把双手放在靠墙的泡沫轴上面，泡沫轴略高于眼睛，这样可以在双臂滑动时留有可用的空间。身体向前倾斜，双臂沿着墙壁向上滑动，核心肌群稍微收紧。泡沫轴可以让你轻松地将双臂滑回至起始姿势，并且不会强化过度活跃的胸小肌。

墙壁滑行（泡沫轴辅助）

　　肩胛下肌在前锯肌无力的时候会表现得过度活跃，它是肩袖肌群中的一块肌肉，位于肩胛骨的前侧。要想在墙壁滑行练习中反向抑制这块肌肉，只需在手腕处套一根弹力圈。双臂向上滑动会形成外旋扭矩，可以有效强化前锯肌。弹力圈阻力不需要很大。

墙壁滑行（泡沫轴和弹力圈辅助）

　　若要增加这个练习的难度，你可以后退几步，使双脚远离墙壁。较大的身体倾斜幅度会增加挑战性。同样，在这个练习中，下肢交叉前后站立有助于确保你在下拉手臂时不会过度募集胸小肌。

　　推荐的组数/次数： 2~3组，每组重复10~20次。

关于过顶动作协调性练习的感想

乍一看，这些练习并非难以进行。但是，如果细究动作细节，这些练习可能非常有挑战性，并且有助于缓解你的症状。

参考文献

[1]   G. Calhoon and A.C. Fry, "Injury rates and profiles of elite competitive weightlifters," *Journal of Athletic Training* 34, no.3(1999): 232-8.

[2]   G.C. Terry and T.M. Chopp, "Functional anatomy of the shoulder," *Journal of Athletic Training* 35, no.3 (2000): 248-55; K.E. Wilk, C.A. Arrigo, and J.R. Andrews, "Current concepts: the stabilizing structures of the glenohumeral joint," *Journal of Orthopaedic & Sports Physical Therapy* 25, no.6(1997): 364-78.

[3]   Wilk, Arrigo, and Andrews, "Current concepts: the stabilizing structures of the glenohumeral joint" (see note 2 above).

[4]   Wilk, Arrigo, and Andrews, "Current concepts: the stabilizing structures of the glenohumeral joint" (see note 2 above).

[5]   Terry and Chopp, "Functional anatomy of the shoulder" (see note 2 above).

[6]   M. Kebaetse, P. McClure, and N.A. Pratt, "Thoracic position effect on shoulder range of motion, strength, and three-dimensional scapular kinematics," *Archives of Physical Medicine and Rehabilitation* 80, no.8 (1999): 945-50.

[7]   Wilk, Arrigo, and Andrews, "Current concepts: the stabilizing structures of the glenohumeral joint" (see note 2 above).

[8]   A.M. Cools, D. Cambier, and E.E. Witvrouw, "Screening the athlete's shoulder for impingement symptoms: a clinical reasoning algorithm for early detection of shoulder pathology," *British Journal of Sports Medicine* 42, no.8(2008): 628-35.

[9]   M.L. Gross, S.L. Brenner, I. Esformes, and J.J. Sonzogni, "Anterior shoulder instability in weight lifters," *American Journal of Sports Medicine* 21, no.4(1993): 599-603.

[10]   M.F. Saccomanno, M. Fodale, L. Capasso, and G.M. Cazzato, "Generalized joint laxity and multidirectional instability of the shoulder," *Joints* 1, no.4(2013): 171-9; F.A. Cordasco, "Understanding multidirectional instability of the shoulder," *Journal of Athletic Training* 35, no.3(2000): 278-85.

[11]   Saccomanno, Fodale, Capasso, and Cazzato, "Generalized joint laxity and multidirectional instability of the shoulder" (see note 10 above).

[12]   K.L. Cameron, M.L. Duffey, T.M. DeBerardino, P.D. Stoneman, C.J. Jones, and B.D. Owens, "Association of generalized joint hypermobility with a history of glenohumeral joint instability," *Journal of Athletic Training* 45, no.3(2010): 253-8.

[13]   Cameron, Duffey, DeBerardino, Stoneman, Jones, and Owens, "Association of generalized joint hypermobility with a history of glenohumeral joint instability" (see note 12 above).

[14]   Wilk, Arrigo, and Andrews, "Current concepts: the stabilizing structures of the glenohumeral joint" (see note 2 above).

[15]   S.J. Snyder, R.P. Karzel, W. Del Pizzo, R.D. Ferkel, and M.J. Friedman, "SLAP lesions of the shoulder," *Arthroscopy* 6, no.4(1996): 274-9.

[16]   D.J. Magee, *Orthopedic Physical Assessment*, 5th Edition (St. Louis, MO: Saunders Elsevier, 2008).

[17]   Magee, *Orthopedic Physical Assessment* (see note 16 above).

[18]   K.D. Johnson, K.M. Kim, B.K. Yu, S.A. Saliba, and T.L. Grindstaff, "Reliability of thoracic spine rotation range-of-motion measurements in healthy adults," *Journal of Athletic Training* 47, no.1(2012): 52-60; K.D. Johnson and T.L. Grindstaff, "Thoracic rotation measurement techniques: clinical commentary," *North*

American Journal of Sports Physical Therapy 5, no.4(2010): 252–6.

[19] R.J. Emery and A.B. Mullaji, "Glenohumeral joint instability in normal adolescents: incidence and significance," Journal of Bone and Joint Surgery, British Volume 73-B, no.3(1991): 406–8; Magee, Orthopedic Physical Assessment (see note 16 above).

[20] Emery and Mullaji, "Glenohumeral joint instability in normal adolescents" (see note 19 above).

[21] E. Itoi, T. Kido, A. Sano, M. Urayama, and K. Sato, "Which is more useful, the 'full can test' or the 'empty can test,' in detecting the torn supraspinatus tendon?" American Journal of Sports Medicine 27, no.1(1997): 65–8.

[22] K.D. Johnson and T.L. Grindstaff, "Thoracic region self-mobilization: a clinical suggestion," International Journal of Sports Physical Therapy 7, no.2(2012): 252–6.

[23] C. Beardsley and J. Škarabot, "Effects of self-myofascial release: a systematic review," Journal of Bodywork and Movement Therapies 19, no.4(2015): 747–58; S.W. Cheatham, M.J. Kolber, M. Cain, and M. Lee, "The effects of self-myofascial release using a foam roll or roller massager on joint range of motion, muscle recovery, and performance: a systematic review," International Journal of Sports Physical Therapy 10, no.6(2015): 827–38.

[24] K. O'Sullivan, S. McAuliffe, and N. Deburca, "The effects of eccentric training on lower limb flexibility: a systematic review," British Journal of Sports Medicine 46, no.12(2012): 838–45.

[25] N.N. Mahieu, P. McNair, A. Cools, C. D'Haen, K. Vandermeulen, and E. Witvrouw, "Effect of eccentric training on the plantar flexor muscle-tendon tissue properties," Medicine & Science in Sports & Exercise 40, no.1(2008): 117–23; R.T. Nelson and W.D. Brandy, "Eccentric training and static stretching improve hamstring flexibility of high school males," Journal of Athletic Training 39, no.3(2004): 254–8.

[26] J.D. Borstad and P.M. Ludewig, "Comparison of three stretches for the pectoralis minor muscle," Journal of Shoulder and Elbow Surgery 15, no.3(2006): 324–30.

[27] C.B. Chant, R. Litchfield, S. Griffin, and L.M. Thain, "Humeral head retroversion in competitive baseball players and its relationship to glenohumeral rotation range of motion," Journal of Orthopaedic & Sports Physical Therapy 37, no.9(2007): 514–20; T. Mihata, H. Hirai, A. Hasegawa, K. Fukunishi, C. Watanabe, Y. Fujisawa, T. Kawakami, et al., "Relationship between humeral retroversion and career of pitching in elementary and junior high schools," Orthopaedic Journal of Sports Medicine 5, no.7 suppl 6(2017): 2325967117S00371.

[28] "5 reasons why I don't use the sleeper stretch and why you shouldn't either," accessed June 1, 2019.

[29] P. McClure, J. Balaicuis, D. Heiland, M.E. Broersma, C.K. Thorndike, and A. Wood, "A randomized controlled comparison of stretching procedures for posterior shoulder tightness," Journal of Orthopaedic & Sports Physical Therapy 37, no.3(2007): 108–14.

[30] M.M. Reinold, K.E. Wilk, G.S. Fleisig, N. Zheng, S.W. Barrentine, T. Chmielewski, R.C. Cody, G.G. Jameson, and J.R. Andrews, "Electromyographic analysis of the rotator cuff and deltoid musculature during common shoulder external rotation exercises," Journal of Orthopaedic & Sports Physical Therapy 34, no.7(2004): 385–94; M.M. Reinold, R. Escamilla, and K.E. Wilk, "Current concepts in the scientific and clinical rationale behind exercises for glenohumeral and scapulothoracic musculature," Journal of Orthopaedic & Sports Physical Therapy 39, no.2(2009): 105–17.

[31] Reinold, Wilk, Fleisig, et al., "Electromyographic analysis of the rotator cuff and deltoid musculature" (see note 30 above).

[32] R.A. McCabe, "Surface electromyographic analysis of the lower trapezius muscle during exercises performed below ninety degrees of shoulder elevation in healthy subjects," North American Journal of Sports Physical Therapy 2, no.1(2007): 23–43.

[33] McCabe, "Surface electromyographic analysis of the lower trapezius muscle" (see note 32 above).

[34] Reinold, Escamilla, and Wilk, "Current concepts in the scientific and clinical rationale behind exercises for glenohumeral and scapulothoracic musculature" (see note 30 above).

[35] A.T. Ernst and R.L. Jensen, "Rotator cuff activation during the Olympic snatch under various loading conditions," in *Proceedings of XXXIII Congress of the International Society of Biomechanics in Sports*, eds. F. Colloud, M. Domalian, and T. Monnet(2015), 670-3.

[36] Reinold, Escamilla, and Wilk, "Current concepts in the scientific and clinical rationale behind exercises for glenohumeral and scapulothoracic musculature" (see note 30 above); J.B. Myers, M.R. Pasquale, K.G. Laudner, T.C. Sell, J.P. Bradley, and S.M. Lephart, "On-the-field resistance-tubing exercises for throwers: an electromyographic analysis," *Journal of Athletic Training* 40, no.1(2005): 15-22.

[37] Reinold, Escamilla, and Wilk, "Current concepts in the scientific and clinical rationale behind exercises for glenohumeral and scapulothoracic musculature" (see note 30 above).

[38] J.B. Myers and S.M. Lephart, "The role of the sensorimotor system in the athletic shoulder," *Journal of Athletic Training* 35, no.3(2000): 351-63.

[39] K.E. Wilk, L.C. Marcina, and M.M. Reinold, "Non-operative rehabilitation for traumatic and atraumatic glenohumeral instability," *North American Journal of Sports Physical Therapy* 1, no.1(2006): 16-31.

[40] M.M. Reinold, T.J. Gill, K.E. Wilk, and J.R. Andrews, "Current concepts in the evaluation and treatment of the shoulder in overhead throwing athletes, part 2: injury prevention and treatment," *Sports Health* 2, no.2(2010): 101-15.

[41] F.W. Jobe and D.R. Moynes, "Delineation of diagnostic criteria and a rehabilitation program for rotator cuff injuries," *American Journal of Sports Medicine* 10, no.6(1982): 336-9.

[42] N.K. Poppen and P.S. Walker, "Forces at the glenohumeral joint in abduction," *Clinical Orthopaedics and Related Research* 135(1978): 165-70.

[43] C.A. Thigpen, D.A. Padua, N. Morgan, C. Kreps, and S.C. Karas, "Scapular kinematics during supraspinatus rehabilitation exercise: a comparison of full-can versus empty-can techniques," *American Journal of Sports Medicine* 34, no.4(2006): 644-52.

[44] S.W. Alpert, M.M. Pink, F.W. Jobe, P.J. McMahon, and W. Mathiyakom, "Electromyographic analysis of deltoid and rotator cuff function under varying loads and speeds," *Journal of Shoulder and Elbow Surgery* 9, no.1(2000): 47-58; A. Dark, K.A. Ginn, and M. Halaki, "Shoulder muscle recruitment patterns during commonly used rotator cuff exercise: an electromyographic study," *Physical Therapy* 87, no.8(2007): 1039-46.

[45] D.H. Hardwick, J.A. Beebe, M.K. McDonnell, and C.E. Lang, "A comparison of serratus anterior muscle activation during a wall slide exercise and other traditional exercises," *Journal of Orthopaedic & Sports Physical Therapy* 36, no.12(2006): 903-10.

[46] M.J. Decker, R.A. Hintermeister, K.J. Faber, and R.J. Hawkins, "Serratus anterior muscle activity during selected rehabilitation exercises," *American Journal of Sports Medicine* 27, no.6(1999): 784-91.

[47] Decker, Hintermeister, Faber, and Hawkins, "Serratus anterior muscle activity during selected rehabilitation exercises" (see note 46 above).

[48] R.A. Ekstrom, R.A. Donatelli, and G.L. Soderberg, "Surface electromyographic analysis of exercises for the trapezius and serratus anterior muscles," *Journal of Orthopaedic & Sports Physical Therapy* 33, no.5(2003): 247-58.

[49] Ekstrom, Donatelli, and Soderberg, "Surface electromyographic analysis of exercises for the trapezius and serratus anterior muscles" (see note 48 above); Decker, Hintermeister, Faber, and Hawkins, "Serratus anterior muscle activity during selected rehabilitation exercises" (see note 46 above).

[50] Ekstrom, Donatelli, and Soderberg, "Surface electromyographic analysis of exercises for the trapezius and serratus anterior muscles" (see note 48 above).

[51] J.B. Mosely, Jr., F.W. Jobe, M. Pink, J. Perry, and J. Tibone, "EMG analysis of the scapular muscles during a shoulder rehabilitation program," *American Journal of Sports Medicine* 20, no.2(1992): 128-34.

[52] Hardwick, Beebe, McDonnell, and Lang, "A comparison of serratus anterior muscle activation during a wall slide exercise and other traditional exercises" (see note 45 above); Ekstrom, Donatelli, and Soderberg, "Surface electromyographic analysis of exercises for the trapezius and serratus anterior muscles" (see note 48 above); Mosely, Jr., Jobe, Pink, Perry, and Tibone, "EMG analysis of the scapular muscles during a shoulder rehabilitation program" (see note 51 above); Decker, Hintermeister, Faber, and Hawkins, "Serratus anterior muscle activity during selected rehabilitation exercises" (see note 46 above).

第5章

肘关节疼痛

肘关节损伤通常难以诊断和治疗。许多经验丰富的临床医生也认为难以确定肘关节损伤原因，治疗起来较为复杂。研究表明，肘关节是举重运动员和力量举运动员等力量型运动员身上最常出现损伤的关节之一[1]。

尽管肘关节损伤如此常见，但是如果你去搜索相关研究期刊和资料，你会发现在治疗肘关节损伤方面没有最佳方法，医疗专家和康复专家也未能达成一致。

为什么治疗肘关节损伤如此困难？下面让我们讨论一下肘关节的解剖结构。

肘关节损伤解剖学基础

大多数医生都认为肘关节是一个简单的铰链关节。对于普通大众来说，这似乎是准确的，但是肘关节的结构远不止门框上的金属支架那样简单。肘关节包含3块骨头，即肱骨、桡骨和尺骨，它们连接构成3个小关节。

肘关节骨骼结构

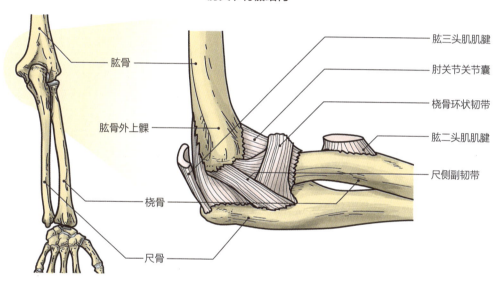

肱骨

肱骨外上髁

桡骨

尺骨

肱三头肌肌腱

肘关节关节囊

桡骨环状韧带

肱二头肌肌腱

尺侧副韧带

横跨这3个关节的16块小肌肉，协同工作，以屈曲和伸直肘关节，以及旋转前臂（旋前和旋后运动）[2]。正如一开始所提到的，肘关节不仅仅是一个简单的铰链关节。

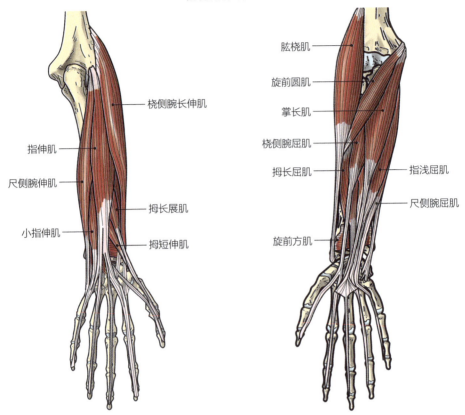

若对疼痛的肘关节进行适当筛查，我们需要列一些筛查问题。

- 哪个位置疼痛？

- 疼痛是神经刺激引起的吗？

- 哪些动作会导致这个位置的疼痛？

评估肘关节疼痛的运动员时，我做的第一件事就是确定症状所在的位置。虽然康复治疗不只关注特定的疼痛部位，但是确定症状所在的位置可以让我们深入了解损伤机理，并引导我们找到有效的处理方法。

肘关节外侧

肘关节外侧的骨性结构（肱骨外上髁）是前臂伸肌的附着位置。以前这个部位的疼痛被称为网球肘或者肱骨外上髁炎。然而近年来，出于以下两个原因，许多专家不建议使用这两个术语。

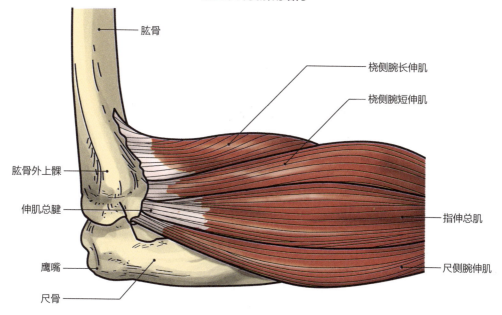

肘关节外侧解剖结构

肱骨

桡侧腕长伸肌

桡侧腕短伸肌

肱骨外上髁

伸肌总腱

指伸总肌

鹰嘴

尺侧腕伸肌

尺骨

　　首先，在许多肘关节外侧疼痛的病例中没有发现炎症[3]。其次，许多从来没有打过网球的人也出现了这种损伤。现在这个部位的疼痛通常被称为肱骨外上髁疼痛。疼痛通常归因于肌腱病或组织过度使用造成的退行性病变，这类似于髌腱或者股四头肌肌腱损伤。

　　当用手按压肱骨外上髁下面的位置（前臂较大的伸肌肌腱附着点）时，肘关节这一部位的损伤通常会引起疼痛。抓握动作通常也会产生疼痛，尤其在采用掌心向下的抓握或者进行从掌心向下转换为掌心向上的举重动作（例如高翻练习中从提铃到翻铃的动作）的时候[4]。

　　许多人会对抓握动作导致肘关节外侧产生疼痛感到困惑。抓握动作难道不是由前臂屈肌完成的吗？答案是肯定的。

　　前臂前侧的肌肉具有屈曲手腕（屈腕）和屈曲手指（握拳）的能力。然而，在手腕不运动的情况下，屈曲手指来握住像杠铃这样的物体，可能会出现一些有趣的事情。基本上，前臂后侧的伸肌必须被激活以防止手腕过度屈曲。如果腕屈肌被激活，而腕伸肌没有发力，那么做抓握动作会变得困难，因为手腕会过度屈曲[5]。这意味着你抓握得越用力，施加在伸肌总腱上的负荷就越大。

抓握杠铃

肘关节内侧

　　观察肘关节内侧，会发现另一个骨性结构，即肱骨内上髁，它是许多前臂屈肌的附着位置。这个部位的疼痛通常被称为高尔夫球肘或者肱骨内上髁炎，但现在通常被称为肱骨内上髁疼痛。

肘关节内侧解剖结构

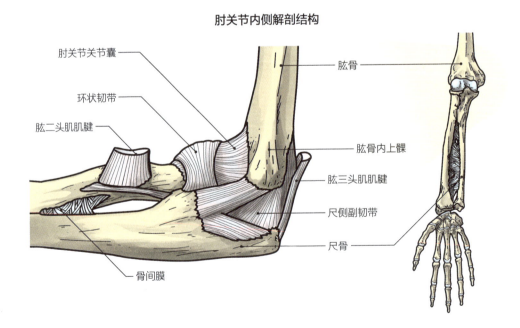

肘关节关节囊

环状韧带

肱二头肌肌腱

骨间膜

肱骨

肱骨内上髁

肱三头肌肌腱

尺侧副韧带

尺骨

肘关节内侧的过度使用性损伤通常会在肱骨内上髁周围的组织上产生压痛感。当进行手腕屈曲抗阻（大重量屈腕运动）或者将手腕拉伸至伸展状态时，疼痛感就会加重[6]。

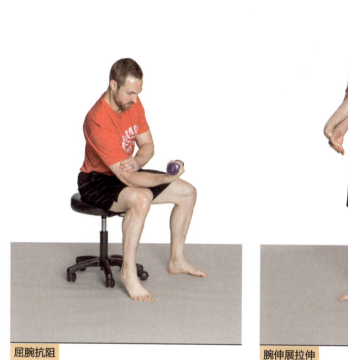

屈腕抗阻　　　　　　　　　　　　　　　　腕伸展拉伸

肘关节前侧和后侧

　　虽然肘关节内侧和外侧是力量型运动员常见的疼痛部位，但肘关节的前侧和后侧也容易受到损伤。肱三头肌的三个头在肘关节后侧汇集形成一个共同的肌腱附着在鹰嘴位置，而肱二头肌、肱桡肌和肱肌的附着点在肘关节前侧。

肱三头肌远端解剖结构

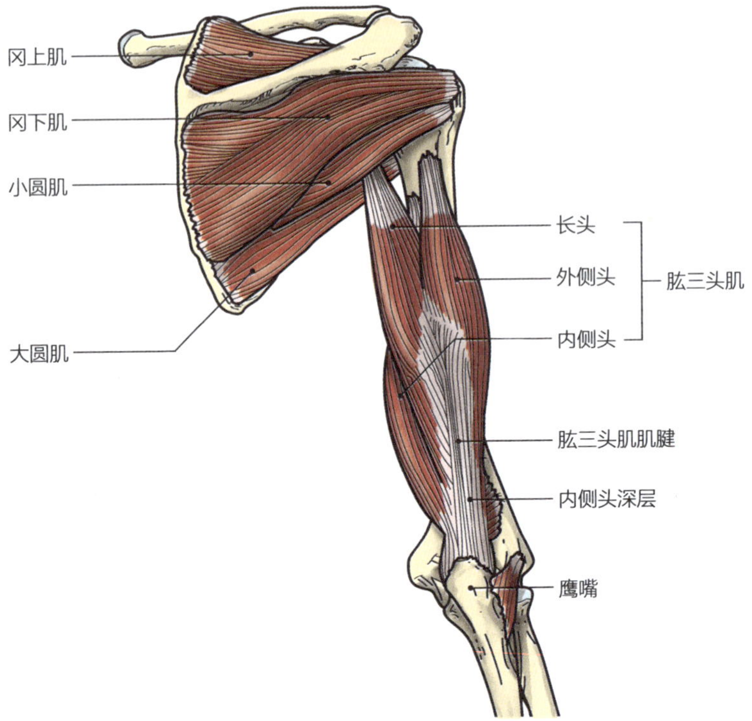

冈上肌

冈下肌

小圆肌

大圆肌

长头

外侧头 }肱三头肌

内侧头

肱三头肌肌腱

内侧头深层

鹰嘴

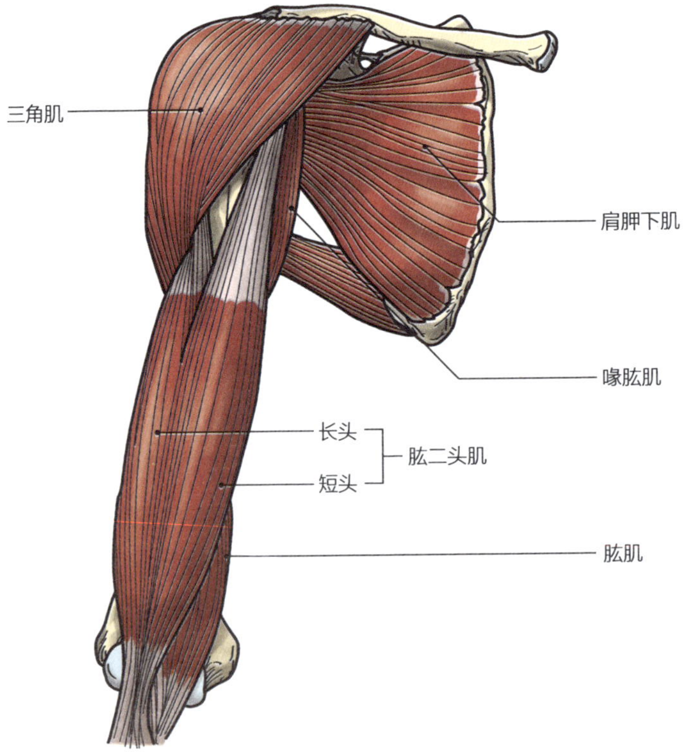

三角肌

肩胛下肌

喙肱肌

长头

短头 }肱二头肌

肱肌

神经损伤

　　虽然力量型运动员的大多数肘关节疼痛是反复过度使用软组织（肌肉和肌腱）造成的，但是分布在手臂上的若干根神经出现损伤也会引起症状。过度挤压或拉伸这些神经会造成肘关节疼痛（通常类似于肱骨内上髁疼痛或肱骨外上髁疼痛）、灼烧感以及沿着手臂辐射而下至手的麻木或刺痛感[7]。

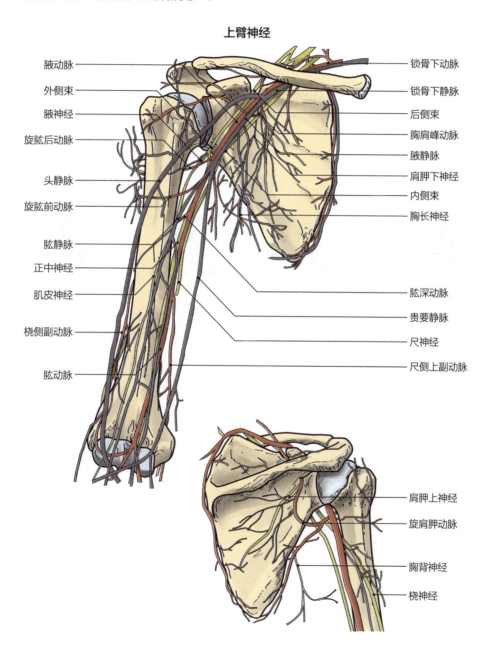

上臂神经

腋动脉
外侧束
腋神经
旋肱后动脉
头静脉
旋肱前动脉
肱静脉
正中神经
肌皮神经
桡侧副动脉
肱动脉

锁骨下动脉
锁骨下静脉
后侧束
胸肩峰动脉
腋静脉
肩胛下神经
内侧束
胸长神经
肱深动脉
贵要静脉
尺神经
尺侧上副动脉

肩胛上神经
旋肩胛动脉
胸背神经
桡神经

如何筛查肘关节疼痛

在确定了肘关节疼痛症状的位置后，下一步就是确定症状出现的原因。你可以使用两种方法来确定疼痛的原因：神经筛查和动力链筛查。

神经筛查

如果你有肘关节疼痛症状，那么首先要筛查颈椎以确保这些症状不是来源于你的颈椎，这一点很重要。尽可能朝着各个方向移动头部，向上向下移动、向左向右移动，以及向左向右倾斜。

头部运动

观察颈椎在不同角度（伸展、旋转和侧弯等）下的肩部，并用对侧的手轻微地向下压头部。如果在运动过程中出现肘关节疼痛，那么我建议你去找医生或者其他康复专家进行评估。如果在运动过程中，你的症状没有改善，那么尝试下面的一些筛查，以确定哪根神经可能是疼痛的根源。

尺神经

由于周围的解剖结构，尺神经很容易受到过度压迫、摩擦和牵拉。尺神经沿着手臂向下分布会穿过一个被称为肘管的小通道。当你屈曲肘关节时，这个通道会缩小至原始尺寸的55%，从而导致尺神经被压迫和损伤的发生率增加[8]。

尺神经解剖结构

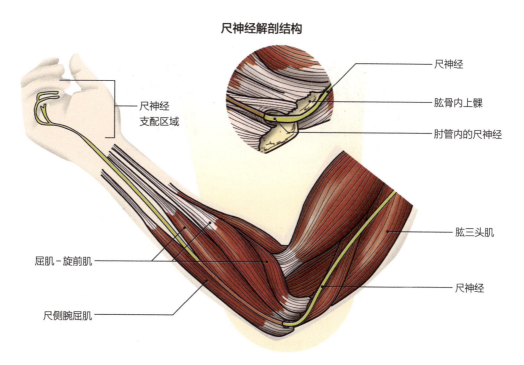

尺神经

肱骨内上髁

肘管内的尺神经

尺神经支配区域

肱三头肌

屈肌–旋前肌

尺神经

尺侧腕屈肌

肘关节尺神经受压迫出现的症状（称为肘管综合征）包括前臂内侧的疼痛和麻木，这些症状可能会辐射至第四指和第五指，或者向上传至肱二头肌所在的区域[9]。让肘关节进行反复屈曲运动，例如卧推、引体向上以及在高翻时的屈肘接铃动作，甚至是屈曲肘关节侧身睡觉，都可能引发这些症状。随着时间的推移，长期刺激尺神经会导致抓握力量不足。

下面介绍如何测试你的肘关节内侧疼痛是否是尺神经损伤导致的。手腕处于笔直的中立位，屈曲肘关节，就像在做肱二头肌弯举一样，并保持这个姿势1分钟。你还可以用另一侧手臂的拇指用力按压肘关节内侧，按压位置稍微高于肱骨内上髁，以挤压分布在下面的尺神经。如果在运动过程中引发了症状，则表明确实存在尺神经损伤[10]。

尺神经测试（肱二头肌弯举按压）

桡神经

　　另一种可能出现损伤并且引起肘关节疼痛的神经是桡神经。桡神经沿着手臂外侧分布并穿过一个称为桡管的小通道。正如肘关节对侧的尺神经一样，桡神经在此处受到压迫和挤压会导致所谓的桡管综合征。桡神经压迫通常表现为肱骨外上髁疼痛，可导致从肘关节外侧辐射至手上的深层剧痛或者灼痛[11]。

肘关节桡神经解剖结构

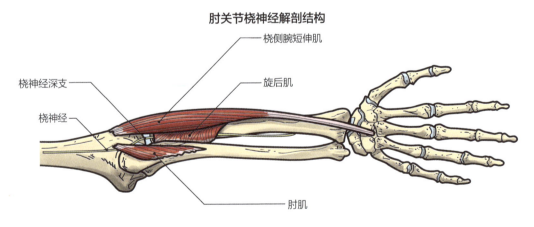

桡侧腕短伸肌
桡神经深支
旋后肌
桡神经
肘肌

　　如果你的肘关节外侧疼痛，可以尝试下面的测试。首先将无痛手臂的手放在对侧的肩膀上，然后轻微地向下拉肩膀，防止耸肩。

有症状的手臂垂在体侧，伸展肘关节，将手旋转至身后，掌心向上。接下来，将有症状手臂侧的拇指放在掌心，四指包住握拳，犹如锁握一样；然后轻微地屈曲手腕，将拳头靠向前臂。如果这个动作不会引起疼痛，那么缓慢地将手臂外展至体侧。如果肘关节外侧疼痛，那么测试结果呈阳性；耸肩或者向对侧手臂倾斜头部会改变疼痛程度[12]。

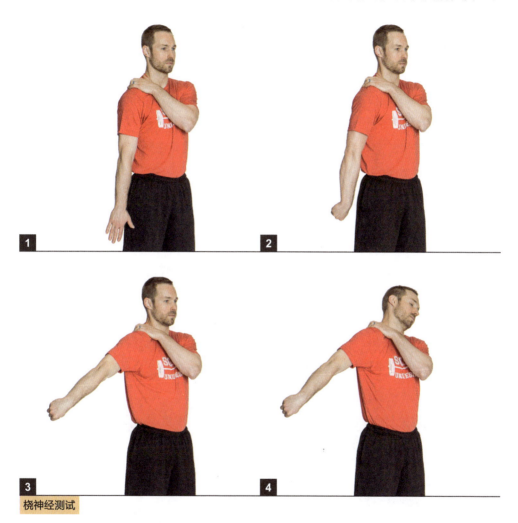

桡神经测试

　　如你所见，肘关节可能会出现一些损伤。在了解了肘关节的基本解剖结构以及损伤经常出现的位置后，我们便可以深入探讨疼痛出现的原因。为了更好地理解疼痛的原因，你必须看看整个身体的情况。

动力链筛查

大多数肘关节损伤（例如肘关节脱位）都是长期累积的劳损造成的，并不是非常严重的问题。施加在肘关节上的压力受下列因素的影响。

- 灵活性（移动并控制身体至最佳姿势的能力）。
- 稳定性（保持姿势和限制不必要关节运动的能力）。
- 姿势或动作技术。

举重会对组织和关节施加压力。当以理想的动作技术进行恰当的负荷训练，并配合足够的恢复和休息时，身体会产生适应并提升对负荷增加的承受能力。然而，当负荷、动作技术等因素中的任何一个出现问题时，这种身体积极适应的平衡状态就会被打破。对于肘关节损伤来说，不良的举重技术以及灵活性和/或稳定性受限通常是主要原因。因此，需要进行整体评估，不能只着眼于出现症状的部位。

我经常会看到一些沮丧的患者，他们经历了许多不成功的治疗，因为康复专家只治疗疼痛的部位，却忽视了导致疼痛的动作等其他影响因素。对于肘关节，失败的治疗计划通常包括针对前臂肌肉的练习以及针对疼痛部位的被动治疗（超声波、肌内效贴布或者刮痧技术）。虽然我不否定这些康复方式，但是我们必须把身体视为一个整体来观察。

有句谚语说道:"一环薄弱，全链不强。"如果一个环节出现问题，那么整根链条都会受到影响。如果我们把身体看作联动系统或者链条，那么很容易看到一个关节处的问题是如何对另一个关节产生直接影响的。通过在疼痛部位以外的区域搜索问题，我们便可以发现导致损伤的其他影响因素。

无论你的肘关节症状出现在哪里，我们都必须观察疼痛部位正下方或者正上方的关节，即腕关节复合体和肩关节复合体。

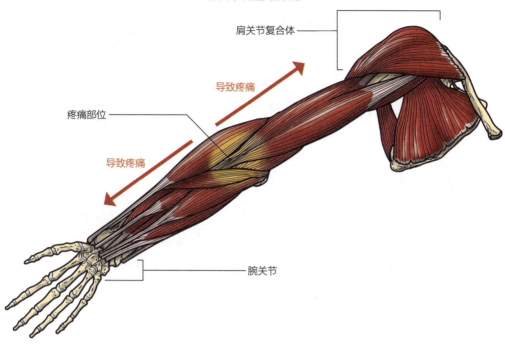

肘关节疼痛动力链

肩关节复合体

导致疼痛

疼痛部位

导致疼痛

腕关节

灵活性和稳定性

在做抓举、挺举或者过顶推举等举重动作时，一定程度的手腕灵活性有助于为杠铃创造一个稳定的承重平台。想象一下，体操运动员倒立时的手腕姿势。不管是体操运动员在倒立时稳定身体，还是举重运动员在头顶上方稳定杠铃，手腕的伸展姿势是形成一个承重平台的必要条件。如果运动员在推或拉杠铃/哑铃时无法保持手腕处于有效的支撑姿势，那么身体就无法发挥最佳功能。

体操运动员倒立时的手腕姿势

（©Dr. Dave Tilley）

举重运动员（杠铃过顶支撑和手腕伸展）

［大卫·里格尔特（David Rigert）抓举，©Bruce Klemens］

在过顶推举动作中未能充分地伸展手腕会导致在链条下方的较小组织结构承受过度的压力，以弥补稳定性不足[13]。随着时间的推移，这会导致肘关节损伤。

手腕灵活性筛查，需将两个手掌并在一起，并尽可能地向下移动（祈祷者姿势）。理想情况下，你的手腕应该能够移动到呈L形。如果无法做到，可能是由于前臂上的肌肉僵硬或者较短，抑或是由于腕关节灵活性受限。

肩关节复合体的筛查，需要对肩关节力量/稳定性，以及胸椎、背阔肌和胸肌的灵活性或柔韧性进行全面评估。

大量研究发现，背部和肩部肌肉无力与肘关节疼痛之间存在联系，尤其是肱骨外上髁疼痛[14]。举个例子，如果奥林匹克举重运动员肩关节稳定性不足，那么在抓举或者挺举时，双臂过顶的位置和对杠铃的控制都将受到影响。这种不太理想的过顶位置和控制会增加肘关节周围肌肉的稳定性需求，最终会导致磨损性损伤。

祈祷者测试

过顶蹲举（后视图）

在这个实例中，如果肩关节稳定性不足的问题得不到解决，那么无论投入多少精力增强过度疲劳的肘关节肌肉的力量都没有用。最初的疼痛并非总是需要专业的临床医生来消除。剔除引起疼痛的动作（就像许多医生所说："两周内不要进行负重训练。"），吃一些缓解急性疼痛的药物，增加周围肌肉的强化和拉伸，那么你的感觉会好很多。但是，这是一个彻底解决问题的方法，还是一个暂时缓解疼痛的渠道？

在这种情况下，双臂在体侧抬高的肩关节外旋力量测试是一个有用的筛查工具。肘关节位于身体两侧，双臂屈曲90°呈L形。当你的朋友在双手外侧施加向内的推力时，你需对抗推力避免手臂移动。然后在抬高的手臂的姿势（就像举手击掌那样）下尝试相同的测试。同样，当你的朋友试图向前向下推动你的手使肩关节内旋时，尝试对抗推力避免手臂移动。

当施加推力时，如果双臂不能对抗推力，同时不能保持起始姿势，这就提示应当仔细检查肩关节。要对肩关节复合体的其余部分进行深入的筛查（请参阅肩关节疼痛章的第250~265页）。

肩关节外旋力量测试

姿势/动作技术

一旦你发现疼痛部位上方和/或下方关节的灵活性和/或稳定性不足，就要评估你的举重动作技术。你可以开展所有你想进行的力量和灵活性测试，也可以进行MRI扫描或者CT检查，但是如果你不观察运动方式或动作技术，那么你将无法进行一个完整的评估分析。

让我们回到后深蹲的例子中，看一看肘关节内侧是如何产生疼痛的。虽然腕关节轻微伸展可以形成支撑平台来稳定头顶上方的杠铃，但是握住杠铃时手腕完全伸展可能会出现问题，尤其是在需要完全握住杠铃的动作中。举个例子，一名运动员正在后深蹲，其肘关节位于杠铃正下方。由于肘关节保持在如此低的位置，其唯一的选择就是以手腕完全伸展的方式握住杠铃。

像这样完全伸展手腕会拉伸前臂屈肌。在拉长的状态下，前臂屈肌无法收缩产生相应的力量（与手腕处于中立位相比），这意味着抓握力量会降低[15]。

试图在手腕完全伸展的情况下保持有力抓握会增加前臂屈肌过度疲劳的风险。疲劳加上重复训练会引发一系列的问题，最终会导致肌腱磨损和撕裂，以及出现肘关节内侧疼痛[16]。因此，首先要用一些简单的技术提示纠正手腕的对齐方式，让手腕处于中立位以减轻肘关节内侧的压力。

后深蹲（手腕过度伸展）

在举重训练中，我们还必须考虑疲劳以及它是如何影响举重动作质量的。举个例子，一名力量举运动员正在进行高强度的卧推训练。如果你曾经努力完成艰难的锻炼，那么你非常清楚，反复运动中产生的疲劳会导致运动模式发生改变。虽然第一组动作看起来正常，但是随着疲劳的累积，动作质量会下降。

举重动作技术的微妙变化会对身体控制和力量生成的方式产生巨大的影响。研究表明，进行多次数的卧推练习至出现明显的疲劳会导致动作技术的变化、周围肌肉力量的下降以及肘关节受力的增加[17]。久而久之，力量损失导致的动作技术改变和稳定性轻微下降，都会让你的身体很容易出现过度使用性损伤[18]。

因此，如果你在治疗肘关节疼痛的同时继续进行举重训练，那么明智的做法是调整你的训练计划，留出足够的休息/恢复时间，尽量减少练习次数，更加专注于强化正确的动作技术和提高动作质量。

后深蹲（手腕中立位）

重建过程

你现在已经了解了肘关节疼痛有许多原因。当考虑到疼痛部位上方和下方潜在的问题部位（肩关节和腕关节）时，我们发现了肘关节疼痛的多种原因。由此可见，没有治愈肘关节损伤的万能方法。你要精心制定一个个性化的计划来解决具体的肘关节疼痛问题。

整体策略

如果你的筛查过程很全面，你应该有一个详细的薄弱环节列表。这个列表能够指导你从整体的角度进行全面的损伤治疗。（这是一种整体策略，而不是仅针对症状部位的局部策略。）回顾一下肩关节疼痛章，你会找到针对你所发现的不同因素的解决方法。

我喜欢的一个练习是暂停式肩胛骨引体向上，它包括了肩关节复合体的灵活性、稳定性和协调性等训练。呈悬吊姿势，双臂与肩同宽，双手握在单杠上。完全放松你的躯干，肩胛骨尽可能向背部两侧伸展。如果你的背阔肌僵硬，那么会在腋窝侧面产生轻微的拉伸感。

暂停式肩胛骨引体向上

保持这个拉伸动作5~10秒后，再将肩胛骨进行内收和下回旋来锻炼背部肌肉。在整个动作过程中肘关节始终保持伸展状态，只有肩胛骨在移动。保持背部收缩姿势5秒后，再放松背部回到起始的悬吊姿势。进行2~3组，每组重复5次。随着肘关节疼痛的缓解，你可以在肩胛骨收缩后紧接着进行一个完整的引体向上。

这个动作顺序不仅可以改善背阔肌的柔韧性，还可以通过把肩胛骨置于稳定的位置引导身体以正确的方式协调上肢运动。就像混凝土地基为房屋提供稳定性一样，肩胛骨的正确定位和功能对于肘关节的运动表现和长期健康至关重要。

我还喜欢使用半跪姿壶铃或哑铃风车这个练习动作。单腿跪地的同时，单臂伸直支撑壶铃。在推举过程中，另一侧的手臂可以伸至体侧以保持身体平衡，或者把它放在躯干一侧。

半跪姿壶铃风车

把壶铃垂直举到头顶上方后保持1秒，感受肩后侧肌肉收缩以稳定关节。你的肩胛骨应与手臂、肘关节和手腕呈一条直线，但不要过度耸起斜方肌上束（耸肩）。

接下来，缓慢地将躯干一侧朝向地面倾斜，同时负重手臂保持指向天空。这类似于壶铃土耳其起立练习的反向动作顺序。当躯干侧倾至另一侧手臂支撑地面（即最低位置）时，停顿一下，感受肩胛骨向内收缩以及周围肌肉收缩稳定手臂。最后，缓慢地将躯干转回起始姿势，确保不要过度耸肩，然后再将壶铃下落至身体前方。进行2~3组，每组重复3~5次。

研究表明，通过使用这种针对肩胛带肌肉（例如斜方肌、菱形肌、肩袖肌群以及三角肌后束）的练习来改善肩胛骨和肩关节的稳定性是解决许多肘关节疼痛症状的康复计划的组成部分[19]。

局部策略

虽然我不能夸大使用整体策略来解决肘关节疼痛的重要性，但对于综合性治疗计划来说，一些局部的练习和康复技术是有益的辅助工具，包括前臂强化、阻力带关节松动（针对肘关节外侧疼痛）、软组织放松和神经松动等。

前臂强化

前臂强化训练对许多肘关节内侧和外侧疼痛的情况有所帮助[20]。

目前，研究已将肘关节外侧疼痛归类为肌腱病。等长练习（没有关节动作的肌肉收缩练习）已被证明在治疗下肢肌腱损伤方面非常有效，例如，使用西班牙深蹲治疗髌腱病[21]。虽然有关等长练习在上肢肌腱损伤方面的有效性还需要更多的研究证实，但是我发现其在缓解肘关节外侧疼痛时非常有帮助[22]。

因此，如果你的肘关节外侧有严重的炎症反应，那么尝试一下等长练习，看看其是否有助于缓解你的疼痛。将一侧手臂放在桌子的边缘上（或者像下图所示横放在大腿上），握住小重量的哑铃，并轻微伸展手腕保持30~45秒，重复4~5次。可用另一侧手掌扶住练习侧手臂，防止受伤。

如果这个练习对你有帮助，那么在重复2~3次后肘关节外侧应该没有疼痛感，前臂伸肌会疲劳。如果哑铃重量过轻，可以增加重量，直到你难以稳定保持45秒，但是在整个练习过程中要确保无痛。

手腕伸展等长练习

虽然等长练习有助于降低疼痛程度，但你最终需要回归至传统的动态力量练习。可以先从简单的手腕弯举练习开始，其中手腕伸展适用于缓解肘关节外侧疼痛，手腕屈曲适用于缓解肘关节内侧疼痛。重复10~15次，每次约用3秒完成向心伸展/屈曲，再用3秒离心下降至起始姿势，保证所使用的重量可以让你在不增加疼痛的情况下进行3~4组[23]。肌腱损伤通常对负荷刺激有延迟反应，所以要确保前臂强化练习的难度不会导致第二天疼痛感变得明显。随着力量和耐痛性的增强，可以逐渐增加练习负荷。

1 **2**

动态手腕伸展

孤立的力量训练可以进阶为更具功能性的运动，例如静态负载动作。相比于硬拉（手臂在体前且正握旋前），肘关节外侧疼痛患者在早期康复期间，更容易承受单臂"手提箱式负载"或者双臂"农夫式静态负载"动作施加在腕伸肌上的负荷。

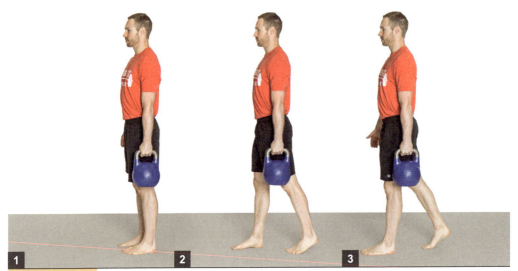

壶铃手提箱式提拉

如果你正在治疗肘关节外侧疼痛，那么你最终会回到用正手握法强化腕伸肌上面。将杠铃置于深蹲架上，大约与髋关节等高。一只手正握杠铃的中间，收紧核心肌群以及从肩部到手的肌肉，将杠铃向上提拉。保持10秒后再将杠铃放回原位。逐渐施加负荷，直至在第10次重复时感到疲劳。确保在整个过程中不会引起前面提到的疼痛症状。

正握杠铃单臂上提保持

阻力带关节松动

对于有些人来说，关节松动练习可以缓解疼痛。物理治疗师布雷恩·马利根（Brian Mulligan）设计了一个称为动态松动的技术，该技术有助于纠正肘关节的位置错误（对齐方式和/或运动问题）[24]。这个技术对于握拳、抓握物体、翻转手腕以及/或者在进行其他抓握活动时出现肘关节外侧疼痛的人尤为有用。

仰卧位，手臂置于体侧，掌心向下。再将一根阻力带（宽2~4英尺）套在肘关节下方；以与手臂呈90°将阻力带拉离身体。

侧向阻力带关节松动（肘关节）

始终保持阻力带的横向张力，重复进行10~20次握拳和松拳。你也可以在手中握一个小哑铃。确保你的整只手臂始终平放在地面上（除了你的手掌）。

如果阻力带张力足够且动作正确，那么在抓握移动时的疼痛感会在练习期间或练习后很快消失或减轻[25]。如果在肘关节松动后你发现疼痛没有缓解，那么说明这个练习可能不适合你。

软组织放松

软组织放松对于不同类型的肘关节疼痛的治疗都有帮助[26]。筋膜球（曲棍球或者网球）和杠铃是两个很有用的工具。

如果你正在治疗肘关节内侧或者肘关节外侧疼痛，可以缓慢地在桌面或者椅面上滚动筋膜球，找到激痛点后停顿几秒，然后上下活动手腕1分钟左右。这种主动放松技术有助于改善组织和关节的柔韧性和灵活性。

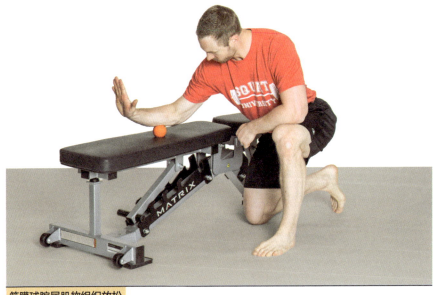

筋膜球腕屈肌软组织放松

如果你的手腕伸展不足，请在这个软组织放松后重新测试你的手腕灵活性。你的腕关节活动范围可能会增加。

如果你正在治疗肘关节后侧或者肱三头肌下方疼痛，可以把手臂搭在支架上的杠铃上面。[我最早看到物理治疗师凯利·斯塔雷特（Kelly Starrett）在进行这个软组织放松练习。]在杠铃上缓慢地滚压肱三头肌，在此过程中，手臂向下压。与使用筋膜球的练习一样，在激痛点停顿片刻，然后屈伸移动肘关节1分钟。做完杠铃肱三头肌软组织放松练习之后，有些运动员可能会注意到症状有所改善。

杠铃肱三头肌软组织放松

神经松动

如果你在神经测试中感到疼痛，那么缓解症状的一个有效技术就是神经松动。神经松动技术可分为两类，神经拉伸和神经滑动（相对于周围组织）[27]。

神经拉伸会暂时增加周围腱鞘的张力，可能会加重症状，但它也会明显降低软组织的张力，而神经滑动的刺激性较小，不会加重症状[28]。神经松动技术的整体目标是减轻神经内部及其周围的肿胀、促进血液循环、恢复神经的功能和灵活性，从而减轻症状[29]。

在进行尺神经松动时，首先，把手臂伸出至体侧，肘关节伸直，手腕轻微伸展（掌心向上，手指指向地面）。接下来，手臂内收移动到身体前侧，同时屈曲肘关节，使手掌与头部同高。保持这个姿势1秒，然后缓慢地返回至起始姿势[30]。在整个运动过程中，保持手腕处于相同的伸展姿势。

尺神经松动

在进行桡神经松动时，身体自然站立，双臂垂直于两侧，肘关节伸直。用健侧手向下压住对侧肩膀，然后将患侧手转向身后，掌心向上。接下来，四指包住拇指，犹如锁握握法，并轻微地屈曲手腕，使拳头靠向前臂。然后外展上抬手臂，同时眼睛看着手。手臂移动至肘关节处有轻微张力感即可，然后回到起始姿势。

桡神经松动

确保你每次进行松动的次数不会太多，因为即便使用刺激性较小的神经滑动技术，多次重复也可能引起神经过度紧张，导致症状加重。同时，还要限制腕屈肌过度拉伸，否则也可能会刺激神经并加重症状。

如果这些松动技术有助于缓解你的症状，我建议每天每隔几小时进行一次。

关于肘关节康复的感想

正如你所了解到的，缓解肘关节疼痛并没有一个万能的方法。然而，本章中所介绍的筛查可以帮助你制定一套适合自己的康复治疗计划，让你更有效地解决自己的疼痛问题。

欲速则不达。康复过程所花费的时间要比你预想的多，要有耐心。

在康复过程中，如果你的肘关节无法完全伸直，运动时感觉肘关节被卡住并伴随疼痛和弹响声，或者感到颈部疼痛，那么我建议你去看医生或者其他康复专家。

参考文献

[1]　U. Aasa, I. Svartholm, F. Andersson, and L. Berglund, "Injuries among weightlifters and powerlifters: a systematic review," *British Journal of Sports Medicine* 51(2017): 211-20.

[2]　M. Stroyan and K.E. Wilk, "The functional anatomy of the elbow complex," *Journal of Orthopaedic & Sports Physical Therapy* 17, no.6(1993): 279-88; C.M. Hall and L.T. Brody, *Therapeutic Exercise: Moving Toward Function*, 2nd Edition (Philadelphia: Lippincott Williams & Wilkins, 2005).

[3]　E. Waugh, "Lateral epicondylalgia or epicondylitis: what's in a name," *Journal of Orthopaedic & Sports Physical Therapy* 35, no.4(2005): 200-2.

[4]　L.M. Bissert and B. Vicenzino, "Physiotherapy management of lateral epicondylalgia," *Journal of Physiotherapy* 61, no.4(2015): 174-81; S. Dimitrios, "Lateral elbow tendinopathy: evidence of physiotherapy management," *World Journal of Orthopedics* 7, no.8(2016): 463-6; C.M. Kaczmarek, "Lateral elbow tendinosis: implications for a weight training population," *Strength and Conditioning Journal* 30, no.2(2008): 35-40.

[5]　Hall and Brody, Therapeutic Exercise (see note 2 above).

[6]　Hall and Brody, Therapeutic Exercise (see note 2 above).

[7]　Hall and Brody, Therapeutic Exercise (see note 2 above).

[8]　M.R. Safran, "Elbow injuries in athletes: a review," *Clinical Orthopaedics* 310(1995): 257-77; C.B. Novak, G.W. Lee, S.E. Mackinnon, and L. Lay, "Proactive testing for cubital tunnel syndrome," *Journal of Hand Surgery* 19, no.5(1994): 817-20; M.F. Macnicol, "Extraneural pressures affecting the ulnar nerve at the elbow," *Hand* 14, no.1(1982): 5-11.

[9]　Hall and Brody, *Therapeutic Exercise* (see note 2 above).

[10]　Novak, Lee, Mackinnon, and Lay, "Proactive testing for cubital tunnel syndrome" (see note 8 above).

[11]　R.A. Ekstrom and K. Holden, "Examination of and intervention for a patient with chronic lateral elbow pain with signs of nerve entrapment," *Physical Therapy* 82, no.11(2002): 1077-86.

[12]　B.K. Coombes, L. Bisset, and B. Vicenzino, "Bilateral cervical dysfunction in patients with unilateral lateral epicondylalgia without concomitant cervical or upper limb symptoms: a cross-sectional case-control study," *Journal of Manipulative and Physiological Therapeutics* 37, no.2(2014): 79-86; B.K. Coombes, L. Bisset, and B. Vicenzino, "Management of lateral elbow tendinopathy: one size does not fit all," *Journal of Orthopaedic & Sports Physical Therapy* 45, no.11(2015): 938-49.

[13]　C.M. Kaczmarek, "Lateral elbow tendinosis: implications for a weight training population," *Strength and Conditioning Journal* 30, no.2(2008): 35-40.

[14] O. Alizadehkhaiyat, A.C. Fisher, G.J. Kemp, K. Vishwanathan, and S.P. Frostick, "Upper limb muscle imbalance in tennis elbow: a functional and electromyographic assessment," *Journal of Orthopaedic Research* 25, no.12(2007): 1651–7; A.M. Lucado, M.J. Kolber, M.S. Cheng, and J.L. Echternach, Sr., "Upper extremity strength characteristics in female recreational tennis players with and without lateral epicondylalgia," *Journal of Orthopaedic & Sports Physical Therapy* 42, no.12(2012): 1025–31; J.M. Day, H. Bush, A.J. Nitz, and T.L. Uhl, "Scapular muscle performance in individuals with lateral epicondylalgia," *Journal of Orthopaedic & Sports Physical Therapy* 45, no.5(2015): 414–24.

[15] V.B. Parvatikar and P.B. Mukkannavar, "Comparative study of grip strength in different positions of shoulder and elbow with wrist in neutral and extension positions," *Journal of Exercise Science & Physiotherapy* 5, no.2(2009): 67–75.

[16] Hall and Brody, *Therapeutic Exercise* (see note 2 above).

[17] Y.P. Huang, Y.L. Chou, F.C. Chen, R.T. Wang, M.J. Huang, and P.P.H. Chou, "Elbow joint fatigue and bench-press training," *Journal of Athletic Training* 49, no.3(2014): 317–21.

[18] Hall and Brody, *Therapeutic Exercise* (see note 2 above).

[19] J.B. Bhatt, R. Glaser, A. Chavez, and E. Yung, "Middle and lower trapezius strengthening for the management of lateral epicondylalgia: a case report," *Journal of Orthopaedic & Sports Physical Therapy* 43, no.11(2013): 841–7.

[20] Hall and Brody, *Therapeutic Exercise* (see note 2 above); Coombes, Bisset, and Vicenzino, "Management of lateral elbow tendinopathy" (see note 12 above); J. Raman, J.C. MacDermid, and R. Grewal, "Effectiveness of different methods of resistance exercises in lateral epicondylosis—a systematic review," *Journal of Hand Therapy* 25, no.1(2012): 5–25; T.F. Tyler, S.J. Nicholas, B.M. Schmitt, M. Mullaney, and D.E. Hogan, "Clinical outcomes of the addition of eccentrics for rehabilitation of previously failed treatments for golfers elbow," *International Journal of Sports Physical Therapy* 9, no.3(2004): 365–70.

[21] E. Rio, C. Purdam, M. Girdwood, and J. Cook, "Isometric exercise to reduce pain in patellar tendinopathy in-season: is it effective 'on the road'?" *Clinical Journal of Sports Medicine* 29, no.3(2019): 1–5.

[22] J.Y. Park, H.K. Park, J.H. Choi, E.S. Moon, B.S. Kim, W.S. Kim, and K.S. Oh, "Prospective evaluation of the effectiveness of a home-based program of isometric strengthening exercises: 12-month follow-up," *Clinics in Orthopedic Surgery* 2, no.3(2010): 173–8.

[23] K. Starrett and G. Cordoza, *Becoming a Supple Leopard: The Ultimate Guide to Resolving Pain, Preventing Injury, and Optimizing Athletic Performance*, 2nd Edition (Las Vegas: Victory Belt Publishing Inc., 2015).

[24] Coombes, Bisset, and Vicenzino, "Management of lateral elbow tendinopathy" (see note 12 above).

[25] A. Amro, I. Diener, W.O. Bdair, I.M. Hameda, A.I. Shalabi, and D.I. Ilyyan, "The effects of Mulligan mobilisation with movement and taping techniques on pain, grip strength, and function in patients with lateral epicondylitis," *Hong Kong Physiotherapy Journal* 28, no.1(2010): 19–23; W. Hing, R. Bigelow, and T. Bremner, "Mulligan's mobilisation with movement: a review of the tenets and prescription of MWMs," *New Zealand Journal of Physiotherapy* 36, no.3(2008): 144–64.

[26] Hing, Bigelow, and Bremner, "Mulligan's mobilisation with movement: a review of the tenets and prescription of MWMs" (see note 25 above); J.H. Abbott, C.E. Patla, and R.H. Jensen, "The initial effects of an elbow mobilization with movement technique on grip strength in subjects with lateral epicondylalgia," *Manual Therapy* 6, no.3(2001): 163–9; Coombes, Bisset, and Vicenzino, "Management of lateral elbow tendinopathy" (see note 12 above).

[27] M.W. Coppieters and D.S. Butler, "Do 'sliders' slide and 'tensioners' tension? An analysis of neurodynamic techniques and considerations regarding their application," *Manual Therapy* 13, no.3(2008): 213–21.

[28] Coppieters and Butler, "Do 'sliders' slide and 'tensioners' tension?" (see note 27 above).

[29] M.W. Coppieters, K.E. Bartholomeeusen, and K.H. Stappaerts, "Incorporating nerve-gliding techniques in the conservative treatment of cubital tunnel syndrome," *Journal of Manipulative and Physiological Therapeutics* 27, no.9(2004): 560–8; D. Oskay, A. Meric, N. Kirdi, T. Firat, C. Ayhan, and G. Leblebicioglu, "Neurodynamic mobilization in conservative treatment of cubital tunnel syndrome: long-term follow-up of 7 cases," *Journal of Manipulative and Physiological Therapeutics* 33, no.2(2010): 156–63; V. Arumugam, S. Selvam, and J.C. MacDermid, "Radial nerve mobilization reduces lateral elbow pain and provides short-term relief in computer users," *Open Orthopaedics Journal* 8(2014): 368–71.

[30] Coppieters and Butler, "Do 'sliders' slide and 'tensioners' tension?" (see note 27 above).

第6章

踝关节疼痛

CrossFit爱好者、举重运动员以及力量举运动员最常见的踝关节损伤之一是跟腱损伤。因此，尽管踝关节会出现许多种可能的损伤，但是本章将会重点介绍跟腱损伤。

跟腱损伤是如何产生的？为了回答这个问题，首先我们必须讨论一下踝关节的解剖结构。

跟腱损伤解剖学基础

　　肌腱是连接肌肉和骨骼的一条较厚的致密结缔组织带。跟腱将两块小腿肌肉（较大的腓肠肌和较小的比目鱼肌）连接到脚跟后部（跟骨）。它被一层腱包膜所包裹，有助于贴着周围的组织自由移动。从结构上讲，跟腱类似于膝关节的髌腱，每当你步行、跑步或者跳跃时，跟腱发挥的作用就像弹簧一样（吸收、储存和释放能量）。

跟腱解剖结构

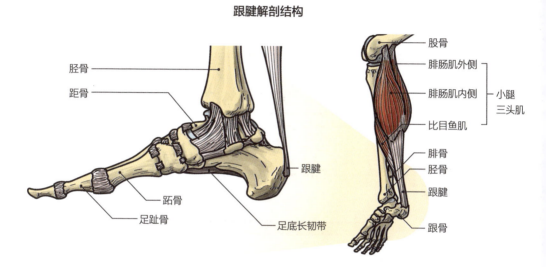

　　每天，你的身体组织——肌肉、肌腱及骨骼——都处于不断运动的过程之中。每当你向身体施加压力时，就像在锻炼的时候，组织的某些部分会退化，然后再生。随着时间的推移，这种自然的再生过程会增强力量。

　　对肌腱来说，这个过程很大程度上受控于肌腱细胞。肌腱细胞对施加在肌腱上的力和负荷做出反应，并相应地调整组织细胞结构（称为细胞外基质）。身体通过适应反应使跟腱达到力量临界值（称为负荷耐受水平），这一过程受若干因素影响，例如训练强度、服用的药物以及是否患有糖尿病等。

　　若施加在肌腱上的训练负荷不超过强度临界值，此时就会在肌腱上产生一种细胞反应（可以通过超声波观察）。如果采用恰当的恢复方法，这种反应会在2~3天内消失；这是出现适应性再生过程的正常时间范围[1]。然而，如果负荷过大，或者恢复不足，平衡就会被打乱，这一过程会从适应性变为病理性。

肌腱病理连续体

在我们开始讨论如何治疗肌腱损伤之前，让我们深入了解一下损伤是如何发生的。理解这一点的实用方法是使用专家吉尔·库克（Jill Cook）提出的肌腱病理连续体模型[2]。正如我在膝关节疼痛章中所介绍的，这个模型描述了3个相互衔接的损伤阶段的连续体。

1. 反应性肌腱病。

2. 肌腱损伤。

3. 退行性肌腱病。

从一个阶段发展到下一个阶段时，意味着恢复到之前的健康状态会变得越来越难。

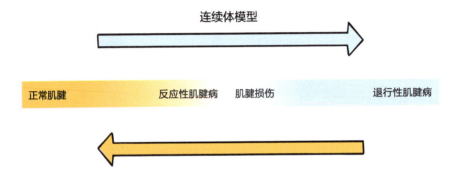

库克的观点新颖，与医学界中许多人对慢性肌腱损伤的看法不同。"肌腱炎"这个术语从技术上讲并不正确；研究表明，受影响的肌腱并不存在炎症[3]。因此，肌腱病能够更好地描述肌腱损伤[4]。

当肌腱承受超负荷时，肌腱细胞会产生一种短期的过度反应，称为反应性肌腱病。具体来说，就是一种称为蛋白聚糖的蛋白质分子渗入细胞外基质中，导致肌腱肿胀和疼痛。同样，这种肿胀不是炎症引起的[5]。

下面是引发反应性肌腱病的几种方式。

- 第一种是急性超负荷，是一次训练课的强度远高于正常训练课的强度导致的。在这种情况下，肌腱承受的负荷远高于它当前的承受能力。

- 第二种是在长时间的休息（例如休息一周）后恢复至相对正常的训练。在这种情况下，停止训练会导致肌腱承受负荷的能力降低；快速恢复正常训练会导致超负荷，并引发细胞的过度反应。

- 第三种是其他方面出现变化导致超负荷。例如，更换鞋子；相比上一双，鞋子的支撑性较弱、鞋底较硬或者鞋跟较低等因素都会产生影响。

没有固定的负荷或者重复次数会触发这种损伤反应，这主要取决于是否超过了个人肌腱的负荷耐受水平。与进行相同体育运动的业余运动员相比，精英运动员在日复一日的训练中在肌腱上施加了更大的负荷，但是精英运动员的损伤发生率并不高。这是因为通过良好的恢复方法与科学的训练方案相结合，他们的肌腱已经适应了较大的训练负荷。

令人高兴的是，如果处理得当，这个过程是可逆的。如果你避免超负荷并结合适当的康复方案进行恢复，肌腱可能在几周时间内恢复至正常的健康状态。

但是，如果你强忍着肌腱疼痛进行超负荷训练，损伤会发展到下一个阶段（称为肌腱损伤）。为了应对持续的超负荷，越来越多的蛋白聚糖会涌入细胞外基质中吸收水分，最终破坏组成肌腱的支撑结构（胶原蛋白）。如果不停止施加超负荷，胶原蛋白会进一步分解，随着损伤进入退行性阶段，最终消亡。

糟糕的是，区分肌腱是否处于肌腱损伤阶段非常困难。更加糟糕的是，你甚至可能都不知道肌腱损伤已经进入了第三阶段，因为退行性阶段不会引起疼痛。

肌腱损伤处于哪个阶段

研究人员发现，肌腱疼痛主要是反应性阶段的症状。因此，如果你的跟腱疼痛，你可以用一种简单的两阶段模型来描述损伤，即反应性或者肌腱损伤/退行性肌腱病[6]。

假设这是你第一次感受到跟腱疼痛。经过一堂大负荷训练课后，第二天你的跟腱非常疼痛，以致你不得不一瘸一拐地行走。由于这是急性发作的肌腱疼痛，所以你可能正在经历损伤的第一阶段，即反应性肌腱病。

假设这不是你第一次感受到跟腱疼痛。在去年以及几个月前就出现过几次，你休息了几周后疼痛消失了，但是它不断地复发。由于这些症状的长期性、反复性，你可能在经历损伤的第二阶段，即肌腱损伤/退行性肌腱病。

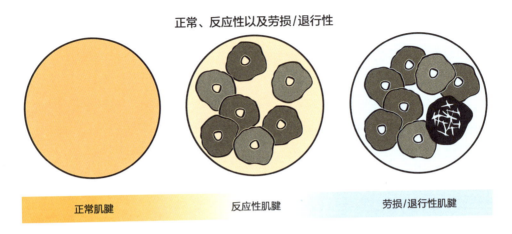

正常、反应性以及劳损/退行性

正常肌腱　　　　　反应性肌腱　　　　　劳损/退行性肌腱

当肌腱持续遭受超负荷刺激时，就会开始退化。如果你深入观察肌腱，你会在健康的肌腱中注意到由退化的胶原蛋白组织构成的小"岛"。这些退化的组织已无法承受负荷。正如库克所说的那样，它们通常会失去伸展性和弹性，最终处于力学失调状态。

可以把这个小岛想象成甜甜圈上的小洞。它们被健康的组织包围。研究表明，为了恢复丢失的力量，身体实际上会做出适应，并在退化组织周围长出更多健康的肌腱[7]。

具有退化组织的正常肌腱

正常肌腱

退化组织

如前所述，肌腱上的小洞不会产生疼痛[8]。直到周围健康的组织处于超负荷状态进入反应性阶段，退化的肌腱才会出现疼痛。这就是有些人的肌腱可能会出现退行性变化，但是没有疼痛症状的原因[9]。

区分反应性肌腱疼痛和劳损/退行性肌腱疼痛需考虑以下因素（除了症状史）：疼痛的程度、损伤机制以及恢复所需的时间。例如，反应性肌腱痛感非常强，并且肿得很严重；它是高强度的超负荷引起的（例如首次跑半程马拉松，或者一堂训练课中包含大量快速伸缩复合练习等极度困难的训练内容）。另外，劳损/退行性肌腱是强度不大的超负荷活动引起的，通常不会伴随那么多的肿胀。通过适当的休息，劳损/退行性肌腱病引起的疼痛几天就可以缓解，而反应性肌腱病引起的疼痛可能需要4~8周的时间才能缓解[10]。了解你的损伤所在的阶段将极大地影响你处理损伤的方式。

跟腱损伤分类

超负荷会导致肌腱进入反应性阶段并产生疼痛。这一过程很简单，对吧？不过，跟腱进入反应性阶段的过程要更加复杂一些。跟腱复合体可能处于一种超负荷状态并可能会因不同原因受到损伤，这些损伤的症状都略有不同，需要不同的方式处理[11]。

跟腱中部损伤

跟腱中部损伤由拉伸超负荷（类似于拉伸橡皮筋的拉力）引起。在跑步和跳跃动作中，你的跟腱所起的作用就像弹簧一样。当你落地时，跟腱会在负荷下拉伸并迅速释放力量来向上推动身体。这种快速的反弹力被称为拉伸缩短周期（SSC），这也是快速伸缩复合训练的基础。

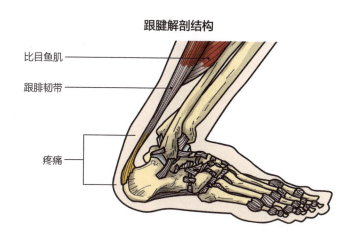

跟腱解剖结构

比目鱼肌

跟腓韧带

疼痛

如果由于训练量或者训练强度过大超过了负荷耐受水平，就会进入反应性阶段。因此，跟腱中部损伤在训练或者比赛中进行剧烈运动的运动员身上很常见，例如跑步运动员、篮球运动员以及排球运动员。

附着点损伤

与跟腱中部损伤不同，附着点损伤位于肌腱与跟骨相连的位置。附着点损伤所在的位置可能会有肿胀，并且在检查时看起来很明显。虽然人们认为跟腱中部损伤是拉伸负荷过大导致的，但是附着点肌腱病很大程度上是拉伸负荷和挤压共同导致的。

跟腱解剖结构

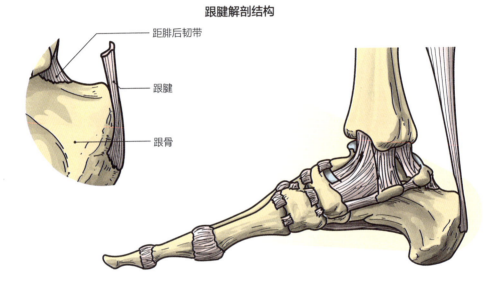

距腓后韧带

跟腱

跟骨

跟腱对跟骨的压力大小取决于踝关节的姿势。对跟腱施加一定负荷，同时保持踝关节跖屈的活动不太可能产生疼痛，例如反复踮脚跳跃。相反，在踝关节背屈姿势下施加负荷的活动（深蹲、弓步、上坡跑或者在像沙滩那样柔软的地面上跑步，甚至是赤脚行走），使胫骨被拉到更加前倾的姿势，导致跟腱压在跟骨上，引起疼痛[12]。有趣的是，通过拉伸小腿肌群不会缓解附着点肌腱病的症状，会加剧疼痛，因为踝关节被拉成背屈姿势，承受了更多的压力。

腱包膜损伤

严格意义来讲，腱包膜损伤不属于肌腱病。损伤的不是肌腱本身，而是包裹肌腱的一层薄外皮，称为腱包膜。在持续的低负荷踝关节运动期间，跟腱与腱包膜之间的不断摩擦会产生疼痛，产生这种疼痛的原因并不是压力过大。

腱包膜解剖结构

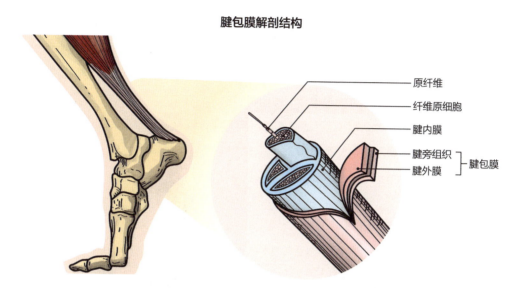

例如，在长时间的骑行或者长距离的划船后，腱包膜可能会出现损伤。腱包膜主要症状是破裂或者在关节运动时有骨擦音，这种声音出现在肌腱无法在增厚的腱包膜内平滑移动的时候[13]。如果不及时治疗，这种损伤会导致组织功能退化。

如何筛查跟腱疼痛

在对跟腱疼痛进行筛查时，首要任务是确保跟腱没有出现断裂。小腿三头肌挤压试验是一种简单的方法[14]。

进行小腿三头肌挤压试验时（没有附图），俯卧在床上或长凳上，双脚自由悬垂在床或者长凳边缘。让你的朋友挤压你的小腿肌肉，看看你的脚出现了什么情况。如果在挤压小腿肌肉时脚移动了，那么跟腱是完好的，并且你可以继续进行下一步，即诊断你目前的肌腱病类型。如果挤压小腿肌肉时，脚纹丝不动，那么应找医疗专家进行详细检查。

测试过程的下一步非常简单。你不需要进行MRI扫描，只需回顾疼痛是如何出现的以及哪些位置存在症状，然后评估跟腱对负荷的反应。

负荷测试

跟腱病症状表现在附着点或者肌腱中部，是负荷引起的[15]。虽然附着点损伤、跟腱中部损伤都与超负荷有关，但是超负荷的机制有所不同。下面讲解如何验证你的假设。在每次测试中，按从0到10划分疼痛等级（0表示没有疼痛，10表示最严重的疼痛）。

双腿提踵站在地面上，然后是单腿提踵。如果你感觉不到疼痛，那么用前脚掌支撑在一块杠铃片或者台阶上（脚跟悬空）做相同的动作。在完成提踵后，让脚跟下降到杠铃片/台阶边缘以下。如果你在平地上感觉不到疼痛，但是在脚跟下降的动作中感到疼痛，那么你的跟腱附着点可能有损伤。

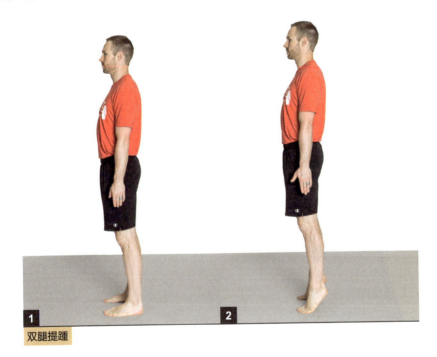

1 **2**

双腿提踵

1 **2**

单腿提踵

1 **2** **3**

单腿提踵（前脚掌位于杠铃片上面）

相反，如果你在平地上提踵时感到疼痛，并且疼痛位置位于跟骨上方1~3英寸，那么你很可能患有跟腱中部肌腱病。尝试进行多种形式的跳跃或者双足跳。如果这种负荷较大的重复运动产生的疼痛感大于缓慢、受控的提踵动作，那么可以诊断为跟腱中部肌腱病。测试期间，疼痛位置和疼痛出现的时间有助于区分跟腱中部肌腱病和附着点肌腱病。

患有腱包膜损伤的人会对这些负荷测试做出截然不同的反应。随着由慢速的提踵变化为较快的跳跃，患有跟腱中部损伤的人会感到愈加严重的疼痛，但患有腱包膜损伤的人表现可能正好相反，缓慢的提踵可能会引起更严重的疼痛。因为踝关节会有较大的关节活动范围，导致腱包膜受到更多的摩擦。

诊断肌腱病并不需要进行MRI扫描。查看MRI扫描结果可能会对诊断产生误导，因为经常会在没有疼痛症状的部位看到肌腱退化的异常迹象[16]。医生有可能根据你的影像学结果发现肌腱病，但是单靠影像学检查未必能够解释你的症状出现的原因。

在肌腱周围按压来看看是否引起疼痛，这种方法也不能够用来诊断肌腱病。你必须通过负荷测试评估肌腱的功能能力。记住，如果你的肌腱反应性很强，那么不论你的损伤是附着点损伤还是跟腱中部损伤，你在之前所有的测试中都可能会感到疼痛。

其他有用的测试

在处理踝关节损伤时，测试踝关节灵活性应当作为筛查过程的一部分。当腓肠肌和/或比目鱼肌僵硬或者缩短时，在跳跃落地时，用于吸收负荷的关节活动范围便较小，这会使跟腱承受很大的压力[17]。踝关节灵活性受限可能是跟腱中部肌腱病的一个风险因素，因为肌腱吸收负荷的活动范围变小了；因此，肌腱必须更快地承受更大的负荷[18]。对于附着点跟腱病，较少的踝关节背屈姿势可能会减少附着点的压力。因此，踝关节灵活性不足是跟腱中部肌腱病的一个风险因素，而不是附着点肌腱病的风险因素。

5英寸触碰墙壁测试是一个简单的测试，可以自己进行[19]。在墙壁附近呈单腿跪姿，前脚脚趾放在离墙5英寸的位置。然后向前顶膝关节，使其超过脚趾，尝试在不让脚跟离开地面的情况下触碰墙壁。

5英寸触碰墙壁测试

你的膝关节是否能触碰到墙壁？你的脚跟是否离开了地面？如果你未能通过5英寸触碰墙壁测试，那么你的踝关节灵活性存在受限问题。

尽管没有强有力的研究支持，但是以下因素可能会对跟腱病产生影响。

- 生物力学功能障碍。
  - » 不良的双腿或者单腿深蹲动作模式。
  - » 不良的跳跃/落地动作技术。
  - » 不良/低效的跑步技术（前脚掌着地的跑法，或者每分钟的步频较低）。
- 髋关节肌群（臀大肌和臀中肌）无力。

关于筛查的感想

跟腱疼痛不是简单的损伤。肌腱复合体具有吸收高水平的负荷的作用，并且会随着时间的推移而适应。但是这种适应过程比较缓慢，几乎所有运动员都会出现超负荷现象。如果训练得当，肌腱复合体会变得更加强壮。

了解踝关节损伤出现和发展的方式会使你有能力更好地处理相关症状，并重新回到你热爱的体育运动中。在本章的下一部分中，我们将探讨如何治疗你的跟腱疼痛。

重建过程

步骤1：平衡策略

正如你所了解的，当肌腱损伤进入反应性阶段时，疼痛是一个简单的机制引起的，即超负荷，这是由于你在跟腱上施加的负荷超过了它的负荷耐受水平。这种超负荷可能是一次特定的锻炼（例如，一堂CrossFit训练课中的200个跳箱）导致的，或者是多堂训练课（例如，一名篮球运动员通常每周训练2~3次，但在为期一周的训练营中需每天训练2~3次）的影响累积引起的。不管是什么原因导致了疼痛，缓解症状的第一步都是回头看看是什么引起了疼痛。

完全休息通常是大多数医生为肌腱疼痛患者提供的第一条建议。然而，你不应该这样做。

肌腱力量遵循着简单的法则："如果你不使用它，你就会失去它[20]。"只是休息几周，疼痛仍会再次出现。如前所述，损伤之所以会出现，是因为训练负荷超过了当前的负荷耐受水平。如果你接下来的几周处于完全休息状态，你的身体会产生适应，肌腱的负荷耐受水平会降低（因为它承受的负荷很小），所以当你恢复训练时，肌腱很容易出现负荷不耐受。

如果你继续强忍着疼痛，并在疼痛的肌腱上施加过多的负荷，那么损伤只会更加严重，最终，肌腱出现结构性变化。负荷管理是促进肌腱损伤恢复重要的因素。我们很难在负荷和肌腱恢复之间达到平衡，这也是许多人患上慢性肌腱损伤的一个原因。

列出一个清单，看看哪些运动、负荷和强度会加重你的症状；再列一个清单，看看你在训练中或者训练后不会感到疼痛的练习方式有哪些。了解到底是什么原因引起的症状会让你在康复治疗中做出正确的判断。

以肌腱作为弹簧的大负荷运动——跳跃或冲刺跑——会增强细胞信号的传导，并可能产生引发疼痛的过度反应。因此，如果第一个清单中的双摇跳绳、上坡跑、跳箱以及其他运动会引起疼痛症状，那么暂时将它们从训练中移除，并使用第二个清单中的低负荷的训练方式（深蹲、硬拉以及划船等）。要确定在不出现疼痛的情况下你可以下蹲的深度。深蹲可能会加重症状，因为胫骨向前倾的姿势会增加肌腱的负荷。随着你的肌腱逐渐恢复并可承受较大负荷，你要逐渐将这些加重症状的大负荷练习重新加入训练中。

如果你是一名正在为重要赛事做准备的精英运动员，并且你不想停止训练去解决你的损伤问题，那么你必须改变训练计划（需要加入一些稍后讨论的练习）。你目前感受到的疼痛是肌腱在告诉你，它无法承受所施加的负荷。疼痛是有原因的，请倾听自己身体的反应。尝试改变训练计划中的一个变量，看看你的肌腱反应如何。例如，如果你目前一周训练七天，可以减少一个训练日。如果你不能减少一个训练日，你可以改变负荷或者总训练量。不管你选择哪个变量，一次只改变一个变量，然后观察身体反应如何。

是否应进行拉伸？

拉伸小腿肌肉可以作为许多康复计划中的一个有用的辅助措施，以改善踝关节灵活性和提高动作质量。例如，腓肠肌/比目鱼肌僵硬和紧张导致踝关节灵活性受限，进而导致膝关节、髋关节和下背部等产生代偿。为了能够更好地拉伸腓肠肌，你应当保持膝关节相对伸直。膝关节屈曲会放松腓肠肌，使比目鱼肌得到充分拉伸。

倾斜板拉伸

靠墙拉伸

1
2
高脚杯深蹲拉伸

台阶拉伸

　　你不应该拉伸已损伤的跟腱。无论你的肌腱病是哪种类型，拉伸都不应当作为康复计划的一部分。正如前面所提到的，附着点跟腱病是跟骨上的肌腱受到高水平的负荷导致的。拉伸小腿肌肉只会在损伤部位增加更多的压力（并导致更严重的疼痛）[21]。

　　腱包膜损伤康复的关键是限制踝关节过度运动，从而限制肌腱与腱包膜之间的摩擦。拉伸只会产生更多的运动，从而出现更多的摩擦。

　　虽然对于那些跟腱中部损伤的人来说，拉伸没有什么可担心的，但是研究并没有表明拉伸有什么好处。这就是为什么常用的夜间支架（这种支架可以在睡觉时维持恒定拉伸）不能有效治疗肌腱病。

灵活性练习

如果你的踝关节灵活性受限，不要进行拉伸，你可以使用泡沫轴或者按摩棒对小腿肌肉进行软组织放松。泡沫轴滚压已被证明可以改善踝关节灵活性，而又不会对跟腱施加过多的压力[22]。

小腿泡沫轴滚压

如果你的踝关节灵活性不足是关节受限（在5英寸触碰墙壁测试中，踝关节前侧有挤压感或者阻碍感）导致的，那么可以使用阻力带进行关节松动。呈单腿跪姿，把弹力带套在脚上（刚好在距骨上方）。

踝关节解剖结构

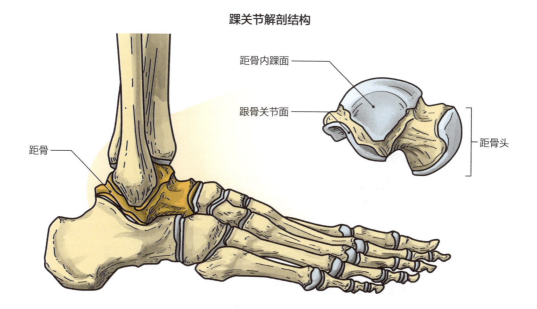

距骨内踝面

跟骨关节面

距骨头

距骨

前侧脚牢牢地踩在杠铃片上，把膝关节向前推至脚趾上方，并保持几秒，然后返回至起始姿势。在向前推动膝关节时，在距骨上沿着后下方拉动阻力带有助于恢复踝关节的自然运动[23]。重复进行20次，然后重新测试你的踝关节灵活性，确保踝关节灵活性得到改善。

阻力带关节松动

增加脚跟垫

为鞋子增加脚跟垫对某些类型的跟腱病非常有帮助。例如，增加一个1~1.5英寸的脚跟垫将会使你的脚轻微跖屈，并减少跟腱对跟骨的挤压[24]。对于那些患有附着点肌腱病的人而言，这可以降低压力。

站在脚跟垫上

脚跟垫对腱包膜损伤也有帮助。增加脚跟垫将会减少踝关节的活动范围。

一些研究表明，脚跟垫也可能对跟腱中部疼痛的人有所帮助。当跖肌（一块较小的肌肉，其肌腱分布在跟腱附近）硬化并且对跟腱施加过多的剪切或压缩负荷时，可能会引发一种不太常见的肌腱病[25]。因此，增加脚跟垫有可能会减少压力，从而减轻疼痛。

虽然脚跟垫对于有些人来说很有帮助，但是矫正垫却不然。研究表明，对于跟腱病患者而言，旨在防止足旋前动作的矫正垫并不能有效地缓解症状或者改善功能[26]。

被动治疗

我曾接诊许多在其他康复机构治疗失败后来向我寻求帮助的患者。他们之前所接受的治疗往往是一些被动治疗方法。被动治疗是由别人对你施加不同治疗方式的治疗，而主动治疗是你亲身参与的治疗。被动治疗的类型如下所示。

- 冰敷。
- 电针疗法。
- 干针疗法。
- 超声波。
- 电离子渗入疗法（通过电流或者超声波装置输送药物）。
- 刮痧技术。

这些治疗方法通常是无效的，并在跟腱病治疗中可能被误用。它们无法从根源上解决损伤，并且长期效果有限。

超声波是一种经常用于治疗肌腱损伤的物理疗法。然而，如果你查阅一下研究文献，你会发现支持其有效性的证据非常少。事实上，2001年的一篇系统综述（一项针对多项研究开展的研究）写道："对于疼痛或软组织损伤患者的治疗，超声波的益处只不过是一种安慰剂罢了[27]。"

许多康复专业人员在治疗肌腱疼痛方面错误地使用了刮痧技术（称为辅助软组织放松工具）。他们认为，使用刮痧技术有助于刺激胶原蛋白生长，并为损伤部位带去更多的血液供应（血流），从而达到促进愈合目的。第一个观点（刺激胶原蛋白生长）在退行性肌腱中从未得到证实；而第二个观点（更多的血液供应）是违反常理的，因为大多数损伤的肌腱已经长出了更多的血管[28]！

不能做：在跟腱上使用刮痧工具

当应用于肌腱时，刮痧技术可能会在短期内缓解疼痛。然而，这种症状的改善可能是由于周围神经发生了变化（称为神经传导功能障碍）；肌腱组织本身几乎没有发生物理变化。

在已经受到刺激并且损伤进入反应性阶段的肌腱上使用刮痧技术通常弊大于利，并且会增加肌腱疼痛刺激。如果你想使用辅助软组织放松工具，应该针对小腿肌肉，而不是肌腱。

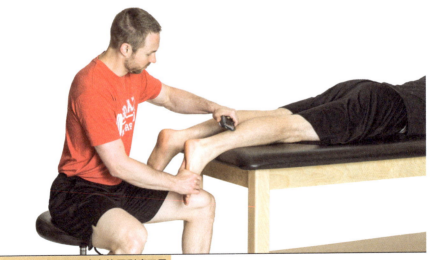

可以做：在小腿肌肉上使用刮痧工具

步骤2：康复计划

运动是治疗不同类型的肌腱损伤的理想方法。如果医生或者其他执业医师建议将注射或者其他被动治疗（例如电针疗法或者刮痧技术）作为主要的治疗方法，那么你找错人了。虽然被动治疗可能会在短期内缓解你的疼痛，但是从长期来看，它们并没有帮助，因为没有从根源上解决你的肌腱损伤问题。你必须强化肌腱，并提升其耐受负荷的能力。

治疗肌腱病没有一个万能的方法。治疗计划必须根据疼痛的表现方式、损伤和训练史以及目标进行定制。

阶段1：通过等长练习缓解疼痛

几乎每种肌腱损伤康复计划中的第一步都是等长练习，即肌肉收缩而关节不移动的练习。康复早期，疼痛可能会导致反应性很强的肌腱在进行传统的力量训练时承受较大负荷变得很困难。等长练习可以作为一种很好的干预措施，因为其有助于缓解疼痛。

身体通常通过抑制神经输出（皮质性抑制）来对疼痛做出反应。可以这样想：如果你每次跳跃时，身体都会感到疼痛，你的大脑会告诉你："别再跳了！"这就是长期遭受肌腱疼痛的人最终会出现运动表现水平下滑的原因。大重量的等长练习已被证明可以改变这种情况。

研究表明，等长练习结束后，可以缓解肌腱疼痛达45分钟以上，并且会通过降低皮质性抑制来提升力量。等长练习可以通过募集更多的之前因疼痛而处于沉睡状态的运动单位来提升力量。大重量和长时间（45秒）的等长练习才能带来这些好处（疼痛减轻且抑制减少）；而传统的力量练习没有带来这些好处[29]。

进行等长练习应当是相对无痛的。虽然一开始你可能会感觉有一点痛，但是到第三次或第四次重复时，疼痛感应该会显著降低。

常见的跟腱的等长练习是在站立时提踵。这个姿势可以激活小腿肌肉（腓肠肌和比目鱼肌），并且会在肌腱上施加最大的负荷。进行坐姿提踵等长练习时，动作负荷更侧重于施加至较深层的比目鱼肌，因为当膝关节屈曲90°时，腓肠肌处于缩短的状态。如果你的疼痛较为严重，坐姿提踵等长练习是一种更好的选择。

站姿提踵等长练习有不同的方式，这主要根据你目前的力量水平而定。例如，较简单的等长练习是双脚自重提踵（下一页的图1）。如果这个练习过于简单，可以在手里握一个重物（图2）。强壮的运动员可能需要单腿提踵（图3），或者手握重物进行单腿提踵（图4）。尝试每个变式，找出对你来说相对困难的动作，进行5组，每组保持45

等长练习

秒。开始时，你每天应进行2~3次提踵练习，每次间歇最多2分钟。

　　为了确保等长练习有效，练习必须具有一定难度。研究表明，你的肌肉收缩能力必须达到其最大收缩能力的70%。虽然没有办法自测肌肉收缩能力，但是可以使用让等长练习难以保持45秒的强度和负荷组合来估计这种收缩能力。如果你完成了45秒的提踵（双脚或者单脚），并感觉至少还可以再坚持30秒，那么你的肌腱就没有承受足够的负荷。

　　等长练习适用于不同类型的跟腱病，包括腱包膜损伤。在鞋子内增加脚跟垫是解决腱包膜损伤的第一步，随着肌腱不断恢复，你需要对肌肉/肌腱施加一定的负荷。只通过休息来解决腱包膜损伤会降低肌腱的负荷耐受能力，一旦你恢复正常训练，跟腱中部或者附着点肌腱病的损伤风险就会增加。

等长练习是康复计划的重要组成部分。虽然等长练习可以缓解疼痛和增强力量，但是其不是你唯一应该做的练习，最终，你需要进入康复计划的下一个阶段。如果最高的疼痛等级为10级，当你的疼痛等级低于3级时，就需要进行等长练习了。

阶段2：通过等张练习提升力量

肌腱病康复计划的目标是增强肌腱承受负荷的能力。无论你是反应性损伤还是退行性反应损伤，你最终都需要进行传统力量练习来达成你的康复目标。

在健身房中进行的练习都有两个阶段：离心阶段和向心阶段。离心阶段是运动的下降部分，此时肌纤维在张力的作用下被拉长。在向心阶段，肌纤维在张力的作用下缩短。举个例子，我们观察一下站姿提踵动作，腓肠肌和比目鱼肌在你踮起脚尖的过程中会缩短（向心阶段），而在你下落至起始姿势的过程中会伸长（离心阶段）。

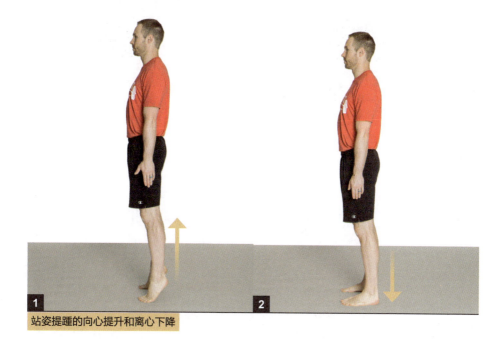

站姿提踵的向心提升和离心下降

在早期的肌腱病研究中，康复专家将离心练习作为康复计划的组成部分[30]。跟腱损伤患者进行离心练习时可以采用提踵练习。练习时，首先双脚自然站立，健侧腿用力提踵将身体提升至最高位置，然后将身体重心转移至患侧腿，缓慢地通过患侧腿支撑将身体降低至最低位置。患侧腿在整个练习过程都没有进行向心收缩，所以要想进行下一次练习，你需要通过健侧腿协助自己回到动作的最高位置。

　　研究表明，康复训练中只进行离心练习取得了良好的恢复效果，很多受试者能够回到损伤前的活动水平[31]。然而，身体会同时进行离心肌肉动作和向心肌肉动作。单纯地通过一种肌肉运动形式进行力量训练并不会强化力量。例如，当你在跑道上冲刺时，你的肌肉并不只是在进行离心收缩。并不是说离心练习没有效果，而是为什么要忽略另一半的肌肉运动形式呢？

　　HSR练习应该侧重于锻炼腓肠肌和比目鱼肌。比目鱼肌在跑步时非常活跃；因此，坐姿提踵练习对于那些跑步的人来说是一个很好的选择。

坐姿提踵（负重在股骨上）　　　　　　　坐姿提踵（负重在胫骨上）

　　为了充分刺激比目鱼肌，并在肌肉/肌腱上施加足够的负荷，在进行坐姿提踵练习时，你可以在腿上增加负重。然而，在股骨上放置杠铃片或者壶铃的效果不明显，因为大多数负荷会分散在大腿上。因此，你需要在小腿（胫骨）的正上方增加负重。

施加负荷的正确方式因人而异。将一个壶铃垂直放在膝关节上方。如果在第四组练习后，你选择的负重不足以使肌肉出现预期的疲劳（每组重复10次），请增加杠铃的重量或者将杠铃放在膝关节上。根据你的个人能力和需求增加杠铃重量。

杠铃坐姿提踵

负重单腿提踵

锻炼腓肠肌时，可尝试负重站姿提踵练习。当你觉得双腿提踵比较容易时，你可以进阶至单腿提踵。在保证动作技术正确的同时，以缓慢的速度和可承受的最大重量进行坐姿提踵和站姿提踵练习（3秒离心运动和3秒向心运动）。

要想HSR练习有良好的效果，你必须缓慢地做整个动作，并且需要负重。

HSR的缓慢部分指的是练习的速度。理想情况下，在离心阶段应用时3秒，在向心阶段也应用时3秒，这意味着完成每次练习需要6秒[33]。HSR的负重部分指的是练习的强度，或负荷。大多数康复专业人员害怕向损伤的肌腱施加负荷。不要怕！因为退化的肌腱具有的"健康"组织比正常的肌腱多[34]。

当你的康复计划进行至HSR阶段时，每隔一天进行4组，每组重复15次。（在不进行HSR练习的训练日，继续进行阶段1中的等长练习。）在进行HSR练习之前要进行等长练习，因为等长练习带来的皮质性抑制好处将使你能够募集更多的运动单位并获得更强的力量刺激。

你所选择的重量应足够轻，可以通过良好的技术控制重复动作，但又应足够重，使你在完成第四组之后感到疲劳以致无法进行第五组[35]。如果第四组结束后，你感觉有足够的能量再进行一组，那么就可以增加负荷了。

有关HSR练习在肌腱病方面的应用，研究建议，第一周进行4组力量练习，每组重复15次；然后在接下来的2周，增加负荷，减小训练量，每周进行4组，每组重复12次[36]。最终，训练量会降低至一周4组，每组重复10次；接着是一周4组，每组重复8次；然后是一周4组，每组重复6次；每个方案的持续时间为2~3周。

阶段3：用快速伸缩复合练习恢复弹性

除了进行强化肌肉/跟腱复合体的HSR练习，你还需要增强肌腱吸收和存储负荷的能力。当跟腱被当作弹簧进行所谓的拉伸缩短周期的练习时，跟腱承受的负荷最大。

在跑步和反复跳跃这类爆发性运动中，跟腱需存储能量，然后释放能量来产生爆发力。强调负荷存储的练习（例如，从箱子上跳下来并落地）是肌腱全面恢复能量存储和释放能力的关键。

首先，进行跳深练习。站在一个6~8英寸高的箱子上（图中我使用的是一摞杠铃片）。从箱子上迈下来，双脚落地呈微蹲姿势。落地时关节不要僵硬，要确保关节充分吸收冲击力。刚开始练习时，进行3组，每组重复10次。当你感觉身体对8英寸高度的跳深练习反应良好时，就可以采用更高的箱子（12~14英寸）。一旦你熟练掌握双腿落地动作并感觉良好，你便可以进阶至单腿落地练习。

跳深练习

在快速伸缩复合练习中，肌腱被用作弹簧来存储和释放能量，开始这种练习之前，你的肌肉力量必须有显著提升，患侧腿的力量应当与健侧腿的一样。那些患有慢性跟腱疼痛的人，其两侧腿肌肉围度可能会有明显差异（患侧腿的小腿肌肉萎缩）；然而，相比于力量，肌肉围度恢复至正常状态所需的时间更长，因此肌肉围度不能作为进行快速伸缩复合练习的最佳预测指标[37]。

评估力量的一个好方法是进行第350~352页的负荷测试。进行20次双腿提踵，然后进行20次单腿提踵。观察并感受每条腿在运动时的感受是否有差异，是否有疼痛感。

接下来，进行更快、更具爆发力的运动，例如单腿跳。在治疗损伤的早期阶段，这个运动可能会引起疼痛，并且难以用患侧腿进行。如果你准备进入康复计划的快速伸缩复合阶段，那么在单腿提踵以及单腿跳这样的高负荷功能性运动期间，你必须很好地控制身体，同时又不会感到疼痛。

单腿跳

这一康复阶段的目标是恢复肌腱弹性，观察肌腱对训练的反应。一个入门级快速伸缩复合练习的动作是双腿原地弹跳。简单地进行离地几英寸的弹跳。开始时进行3~4组，每组重复30~50次，然后间歇几分钟。如果你可以无痛地进行原地弹跳，可以尝试慢跑（最多持续1分钟）。

双腿原地弹跳

在练习期间和接下来的24小时内，注意跟腱对负荷的反应情况。如果你在练习时感觉良好，并且第二天肌腱疼痛或僵硬感没有加重，那么在下一次训练时可适当增加负荷。前几周，通过增加每组训练的负荷来提升肌腱的弹性，例如增加跳跃次数或跑步时间。

记录快速伸缩复合训练计划的每个方面将会使你取得进步，并可以有效地提升肌腱的弹性。例如，运动员A和运动员B第一天都进行了3组原地弹跳（每组重复30次）以及3组慢跑（每组1分钟）。

- 运动员A第二天醒来时感觉良好，所以他可以在下一次训练时进阶至3组原地弹跳，每组重复50次，同时保持跑步的训练量不变。
- 运动员B醒来时，跟腱的疼痛略微增加。因此，运动员B需要调整快速伸缩复合训练计划（减少弹跳或者慢跑的训练量）。

不管是增加还是减少训练量或者训练强度，要确保每次训练只调整一个变量。如果你一次改变太多的变量，那么你将无法确定是训练量的改变还是训练强度的改变超出了肌腱能够承受的范围。

开始时，每周进行2~3个初级水平的快速伸缩复合练习（每3天进行一次）。在这一康复阶段，跟腱不能每天都进行快速伸缩复合练习。因此，可以在一周的快速伸缩复合练习中隔天穿插HSR练习。如果你的肌腱对每3天进行一次的快速伸缩复合练习反应良好，你可以继续增大训练量或者训练强度。

最终，你要进阶至中级水平的快速伸缩复合练习，包括深蹲跳、跳绳和双腿立定跳远。如果你是一名跑步爱好者（或者你的体育运动涉及跑步），那么这个时候加入加速和减速练习以及变向练习是一个不错的选择。

在进行这些练习几周后，你可以进行更高级的快速伸缩复合练习，包括单腿跳、双摇跳绳，以及结合灵敏性练习和长距离跑动的冲刺练习。对于练习奥林匹克举重的人，我建议完成快速伸缩复合练习后再重新开始系统的举重练习，因为在此之前，系统的举重练习强度可能会超过肌腱的承受能力。

经过一段时间后，你可以调整快速伸缩复合练习的频率，例如从每3天进行一次调整至每2天进行一次。与往常一样，训练后需要观察跟腱的反应情况，并做出相应调整。

每个人都会表现出不同的反应，因此，你需要找到适合你身体的负荷和运动形式。

关于肌腱康复的感想

　　阅读本章，有助于你通过快而有效的方法来解决踝关节疼痛问题。我建议你不要着急，要有耐心，康复过程可能需要数周或数月的时间。

　　如果你尝试靠自己完成康复计划时感觉康复进展受阻，我建议你联系一位康复专家来帮你完成康复计划。

参考文献

[1]　S.D. Rosengarten, J.L. Cook, A.L. Bryant, J.T. Cordy, J. Daffy, and S.I. Dock, "Australian football players' Achilles tendons respond to game loads within 2 days: an ultrasound tissue characterization (UTC) study," *British Journal of Sports Medicine* 49(2015): 183-7.

[2]　J.L. Cook, E. Rio, C.R. Purdam, and S.I. Docking, "Revisiting the continuum model of tendon pathology: what is its merit in clinical practice and research?" *British Journal of Sports Medicine* 50, no.19(2016): 1187-91.

[3]　K.M. Khan, J.L. Cook, P. Kannus, N. Maffulli, and S.F. Bonar, "Time to abandon the 'tendinitis' myth: painful, overuse tendon conditions have non-inflammatory pathology," *British Medical Journal* 324, no.7338(2002): 626-7.

[4]　N. Maffulli, K.M. Khan, and G. Puddu, "Overuse tendon conditions: time to change a confusing terminology," *Arthroscopy* 14, no.8(1998): 840-3.

[5]　Khan, Cook, Kannus, Maffulli, and Bonar, "Time to abandon the 'tendinitis' myth" (see note 3 above).

[6]　Cook, Rio, Purdam, and Docking, "Revisiting the continuum model of tendon pathology" (see note 2 above).

[7]　S.I. Docking, M.A. Girdwood, J. Cook, L.V. Fortington, and E. Rio, "Reduced levels of aligned fibrillar structure are not associated with Achilles and patellar tendon symptoms," *Clinical Journal of Sports Medicine* (published online ahead of print, July 31, 2018).

[8]　Cook, Rio, Purdam, and Docking, "Revisiting the continuum model of tendon pathology" (see note 2 above).

[9]　E.K. Rio, R.F. Ellis, J.M. Henry, V.R. Falconer, Z.S. Kiss, M.A. Girdwood, J.L. Cook, and J.E. Gaida, "Don't assume the control group is normal—people with asymptomatic tendon pathology have higher pressure pain thresholds," *Pain Medicine* 19, no.11(2018): 2267-73.

[10]　J. Cook, podcast interview, November 5, 2018.

[11]　H. Alfredson and J. Cook, "A treatment algorithm for managing Achilles tendinopathy: new treatment options," *British Journal of Sports Medicine* 41, no.4(2007): 211-6; J.L. Cook, D. Stasinopoulos, and J.M. Brismee, "Insertional and mid-substance Achilles tendinopathies: eccentric training is not for everyone—updated evidence of non-surgical management," *Journal of Manual & Manipulative Therapy* 26, no.3(2018): 119-22; S.I. Docking, C.C. Ooi, and D. Connell, "Tendinopathy: is imaging telling us the entire story?" *Journal of Orthopaedic & Sports Physical Therapy* 45, no.11(2015): 842-52.

[12]　J.L. Cook and C. Purdam, "Is compressive load a factor in the development of tendinopathy?" *British Journal of Sports Medicine* 46, no.3(2012): 163-8.

[13]　N.L. Reynolds and T.W. Worrell, "Chronic Achilles peritendinitis: etiology, pathophysiology, and treatment," *Journal of Orthopaedic & Sports Physical Therapy* 13, no.4(1991): 171-6.

[14]　N. Maffulli, "The clinical diagnosis of subcutaneous tear of the Achilles tendon. A prospective study in 174 patients," *American Journal of Sports Medicine* 26, no.2(1998): 266-70.

[15]　A. Kountouris and J. Cook, "Rehabilitation of Achilles and patellar tendinopathies," *Best Practice & Research Clinical Rheumatology* 21, no.2(2007): 295-316.

[16] S.I. Docking, E. Rio, J. Cook, D. Carey, and L. Fortington, "Quantification of Achilles and patellar tendon structure on imaging does not enhance ability to predict self-reported symptoms beyond grey-scale ultrasound and previous history," *Journal of Science and Medicine in Sport* 22, no.2(2019): 145–50.

[17] Reynolds and Worrell, "Chronic Achilles peritendinitis" (see note 13 above).

[18] J. Cook, podcast interview, November 5, 2018.

[19] K. Bennell, R. Talbot, H. Wajswelner, W. Techovanich, and D. Kelly, "Intra-rater and interrater reliability of a weight-bearing lunge measure of ankle dorsiflexion," *Australian Journal of Physiotherapy* 44, no.3(1998): 175–80; "Ankle mobility exercises to improve dorsiflexion," accessed April 30, 2020.

[20] K. Kubo, H. Akima, J. Ushiyama, I. Tabata, H. Fukuoka, H. Kanehisa, and T. Fukunaga, "Effects of 20 days of bed rest on the viscoelastic properties of tendon structures in lower limb muscles," *British Journal of Sports Medicine* 38, no.3(2004): 324–30.

[21] Cook and Purdam, "Is compressive load a factor in the development of tendinopathy?" (see note 12 above).

[22] S. Kelly and C. Beardsley, "Specific and cross-over effects of foam rolling on ankle dorsiflexion range of motion," *International Journal of Sports Physical Therapy* 11, no.4(2016): 544–51; C. Beardsley and J. Škarabot, "Effects of self-myofascial release: a systematic review," *Journal of Bodywork and Movement Therapies* 19, no.4(2015): 747–58.

[23] B. Vicenzino, M. Branjerdporn, P. Teys, and K. Jordan, "Initial changes in posterior talar glide and dorsi-flexion of the ankle after mobilization with movement in individuals with recurrent ankle sprain," *Manual Therapy* 9, no.2(2004): 77–82; A. Reid, T.B. Birmingham, and G. Alcock, "Efficacy of mobilization with movement for patients with limited dorsiflexion after ankle sprain: a crossover trial," *Physiotherapy Canada* 59, no.3(2007): 166–72.

[24] C. Ganderton, J. Cook, S. Docking, and E. Rio, "Achilles tendinopathy: understanding the key concepts to improve clinical management," *Australasian Musculoskeletal Medicine* 19, no.2(2015): 12–8.

[25] Cook and Purdam, "Is compressive load a factor in the development of tendinopathy?" (see note 12 above).

[26] S.E. Munteanu, L.A. Scott, D.R. Bonanno, K.B. Landrof, T. Pizzari, J.L. Cook, and H.B. Menz, "Effectiveness of customized foot orthoses for Achilles tendinopathy: a randomised controlled trial," *British Journal of Sports Medicine* 49, no.15(2015): 989–94.

[27] V.J. Robertson and K.G. Baker, "A review of therapeutic ultrasound: effectiveness studies," *Physical Therapy* 81, no.7(2001): 1339–50.

[28] Cook, Rio, Purdam, and Docking, "Revisiting the continuum model of tendon pathology" (see note 2 above).

[29] E. Rio, D. Kidgell, C. Purdam, J. Gaida, G.L. Moseley, A.J. Pearce, and J. Cook, "Isometric exercise induces analgesia and reduces inhibition in patellar tendinopathy," *British Journal of Sports Medicine* 49, no.19(2015): 1277–83.

[30] S. Curwin and W.D. Stanish, Tendinitis: Its Etiology and Treatment(Lexington, Mass.: Collamore Press, 1984); H. Alfredson, T. Pietila, P. Jonsson, and R. Lorentzon, "Heavy-load eccentric calf muscle training for the treatment of chronic Achilles tendinosis," *American Journal of Sports Medicine* 26, no.3(1998): 360–6.

[31] Alfredson, Pietila, Jonsson, and Lorentzon, "Heavy-load eccentric calf muscle training for the treatment of chronic Achilles tendinosis" (see note 30 above).

[32] M. Kongsgaard, V. Kovanen, P. Aagaard, S. Doessing, P. Hansen, A.H. Laursen, N.C. Kaldau, M. Kjaer, and S.R. Magnusson, "Corticosteroid injections, eccentric decline squat training and heavy slow resistance training in patellar tendinopathy," *Scandinavian Journal of Medicine & Science in Sports* 19, no.6(2009): 790–802; P. Malliaras, J. Cook, C. Purdam, and E. Rio, "Patellar tendinopathy: clinical diagnosis, load management, and advice for challenging case presentations," *Journal of Orthopaedic & Sports Physical Therapy* 45, no.11(2015): 887–98.

[33] Kongsgaard et al., "Corticosteroid injections, eccentric decline squat training and heavy slow resistance training in patellar tendinopathy" (see note 32 above).

[34] Docking, Girdwood, Cook, Fortington, and Rio, "Reduced levels of aligned fibrillar structure are not associated with Achilles and patellar tendon symptoms" (see note 7 above).

[35] J. Cook, podcast interview, November 5, 2018.

[36] Kongsgaard et al., "Corticosteroid injections, eccentric decline squat training and heavy slow resistance training in patellar tendinopathy" (see note 32 above).

[37] J. Cook, podcast interview, November 5, 2018.

第 7 章

不要冰敷

本书的重点是逐步指导读者解决疼痛问题并为提升
运动表现打下坚实的基础。冰敷是当今世界上处理
疼痛最常用的方法之一。

本章中我的看法可能会让你感到震惊，甚至可能会激怒你。我的观点有悖于医学领域中许多人宣扬数十年的理念，但这正是一些你需要了解的东西：

不要在损伤部位和酸痛的肌肉上冰敷。

现在，在你怀疑地举起双手并大喊这种言论是多么荒谬之前，请先听我说完。冰敷并不会起到你认为它会起到的作用，它对损伤治疗没有帮助。事实上，大量的研究表明，它会起到相反的作用。除了暂时麻痹疼痛之外，冰敷会延迟损伤愈合和恢复。下面让我们深入了解一下冰敷的历史，以及为什么它的应用会成为一种传统的观点。

从小时候开始，我们就被教导，如果某个部位感到疼痛，就把冰块放在上面。如果我们在足球训练中扭伤了脚踝，用冰袋裹住脚踝，这会让我们感觉良好。我们之所以这样做，是因为有人告诉我们，冰敷有助于减少有害的炎症和肿胀，甚至会在剧烈运动后帮助身体尽快恢复。

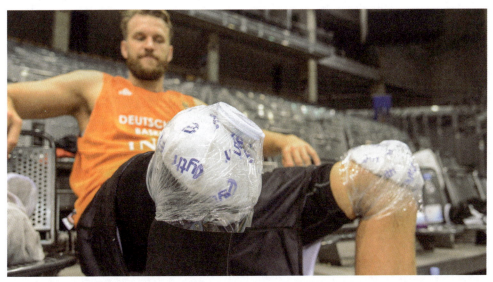

精英运动员在赛后进行冰敷（©Harald Tittel/dpa/Alamy Live News Image ID: W88F0E）

精英运动员在赛后采访时用冰袋裹着膝关节或肩关节的情况并不少见。通过网络搜索，你很容易就能找到运动员双膝敷着冰块的照片。我们还能在电视上看到许多专业运动员在训练和比赛后进行冰敷。

作为一名竞技举重运动员，在高强度训练后，我经常在酸痛的膝关节和腰背部上进行冰敷，甚至会在高强度的深蹲训练后进行冰水浴。

在康复领域，物理治疗师、运动教练以及按摩师在实践中，几乎每天都会使用冰敷。在物理治疗师职业生涯的早期，我也会为我的患者进行冰敷。

然而，使用冰的时间最长的领域是医学领域。20世纪40年代早期的文章介绍：医生通常会使用冰来降低感染率，减缓疼痛，以及降低患者在截肢手术时的死亡率[1]。低温可以减缓细胞新陈代谢的速度，这可以让外科医生尽力保持肌肉组织处于存活状态。虽然使用冰最初是为了保护断肢和减少手术中的并发症，但是它后面被用于治疗损伤。

肩关节冰敷

1978年，哈佛大学的内科医生盖布·米尔金（Gabe Mirkin）在 *The Sports Medicine Book* 中，针对体育运动损伤的推荐疗法，提出了RICE（休息、冰敷、加压和抬高）方案[2]。自那以后，医疗界便笃信地把这种方案用于治疗急性损伤中。

如果你问现在的医生，为什么建议处理常见的踝关节扭伤或者背部疼痛的方法是冰敷，他们可能会说，冰敷可以缓解疼痛、减少炎症、抑制肿胀。事实上，这就是一些外科医生坚持让他们的患者在手术后冰敷好几个月的原因。

如果几乎每个人都在使用冰敷，它怎么会错得如此离谱呢？

不可否认的是，冰敷会短暂地缓解疼痛。在身体受伤的部位贴上冰袋，你会立即感到好一些。如果你查看一些有关冰敷（称为冷却疗法）应用的科学研究，就会发现缓解疼痛是首要好处。但是，疼痛被缓解，并不意味着你在解决疼痛。事实上，这样做弊大于利。

可能会让你大吃一惊的是，2013年，米尔金（Mirkin）博士在加里·赖因尔（Gary Reinl）的 *Iced! The Illusionary Treatment Option* 第二版的前言中，对其提出的RICE方案做了纠正。他写道："后续的研究表明，冰敷实际上会延迟恢复进程。低强度的运动有助于组织更快愈合，而冷却疗法则会抑制有助于启动和促进恢复的免疫反应。冰敷确实有助于抑制疼痛，但是运动员应关注长期效果。所以，现在对于急性运动损伤来说，RICE方案并不是首选的治疗方法[3]。"

下面让我们深入了解一下冰敷是如何影响身体的。

炎症和肿胀

有人会说，炎症和肿胀并不是什么好事，我们需要尽快消除它们。但是，我要告诉你，它们并不是坏事。实际上，炎症和肿胀是对损伤做出的正常反应。

炎症：组织愈合过程的第一阶段

如果问医疗专家，组织愈合的3个阶段是什么，他们会告诉你：炎症、修复和重建。查阅医学资料，你会找到这个答案。无论损伤的部位在哪儿或者严重程度，炎症都是组织愈合过程的第一阶段。如果这是对损伤的正常反应，那么我们为什么要消除它呢？

当出现像踝关节扭伤这样的损伤时，称为白细胞的炎症细胞会涌向损伤部位，开启愈合过程。具体而言，称为中性粒细胞的小细胞负责消灭细菌（如果有开放性伤口的话），称为巨噬细胞的细胞会清除最初创伤损坏的组织细胞。巨噬细胞就像吃豆人一样大口吃掉所有的小点——这些小点指的是因最初创伤而死亡的组织细胞。与此同时，这些细胞向周围区域释放一种合成代谢激素，即胰岛素样生长因子（IGF-1），以进入组织愈合过程的下一个阶段：肌肉修复与再生。

简单而言，组织愈合过程需要炎症。出现炎症不是一件坏事，它是对损伤做出的一种基本的生物反应。局部炎症对于急性损伤后的肌肉再生来说极为有利。事实上，缺乏炎症会减缓组织愈合过程，并导致肌肉再生不良[4]！当你进行冰敷时，就会出现愈合过程减缓的反应。

在损伤部位冰敷本质上是在到达损伤部位的白细胞前面设置了一道路障。你认为在身体上放一袋冰是促进组织愈合过程，但实际上你是在阻止身体做自己想要和需要做的事情来延缓愈合过程[5]。

可以这样想一下：刚刚发生了一起车祸，汽车碎片（碎玻璃、金属碎片等）在公路上散落得到处都是，已经拨打了报警电话，并且救护车正在来的路上，突然有人在高速路中间设置了一道路障，导致来往的车辆无法通过。

就像路障阻止救护车到达车祸现场一样，冰敷会阻止白细胞到达受损组织（Editorial credit: Moab Republic）

就像路障阻止救护车到达现场一样，冰敷阻止了白细胞清理受损组织（类似于路上的碎片），并且会延迟IGF-1（其作用是肌肉修复和再生）的生成。使用冰敷会限制血液流向损伤部位，并阻止重要的炎症细胞发挥作用，有时候在冰袋被拿走后的很长时间仍会这样[6]。

冰敷不是对肿胀有利吗

如果你问医生为什么要用冰来消肿，他们可能会告诉你，过度的肿胀会导致疼痛加重和活动范围减小，以及恢复时间延长。这是真的。如果关节肿胀持续存在，它会产生负面的影响。然而，肿胀本身并没有好坏之分，它代表炎症周期的结束。

损伤后，围绕受损组织的血管会打开，以使炎症细胞通过。细胞从毛细血管中涌出并涌入损伤部位，并且还会将额外的体液带入周围组织中。我们把这种体液的累积现象称为肿胀。

然而，肿胀的出现是有原因的。累积的体液包含受损组织的代谢废物。消防员、警察和救护车已到达车祸现场，他们需要一种方式将碎片从公路上清除。遗憾的是，现在含有代谢废物的体液无法按照原路（循环系统）离开，它不得不通过一种称为淋巴系统的复杂脉管网络排出。

你的身体有几种系统可以将体液从一个地方移动到另一个地方。一种是由动脉和静脉组成的循环系统，它将血细胞和体液泵入心脏并从心脏泵出。无论你是在四处移动还是在休息，循环系统会不分昼夜地工作。

另一种是淋巴系统，其是遍布全身的管状系统，只是没有像心脏那样的发动机来输送体液，这意味着你必须迫使它工作。当肌肉收缩时，你会挤压身体深层的淋巴管，使里面的体液被迫流动。

循环系统与淋巴系统

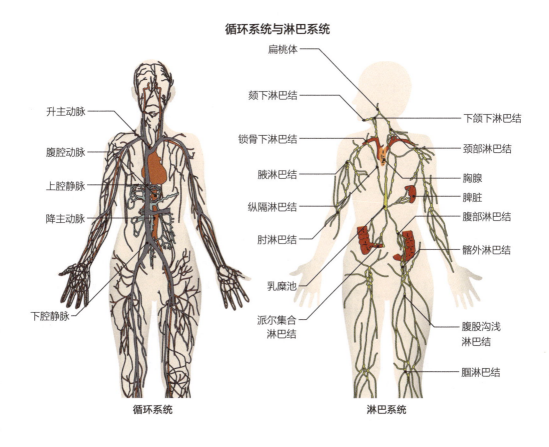

循环系统

淋巴系统

升主动脉

腹腔动脉

上腔静脉

降主动脉

下腔静脉

扁桃体

颏下淋巴结

锁骨下淋巴结

腋淋巴结

纵隔淋巴结

肘淋巴结

乳糜池

派尔集合
淋巴结

下颌下淋巴结

颈部淋巴结

胸腺

脾脏

腹部淋巴结

髂外淋巴结

腹股沟浅
淋巴结

腘淋巴结

肿胀是损伤部位周围的代谢废物堆积导致的。代谢废物通过淋巴系统排出，这是一种对损伤的自然反应，而当充满代谢废物的体液不断积累时则会出现问题。

冰敷并不能通过淋巴系统促进消肿。虽然休息和冰敷可能会让你在短期内感觉良好，但是这种方法实际上会阻止自然的愈合过程。

有支持冰敷应用的科学研究吗

没有支持冰敷应用的科学研究。

例如，2011年的一项研究调查了肌肉损伤后的冰敷效果[7]。一组研究对象在损伤后进行20分钟的冰敷；另一组没有。在接下来的28天里，研究人员对损伤进行了密切追踪。

在损伤后的最初几小时内，通常会看到巨噬细胞涌入损伤部位。研究人员在非冰敷组的受损肌纤维内发现了一些巨噬细胞；然而，冰敷组几乎没有显示巨噬细胞的迹象。

损伤后第3天，非冰敷组已经显示肌细胞正在再生的迹象。然而在冰敷组中，没有发现正在再生的肌细胞。4天后，在两组中都发现了再生的肌细胞，但是非冰敷组中再生的肌细胞明显多于冰敷组。损伤后第28天，非冰敷组的再生肌肉要比冰敷组多65%。

此外，相比于未经治疗的非冰敷肌肉，研究人员在冰敷组中发现了更多的疤痕。这项研究的作者总结道："从这些结果来看，尽管冰敷已经被广泛地用于运动医学，但是避免冰敷可能效果会更好。"虽然传统的知识告诉我们冰敷是一个好主意，但是研究表明，冰敷会延迟损伤后的肌肉修复，并会导致疤痕增多。

而且，使用冰敷有可能会降低肌肉力量和减小肌肉围度。还记得常见的RICE（休息、冰敷、加压和抬高）方案吗？当大部分人出现损伤时，他们会将一个冰袋紧紧地裹在疼痛的关节或者肌肉上，并停止活动。他们这样做的原因是，有人告诉他们，活动损伤部位会导致进一步的损伤。然而，固定损伤部位的这种做法弊大于利。

当你长时间停止活动时，你身体的反应方式是停止调控肌肉量的过程。研究估计，我们每天会损失0.5%的肌肉，一周的肌肉损失高达5%[8]。这种肌肉围度的缩小（称为失用性萎缩）是严重损伤以及手术后最主要的并发症之一。

但是，应该有证据证明冰敷在手术之后是有帮助的，对吗？

不对。研究表明，冰敷在手术后用来促进愈合的效果不明显。2005年，研究人员针对前交叉韧带重建术后直接使用冰敷的研究开展了一项多元分析（一项针对所有可用研究的研究）[9]。他们得出的结论是，冰敷唯一的好处是减轻疼痛。冰敷并不会增加膝关节的活动范围，或者减少肿胀。

肿胀无疑是手术后的一个重要问题，尤其是下肢的手术，例如前交叉韧带重建。损伤部位及其周围的肿胀部位会导致一系列的问题——灵活性降低、力量减弱以及疼痛加重等[10]。记住，冰敷并不能促进淋巴系统的泵送作用，而这种泵送作用是消除肿胀的唯一方法。

加里·赖因尔（Gary Reinl）为我提供了一个很棒的比喻来解释这个概念，我想和你分享。如果你知道接下来的12小时内每小时会下2英寸厚的雪，你会怎么做？你可能会打开你家的前门，每小时扫除少量的雪。如果你拖延不动并一直等到雪停，那么等你打开门会发现已经积累了24英寸厚的雪。想象一下，一次性铲除2英尺厚的雪将是多么困难！

每小时铲除一点雪可以防止积雪，就像经常活动可以阻止淋巴液在损伤部位累积

同样，肿胀出现在损伤部位附近是因为你停止了活动。一开始不要利用冰敷来阻止肿胀产生，相反，你需要主动增强体液和代谢废物的排出效果。无论你是踝关节扭伤，还是接受了修复撕裂的半月板的手术，你都需要把注意力转移到消除肿胀上，而不是预防肿胀。

但是你该如何消除肿胀呢？

你要活动。

通过肌肉收缩消除肿胀和促进愈合

小时候不小心摔倒，妈妈或者爸爸会大喊："走一走就好了！"关于在损伤后保持活动这一点，父母是正确的。在踝关节或者膝关节出现损伤后，运动员应尽快停止剧烈活动。请记住，活动得太多和太剧烈可能让情况变得更加糟糕；我建议，你应当考虑用低强度的活动和积极的恢复方法促进愈合。

以一种相对无痛的方式进行练习，不仅可以通过肌肉收缩加速肿胀消除，而且会在不导致进一步损伤的情况下促进愈合。活动损伤部位看起来可能有悖于常理，但它实际上是不错的方法。损伤后尽快进行适当的练习，对受损组织施加负荷，这样会加速肌肉和骨骼的愈合[11]。最后，你要做的就是观察损伤部位第二天的情况。

出现损伤后进行无痛的运动有很多好处。首先，进行无痛运动，有助于肌肉收缩，从而通过改善巨噬细胞的功能和让白细胞清除受损细胞来加快炎症过程[12]。其次，通过激活干细胞来促进肌肉的修复和再生，并避免形成疤痕[13]。

损伤后活动的目的是在不引起进一步损伤的情况下促进愈合。如果活动过于剧烈并向身体施加过多的负荷，只会让损伤变得更严重。这就是在踝关节扭伤一天后进行大重量的深蹲或者在前交叉韧带重建术后的1~4周尝试跑步并不是一个好主意的原因。

以一种无痛的方式向身体施加负荷可以让你找到有效恢复与安全恢复之间的平衡点。对于急性损伤患者或术后患者而言，最安全的肌肉收缩之一是等长收缩。等长收缩描述的是没有关节运动的肌肉收缩方式。尝试下面的做法：首先伸直膝关节，然后尽可能用力挤压股四头肌10秒。你刚刚完成了股四头肌的一次等长收缩。在前交叉韧带重建术后的早期康复阶段（术后的1~4周），我会为患者设计股四头肌等长练习，以恢复股四头肌的力量，减轻疼痛，以使肿胀逐渐消除。

此外，进行少量的肌肉收缩活动也有助于通过淋巴系统消除肿胀，并通过增加肌肉蛋白质的合成来防止失用性萎缩，并减轻疼痛。这就是为什么像踝泵这样的简单练习（反复进行踝关节屈伸运动）对踝关节扭伤的运动员非常有帮助。

随着疼痛的缓解，应当增加负荷以促进愈合。例如，对于患有膝关节疼痛的人来说，可以将自重深蹲从半蹲进阶至全蹲，并且最终增加一个杠铃。

运动受限时，利用NMES促进康复

人们会问：“那些严重虚弱导致肌肉无法收缩的人，或者因术后的预防措施无法做负重练习的人，该怎么办？”

自主练习无疑是损伤后保持肌肉量、减少肿胀，以及促进愈合的有效方式，神经肌肉电刺激（NMES）的效果仅次于自主练习。NMES设备的工作原理是利用电流刺激肌肉收缩，即将电极片贴在股四头肌上，增加电流强度，从而帮助你的肌肉自主收缩。

NMES设备有多种用途，有助于运动员伤病恢复。NMES设备最常见的用途之一是消除肿胀[14]。NMES设备通过刺激不能自主控制的肌肉进行收缩，有助于把多余的体液或代谢废物通过淋巴系统排出损伤部位，并扩张血管，补充营养物质和白细胞，从而促进愈合。因为肿胀会产生疼痛，并导致肌肉萎缩（因为大多数人不想活动身体的疼痛部位），所以在恢复的早期阶段，借助NMES设备可以减轻症状，并防止肌肉量流失[15]。研究表明，单次NMES练习可以将肌肉蛋白质的合成率提高27%[16]。

此外，借助NMES设备，有助于通过感官调节/感觉调节来消除疼痛。这可以让正处于从严重损伤或者手术中恢复的运动员安全地处理疼痛，而不必依赖于麻醉剂。简而言之，损伤之后，我们应当促进活动（即便是使用NMES设备激发的少量肌肉收缩活动），以促进愈合，并安全地返回到我们热爱的体育运动中。

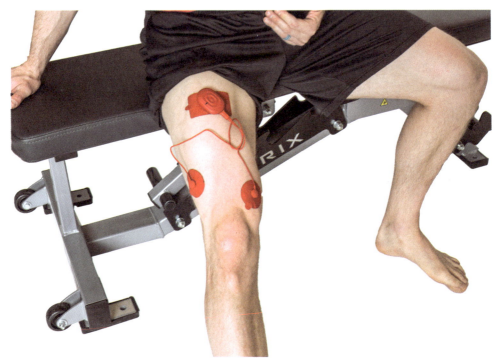

神经肌肉电刺激（NMES）设备

训练后进行冰敷

前文已经介绍了轻微损伤和严重性损伤之后，冰敷是如何影响自然痊愈过程的。但是，在剧烈运动后进行冰敷会怎么样呢？

精英运动员总是在寻找加速恢复和在比赛中取得优势的最佳方式，而有些运动员极其推崇在大重量训练之后进行冰水浴或者将一些冰袋裹在双腿上。我认识许多举重运动员，他们声称，冰水浴是可以让他们在完成大量深蹲练习后快速恢复的有效措施。这种说法有科学依据吗？

在大负荷锻炼期间，你的肌肉会出现微量的损伤。这种损伤会引起炎症，类似于踝关节损伤后出现的情况。炎症细胞向损伤部位涌入，清除受损细胞，然后从周围组织中募集干细胞来促进肌肉的修复和再生，这有助于促进恢复。

如果你查阅有关冷却疗法在高强度锻炼后应用的科学研究，你会发现，冰水浴会通过改变身体感受疼痛的方式来降低身体对肌肉酸痛的感知水平[17]。至于冰水浴在下一次的训练中对运动表现恢复的影响，研究结果并不统一。一些研究表明，5~10分钟的冰水浴可以提升下一次训练中的运动表现，另一些研究则认为冰水浴没有效果，甚至有一些研究认为冰水浴可能是有害的[18]。

我认为，定期进行冰水浴可能有助于一些需要在当天的训练和比赛之间快速恢复的运动员。然而，一般而言，你应当避免经常进行冰水浴，因为持续冰水浴对提升肌肉力量和增大肌肉体积的自然适应过程有不利影响。

关于训练后进行冰水浴的好处，研究尚无定论（©Olaf Schuelke/Alamy Stock Photo Image ID: KGKH1E）

肌肉酸痛和肌肉疲劳不是一回事。虽然冰敷后你可能会感到酸痛减轻，但是从生理学上讲，你未必恢复得更快。请记住，酸痛的出现是有原因的。酸痛是对高强度训练的一种正常反应，就像炎症周期是损伤的正常反应一样。运动员对某种特定的训练方式和强度越适应，他们在训练之间恢复的速度就会越快，感受到的酸痛也就越少。

这就是为什么在大负荷深蹲练习后的第二天你会感到如此酸痛，几乎无法从椅子上站起来。然而，进行为期2周相同的训练计划，再次进行类似的训练你就不会感到那么酸痛了。你的身体会适应训练负荷的刺激，这称为重复训练效应。这就是大多数关于精英运动员的研究表明冰水浴对恢复和提升运动表现没有帮助的原因[19]。

实际上，多项科学研究表明，冰敷会干扰我们对训练的正常适应性反应，这种反应有助于我们恢复和增强力量。下面引用相关研究文献的一句话："这些数据表明，局部冷却疗法——一种常用的临床干预措施——不仅没有起改善作用，反而延缓了离心运动引起的肌肉损伤的恢复过程[20]。"

除非你希望在比赛日立即恢复，否则你应当谨慎使用。当你花时间查阅一些科学研究资料时，你会发现，长期来看，在训练后进行冰敷有可能对肌肉增长和力量增强有潜在的不利影响[21]。

与其伸手去拿冰袋或者跳进装满冰块的浴缸里，不如使用一种积极的恢复方法。步行10分钟，进行一个轻负荷的自重深蹲练习，或者去游泳、骑自行车，做一些既可以活动身体、促进血液循环，却又不会引起疲劳的练习。

如果你在剧烈运动后的第二天感到极度酸痛，我建议你进行软组织放松。研究表明，在泡沫轴或者筋膜球（曲棍球或者网球）上滚动几分钟可以显著减少延迟性肌肉酸痛（DOMS）[22]。

如果你没有时间做轻负荷的练习，或者你感觉不太舒服，请尝试使用NMES设备。使用这些设备，有助于肌肉进行主动收缩，并且不会引起肌肉疲劳。这种收缩会增强淋巴引流，从而有助于清除大负荷训练后累积的代谢废物，并增加血流量，促进恢复和修复过程[23]。

关于冰敷的感想

一些急性损伤治疗领域的专家会聚在一起梳理目前的科学研究文献，并为美国的全国体育教练员协会（NATA）制定立场声明。2013年，这些专家发布了一份关于踝关节扭伤建议疗法的声明，其中就有RICE方案[24]。

在评估了关于可用的踝关节扭伤治疗方法的科学文献后，专家为治疗方法制定了从最好（A）到最差（C）的评级。冰敷的评级是C，功能性康复的评级是A。通过这个立场声明，这些见过大多数运动员急性损伤的专业人士认为，冰敷并不像我们曾经认为的那样好，较好的治疗形式是进行康复训练。

归根到底，在训练后治疗损伤和酸痛的方法非常简单——让好的东西（白细胞）进来，让坏的东西（肿胀，包括受损组织细胞碎片）排出。我希望你能够明白，进行冰敷并不会促进组织愈合。

参考文献

[1]   F.M. Massie, "Refrigeration anesthesia for amputation," *Annals of Surgery* 123, no.5(1946): 937-47.

[2]   G. Mirkin and M. Hoffman, *The Sports Medicine Book* (Boston: Little Brown & Co., 1978).

[3]   G. Reinl, *Iced! The Illusionary Treatment Option*, 2nd Edition (Henderson, NV: Gary Reinl, 2014).

[4]   H. Lu, D. Huang, N. Saederup, I.F. Charo, R.M. Ransohoff, and L. Zhou, "Macrophages recruited via CCR2 produce insulin-like growth factor-1 to repair acute skeletal muscle injury," *FASEB Journal* 25, no.1(2011): 358-69; M. Summan, G.L. Warren, R.R. Mercer, R. Chapman, T. Hulderman, N. Van Rooijen, and P.P. Simeonova, "Macrophages and skeletal muscle regen-eration: a clodronate-containing liposome depletion study," *American Journal of Physiology—Regulatory, Integrative, and Comparative Physiology* 290, no.6(2006): R1488-95; L. Pelosi, C. Giacinti, C. Nardis, G. Borsellino, E. Rizzuto, C. Nicoletti, F. Wannenes, and L. Battistini, "Local expression of IGF-1 accelerates muscle regeneration by rapidly modulating inflammatory cytokines and chemokines," *FASEB Journal* 21, no.7(2007): 1393-402; D.P. Singh, Z.B. Lonbani, M.A. Woodruff, T.P. Parker, and R. Steck, "Effects of topical icing on inflammation, angiogenesis, revascularization, and myofiber regeneration in skeletal muscle following contusion injury," *Frontiers in Physiology* 8(2017): 93; R. Takagi, N. Fujita, T. Arakawa, S. Kawada, N. Ishii, and A. Miki, "Influence of icing on muscle regeneration after crush injury to skeletal muscles in rats," *Journal of Applied Physiology* 110, no.2(2011): 382-8.

[5]   P.M. Tiidus, "Alternative treatments for muscle injury: massage, cryotherapy, and hyperbaric oxygen," *Current Reviews in Musculoskeletal Medicine* 8, no.2(2015): 162-7.

[6]   S. Khoshnevis, N.K. Kraik, and K.R. Diller, "Cold-induced vasoconstriction may persist long after cooling ends: an evaluation of multiple cryotherapy units," *Knee Surgery, Sports Traumatology, Arthroscopy* 23, no.9(2015): 2475-83.

[7]   Takagi, Fujita, Arakawa, Kawada, Ishii, and Miki, "Influence of icing on muscle regeneration after crush injury to skeletal muscles in rats" (see note 4 above).

[8]   M.L. Dirks, B.T. Wall, and L.C.J. van Loon, "Interventional strategies to combat muscle disuse atrophy in humans: focus on neuromuscular electrical stimulation and dietary protein," *Journal of Applied Physiology* 125, no.3(2018): 850-61.

[9]   M.C. Raynor, R. Pietrobon, U. Guller, and L.D. Higgins, "Cryotherapy after ACL reconstruction: a meta-analysis," *Journal of Knee Surgery* 18, no.2(2005): 123-9.

[10]   J.D. Spencer, K.C. Hayes, and I.J. Alexander, "Knee joint effusion and quadriceps reflex inhibition in man," *Archives of Physical Medicine and Rehabilitation* 65, no.4(1984): 171-7.

[11]   J.A. Buckwalter and A.J. Grodzinsky, "Loading of healing bone, fibrous tissue, and muscle: implications for orthopaedic practice," *Journal of the American Academy of Orthopaedic Surgery* 7, no.5(1999): 291-9.

[12]   E.M. Silveria, M.F. Rodrigues, M.S. Krause, D.R. Vianna, B.S. Almeida, J.S. Rossato, L.P. Oliveira, Jr., R. Curi, and P.I.H. de Bettencourt, Jr., "Acute exercise stimulates macrophage function: possible role of NF-kappaB pathways," *Cell Biochemistry & Function* 25, no.1(2007): 63-73.

[13]   E. Teixeira and J. A. Duarte, "Skeletal muscle loading changes its regenerative capacity," *Sports Medicine* 46, no.6(2016): 783-92; H. Richard-Bulteau, B. Serrurier, B. Cassous, S. Banzet, A. Peinnequin, X. Bigard, and N. Koulmann, "Recovery of skeletal muscle mass after extensive injury: positive effects of increased contractile activity," *American Journal of Physiology Cell Physiology* 294, no.2(2008): C467-76.

[14]   L.C. Burgess, T.K. Immins, I. Swain, and T.W. Wainwright, "Effectiveness of neuromuscular electrical stimulation for reducing oedema: a systematic review," *Journal of Rehabilitation Medicine* 51, no.4(2019): 237-43; T.W. Wainwright, L.C. Burgess, and R.G. Middleton, "Does neuromuscular electrical stimulation improve recovery following acute ankle sprain? A pilot randomised controlled trial," *Clinical Medicine Insights Arthritis and Musculoskeletal Disorders* 12(2019): 1-6; Y.D. Choi and J.H. Lee, "Edema and pain reduction using transcuta-neous electrical nerve stimulation treatment," *Journal of Physical Therapy*

Science 28, no.11(2016): 3084-7.

[15] Dirks, Wall, and van Loon, "Interventional strategies to combat muscle disuse atrophy in humans" (see note 8 above).

[16] B.T. Wall, M.L. Dirks, L.B. Verdijk, T. Snijders, D. Hansen, P. Vranckx, N.A. Burd, P. Dendale, and L.J. C. van Loon, "Neuromuscular electrical stimulation increases muscle protein synthesis in elderly type 2 diabetic men," *American Journal of Physiology: Endocrinology and Metabolism* 303, no.5(2012): E614-23.

[17] F. Crowther, R. Sealey, M. Crowe, A. Edwards, and S. Halson, "Influence of recovery strategies upon performance and perceptions following fatiguing exercise: a randomized controlled trial," *BMC Sports Science, Medicine and Rehabilitation* 9(2017): 25; J. Leeder, C. Gissane, K.A. Van Someren, W. Gregson, and G. Howatson, "Cold water immersion and recovery from strenuous exercise: a meta-analysis," *British Journal of Sports Medicine* 46, no.4(2011): 233-40.

[18] N.G. Versey, S.L. Halson, and B.T. Dawson, "Water immersion recovery for athletes: effect on exercise performance and practical recommendations," *Sports Medicine* 43, no.11(2013): 1101-30.

[19] M.C. Stenson, M.R. Stenson, T.D. Matthews, and V.J. Paolone, "5000 meter run performance is not enhanced 24 hrs after an intense exercise bout and cold water immersion," *Journal of Sports Science & Medicine* 16, no.2(2017): 272-9.

[20] C.Y. Tseng, J.P. Lee, Y.S, Tsai, S.D. Lee, C.L. Kao, T.C. Liu, C.H. Lai, M.B. Harris, and C.H. Kuo, "Topical cooling (icing) delays recovery from eccentric exercise-induced muscle damage," *Journal of Strength and Conditioning Research* 27, no.5(2013): 1354-61.

[21] L.A. Roberts, T. Raastad, J.F. Markworth, V.C. Figueiredo, I.M. Egner, A. Shield, D. Cameron-Smith, et al., "Post-exercise cold water immersion attenuates acute anabolic signalling and long-term adaptations in muscle to strength training." *Journal of Physiology* 593, no.18(2015): 4285-301.

[22] C. Beardsley and J. Škarabot, "Effects of self-myofascial release: a systematic review," *Journal of Bodywork and Movement Therapies* 19, no.4(2015): 747-58.

[23] W.L. Westcott, T. Chen, F.B. Neric, N. DiNubile, A. Bowirrat, M. Madigan, B.W. Downs, et al., "The Marc ProTM device improves muscle performance and recovery from concentric and eccentric exercise induced muscle fatigue in humans: a pilot study," *Journal of Exercise Physiology Online* 14, no.2(2011): 55-67; W. Westcott, D. Han, N. DiNubile, F.B. Neric, R.L.R. Loud, S. Whitehead, and K. Blum, "Effects of electrical stimulation using Marc ProTM device during the recovery period on calf muscle strength and fatigue in adult fitness participants," *Journal of Exercise Physiology Online* 16, no.2(2013): 40-9.

[24] T.W. Kaminski, J. Hertel, N. Amendola, C.L. Docherty, M.G. Dolan, J.T. Hopkins, E. Nussbaum, et al., "National Athletic Trainers' Association position statement: conservative management and prevention of ankle sprains in athletes," *Journal of Athletic Training* 48, no.4(2013): 528-45.

致谢

如果没有这么多人的帮助，我是不可能完成这本书的。

我想感谢我的妻子克里斯蒂娜（Christine）。你是我的天使，如果我的生活中没有你，我都达不成现在一半的成就。

感谢我的父母以及兄弟布兰登（Brandon）与贾斯廷（Justin），我爱你们！

感谢凯文·森斯纳（Kevin Sonthana），我们曾坐在一起讨论编写 The Squat Bible 的想法，这感觉就像在昨天一样。如果你没有教我如何写得更加清楚明了，我就无法完成这本书。你帮助我与别人合著了两本很棒的书，这些书将会帮助许多人，为此我将永远心怀感激。

感谢瑞安·格劳特（Ryan Grout）和奈特·瓦雷尔（Nate Varel），谢谢你们的关爱以及始终愿意为我的商业理念提供意见。

感谢我的团队，我实在难以形容你们对我有多么重要。我永远不会忘记我与你们在堪萨斯州一起度过的时光。近十年来，你们成为我的家人，你们将永远在我心中。

特别感谢特拉维斯·内夫（Travis Neff）为我提供了创办 Squat University 的机会。你信任我，并支持我追求热爱的东西，为此我永远心怀感激。

感谢 Victory Belt Publishing 的整个团队，包括格伦·科多拉（Glen Cordoza）、帕姆·穆鲁兹（Pam Mourouzis）、苏珊·劳埃德（Susan Lloyd）、贾斯廷-阿伦·维拉斯科（Justin-Aaron Velasco）以及兰斯·弗赖穆特（Lance Freimuth）。

　　最后，我要感谢我遇到的许多出色的老师、教授、教练和临床医生，包括斯图尔特·麦吉尔（Stuart McGill）、吉尔·库克（Jill Cook）、雪莉·萨尔曼（Shirley Sahrmann）、凯利·斯塔雷特（Kelly Starrett）、查德·沃恩（Chad Vaughn）、艾瑞克·克雷西（Eric Cressey）、迈克·赖诺尔德（Mike Reinold）以及格雷·库克（Gray Cook）。如果这本书中的内容能够帮到世界上的一些人，那将是我的荣幸。

作者简介

阿伦·霍希格

　　阿伦·霍希格博士是一名物理治疗师、奥林匹克举重教练、体能训练专家，同时也是畅销书《深蹲圣经》的作者。作为Squat University的创始人，阿伦分享了他的创新方法，帮助世界各地数百万运动员和教练更好地运动，减轻他们的疼痛，发挥他们真正的运动潜力。作为一名物理治疗师，他与精英级别的奥林匹克举重运动员和力量举运动员、美国橄榄球联盟运动员、美国职业棒球大联盟运动员以及国际水平足球运动员合作。阿伦和他的妻子克里斯蒂娜住在圣路易斯。

译者简介

孔令华

国家体育总局体育科学研究所助理研究员；参与2020年东京奥运会备战保障工作，服务于国家举重队，国家跳水队；现为国家举重队体能教练，负责体能训练及训练监测工作；获得功能性动作筛查（FMS）高级认证，基础体能筛查（FCS）认证，澳大利亚体能协会（ASCA）体能教练认证；参与1项国家级课题及多项省部级课题。

闫琪

国家体育总局体育科学研究所研究员，博士，上海体育学院客座教授；获得美国国家体能协会体能训练专家（NSCA-CSCS）认证；FMS 国际认证讲师；FMS、SFMA 高级认证专家；国家体育总局备战奥运会体能训练专家组成员；国家体育总局教练员学院体能训练培训讲师；多名奥运会冠军运动员的体能教练；中国人民解放军备战第七届世界军人运动会体能训练专家；中国人民解放军南部战区飞行人员训练伤防治中心专家；曾多次到不同部队进行讲座和提供体能训练指导；获奥运会科技先进个人、全国体育事业突出贡献奖等奖项。